本书系湖北省教育厅人文社会科学重点研究项目（15D135）、湖北省高校人文社会科学重点研究基地汉水文化研究基地开放性项目（2015B05）、汉江师范学院科学研究重点项目（2013A01）的研究成果。本书受到汉江师范学院学术著作出版基金、湖北郧阳区国家地质公园、武汉锦绣锦豪酒店管理有限公司、中国国旅（十堰）国际旅行社、湖北海外文旅旅游开发有限公司总经理周叶女士资助。

武当文化概观

廖兆光　崇慧◎著

西南交通大学出版社

·成都·

图书在版编目（ＣＩＰ）数据

武当文化概观 / 廖兆光，崇慧著. —成都：西南
交通大学出版社，2020.6（2024.6 重印）
ISBN 978-7-5643-7466-2

Ⅰ. ①武… Ⅱ. ①廖… ②崇… Ⅲ. ①武当山 – 文化
– 概论 Ⅳ. ①K928.3

中国版本图书馆 CIP 数据核字（2020）第 102212 号

Wudang Wenhua Gaiguan
武当文化概观

廖兆光　崇　慧　著

责 任 编 辑	居碧娟
助 理 编 辑	何宝华
封 面 设 计	GT 工作室
出 版 发 行	西南交通大学出版社
	（四川省成都市金牛区二环路北一段 111 号
	西南交通大学创新大厦 21 楼）
发行部电话	028-87600564　028-87600533
邮 政 编 码	610031
网　　　址	http://www.xnjdcbs.com
印　　　刷	成都勤德印务有限公司
成 品 尺 寸	170 mm × 230 mm
印　　　张	16.25
字　　　数	217 千
版　　　次	2020 年 6 月第 1 版
印　　　次	2024 年 6 月第 4 次
书　　　号	ISBN 978-7-5643-7466-2
定　　　价	78.00 元

前言

　　武当山位于湖北省十堰市境内，是中国著名道教圣地之一，也是享誉海内外的世界文化遗产地，以丰富的道教文化、宏伟的宫观庙宇、玄妙的武当武术、绮丽的自然景观闻名天下、蜚声中外，素有"亘古无双胜境，天下第一仙山"的美誉。

　　武当文化是一种地域文化，是在道教影响下，在历朝历代皇室推崇、加封、敕建、保护和管理的过程中，在以武当山为中心的地域范围内所创造的物质财富和精神财富的总和。武当文化是深受道教精神熏陶的名山文化，是中华民族优秀文化遗产的组成部分。武当文化内涵十分丰富，涉及道教、历史、建筑、文学、艺术、民俗、武术、养生、医药等众多领域，积淀深厚，影响深远，为中国传统文化的丰富和发展做出了独特贡献，产生了广泛而深刻的社会影响。

　　春秋至汉末，武当山已是宗教活动的重要场所。两汉至南北朝时期，武当道教得到发展；隋唐五代，武当道教呈现全面发展的态势；宋元时期，武当道教开始兴盛，后来在明朝皇室的大力营建和扶持下达到鼎盛期。与全国其他道教圣地发展脉络显著不同之处在于，武当道教的发展一直得到历朝皇室的扶持和推崇。唐太宗李世民敕建五龙祠，首开武当山官建庙宇之先河，后经宋元时期大量加封，武当山成为皇室"告天祝寿"的重要场所。明永乐年间，明成祖朱棣"北建故宫，南修武当"，役使军民工匠 30 万人，历时 14 年，建成 9 宫、8 观、36 庵堂、72 岩庙、45 桥、20 亭台等 33 处建筑群；嘉靖年间又大力增修扩建，终成"皇室家庙"。紫霄宫、金殿等宫观还采用了皇家建筑样式，其等级之高，道教宫观无出其右。此外，历朝皇室通过亲颁圣旨赐封、派遣高官亲信朝拜、邀请高道入京、谱写道乐、御赐钱物和法器等多种方式与武当山发生联系，表达他们对真武的信仰和对武当道教的倚重。

由此可见，皇室的尊崇是武当道教兴盛的重要力量，而宫廷文化在武当山的宫观建筑、道教音乐、民间民俗、文学创作等方面均产生了不可忽视的影响。在此认识的基础上，本书辨析了武当文化的定义，重新界定了武当文化的内涵，深入探讨了武当道教发展历程、武当古建筑群的文化价值、武当武术文化、武当民俗文化、武当山水文化、武当旅游发展、武当文化研究前景等问题。

《武当文化概观》是 2000 年以来先后为历史学、旅游管理、思想政治教育、汉语言文学、旅游英语、社会体育等专业学生讲授"武当文化"课程的结晶。该书从 2011 年开始构思，2018 年着手写作，2019 年定稿，可以说是十年磨一剑。考虑到本书的主要阅读对象的特点，根据人文素质培养和实际工作的需要，结合多年教学和讲座培训的体会，在本书的构思和撰写过程中，我们力求做到以下三点：

第一，系统构建，知行结合。基于多年课程教学和专题培训实践，本书从武当文化的内涵分析入手，合理构建了内容体系，删除了道教科仪、道教医药、神仙造像、道教人物、碑刻铭文等过于艰深的内容。

第二，通俗易懂，可读性强。本书虽为学术著作，但行文轻松活泼，语言通俗易懂，可读性强。

第三，注重实用，有指导性。旅游业是传承和弘扬中华优秀传统文化的重要产业，也是武当文化传播的重要载体。本书全景式地探讨了武当山旅游业的发展历程，尝试总结武当山旅游发展模式，提出了武当山旅游发展对策，以求抛砖引玉。

由此可见，本书既可作为高校加强大学生人文素质培养的参考书，也可作为武当山旅游经济特区行政干部、武当山景区管理人员和导游员的专题培训教材，还可供广大武当文化研究者借鉴。

本书写作大纲由汉江师范学院历史文化与旅游学院副院长廖兆光和青年学者崇慧共同拟定。全书共八章，廖兆光撰写第一章、第二章、第三章、第四章、第六章、第七章、第八章（约20万字），崇慧撰写第五章（约2万字）。全书由廖兆光、崇慧统稿、定稿。

2018年10月，国务院正式批复《汉江生态经济带发展规划》，标志着汉江生态经济带上升为国家战略，汉江流域将迎来绿色崛起的发展战略机遇。十堰市是汉江生态经济带的重要区域节点城市，武当山是湖北省鄂西生态文化旅游圈的核心板块和重要支撑。加强武当文化研究，挖掘武当文化的理论价值，传承和弘扬武当文化，对提高高校人才培养质量、提升城市文化品位、促进武当山旅游业转型升级、推动汉江生态经济带高质量发展具有极强的现实意义。

作　者
2019年9月1日

目　录

第一章
武当文化导论

第一节　武当文化的概念

一、文化的定义

（一）文化的各种定义

据美国人类学家克鲁伯和克鲁克洪《文化的概念》一书统计，从1871年到1951年这80年间出现的关于"文化"的定义，总计多达164种。而据法国学者摩尔统计，则有250种之多。可见，要给文化下一个确切的定义，是一个非常复杂而又困难的问题。

"文化"是中国古已有之的一个概念。在中国古代典籍中，"文化"是"文"与"化"的复合。《论语·雍也》："质胜文则野，文胜质则史。文质彬彬，然后君子。"此处的"文"与"质"相对，具有人为加工、修饰等意义。

由此可见，"文化"的"文"即为文字，又通文章、文采；"文化"的"化"字则具有改变、化生、造化等含义。

最早将"文"与"化"联系起来使用的是《周易·贲卦》。《象传》曰："观乎天文，以察时变；观乎人文，以化成天下。"这里的"人文"借指社会生活中的各种人际关系，即人伦序列，如君臣、父子、夫妇、兄弟、朋友等交织构成的网络。而"人文……化成天下"，意指通过对人施以文治教化，把不懂事情的孩子培养成有教养的文明人的过程。两汉以后，文献中开始正式出现"文化"一词，如刘向《说苑·指武》中就有"凡武之兴为不服也。文化不改，然后加诛"之句。这里的"文化"指古代封建王朝所施的文治和教化，与现在所说的"文化"含义有较大差异。总的来说，中国古代的"文化"一词，主要强调人的内在教养、德性以及与之相关的一些东西。它与现代所说的"文化"一词，意义大不相同。今天我们通用的文化概念，被认为是 19 世纪末从日本转译过来的，源出于拉丁文 cultura，原意为加工、修养、教育、文化程度、种植和耕种，既有物质生产又有精神创造的含义。

由于文化的内涵如此丰富，世界各国学者都尝试从不同学科角度研究文化。例如人类学学者认为文化是无所不在、无所不包的人类知识和行为的总体，文化学者则认为文化是人类社会"艺术、政治、经济、教育、修养、文学、语言、思维的总和"，跨文化交际的学者认为文化是一种特殊形式的人际交流。

不过对"文化"一词最权威的解释还是文化学奠基者、英国人类学家之父泰勒（Edward Tyler，1832—1917）在 1871 年出版的《原始文化》（*Primitive Culture*）一书中给文化下的定义："文化是由知识、信念、艺术、伦理、法律、习俗以及作为社会成员的人所需要的其他能力和习惯所构成的综合体。"[①]

美国著名人类学家克鲁克洪（Clyd Kluckhohn）教授认为，文化指的是"某个人类群体独居的生活方式""既包含显性式样又包含隐性式样。它具有为整体共享的倾向"。[②]

《现代汉语词典》（第 7 版）对文化的定义是："人类在社会历史发展过程中所创造的物质财富和精神财富的总和，特指精神财富，如文

---

① 泰勒. 原始文化：神话、哲学、宗教、语言、艺术和习俗发展之研究[M]. 桂林：广西师范大学出版社，2005.
② 〔美〕克鲁克洪，等. 文化与个人[M]. 高佳，何红，何维凌，译. 杭州：浙江人民出版社，1986.

学、艺术、教育、科学等。"①而《辞海》对文化的解释是："社会的意识形态以及与之相适应的制度和组织机构。"②

《苏联大百科全书》（1973）将文化概念作了广义与狭义的区分。作为广义的文化，是"社会和人在历史上一定的发展水平，它表现为人们进行生活和活动的一种类型和形式，以及人们的精神生活领域"。

《大英百科全书》（1973—1974）赞同将文化概念分为两类：第一类是一般性的定义，即文化等同于"总体的人类社会遗产"；第二类是多元的、相对的文化概念，即"文化是一种渊源于历史的生活结构的体系"，包括"语言、传统、习惯和制度，包括有激励作用的思想、信仰和价值，以及它们在物质工具和制造场中的体现"。

（二）本书的文化观点

上述关于"文化"的种种定义及其描述，尽管相互之间有差异，但都认为文化是人类社会历史的精神与物质的整个复合体。除纯粹的自然物以外，一切的一切均属于文化现象。即使是狭义文化，似乎也无所不包。由于概念的外延过于宽泛，"文化"显得笼统、模糊，因而难以找到一个恰当的出发点，故不易对文化现象进行深入的研究。所以，本书认同多数学者倾向的从观念形态的角度定义文化的观点，即认为，"文化是代表一定民族特点的，反映出理论思维水平的精神风貌、心理状态、思维方式和价值取向等精神成果的总和"③。文化并不是一个抽象的概念，而是一个很具体的东西。每一个社会、每一个民族的人们生活在一定的地域里，组成一个实体性的社会，建立一定的社会制度，具有一定的意识形态，人们的行为遵循一定的模式，自觉或不自觉地服从于一定的行为规则，并且接受一定的价值观念的引导和约

---

① 中国社会科学院语言研究所词典编辑室. 现代汉语词典[M]. 北京：商务印书馆，2016.
② 辞海编辑委员会. 辞海[M]. 上海：上海辞书出版社，2009.
③ 张岱年，方克立. 中国文化概论[M]. 北京：北京师范大学出版社，2004.

束，这几个方面组成一个社会的文化体系。

关于文化的结构，文化学家比较一致的看法是文化由三个不同要素和层面构成：一是文化的物质要素和物质层面，即通常所说的物质文化，主要包括种种生产工具、生活用具以及其他各种物质产品；二是文化行为要素和行为方式，即通常所说的行为文化，主要包括行为规范、风俗习惯、生活制度等；三是文化的心理要素和精神层面，即通常所说的精神文化或观念文化，主要包括思维方式、思想观点、价值观念、审美情趣、道德情操等。

二、文化的特征

上述文化定义的共同点，就是都把"文化"与"人"联系在一起，都在强调"文化"就是"人化"的观点，即文化的主体是人。从文化与人的本质联系分析来看，文化具有以下特征。

（一）文化具有创造性

意识与实践的作用使文化产物具有丰富性、高级性，而这些丰富多彩的文化事物都不是自然界原生的。正是由于这个原因，我们认为，文化世界高于自然物质的世界，文化的创造性的意义也在于此。

创造性的文化具有时间性和空间性。文化的空间性，指的是文化随空间区域的不同而形成了不同的文化层次、文化类型乃至各种各样的文化群、文化圈。而文化的时间性是指文化本身就有自己起源、演化、变迁的发展过程。文化也有积累、革命和淘汰。这使得文化在时间上表现为一个进化与分化、积累与沉淀、层次与统一、目的性与自然决定性相伴而生的复杂过程。

（二）文化具有开放性

文化是一个整体，具有开放性的特点。人类是以整体面对世界的，人化的过程虽然是以个体的形式出现，但都汇集在人类文化的长河之中，为一个群体或社会全体成员共同享有。而各类文化群、文化圈之间，尤其是物质文化之间并不是封闭的，而是开放的。从某种程度上讲，文化是全人类的文化，文化只能属于全人类。

（三）文化具有历史性

文化是一个过程，是人类实现自身价值的连续不断的动态过程。人的本质力量是在人的感性活动——实践中得到展现的。实践就其主观和客观方面而言，都是过程。因此，作为人的本质力量的体现的文化是一种动态的现象，处于不断变化的状态之中，一成不变、僵死的文化是无价值的。人类创造文化是为了实现某种目标，价值观念是文化创造的方向，当一定的价值目标实现后，便形成一种新的文化。在新的刺激下，又会形成新的价值观念和目标。因此，文化是社会的一种现象，具有历史性。

（四）文化具有对象性

作为文化主体的人，要体现其存在的本质、力量，要实现自身的价值，必须通过人面对的对象世界，否则以上之本质、力量与价值均无法得到体现。对象之所以成为对象，是因为人的作用，只有通过实践的批判活动而进入了心智的内化的对象化世界的事物，才可化为文化。所以，既不存在无对象的文化，也不是一切都可以成为文化。

三、武当文化的概念和内涵

大约在 20 世纪 80 年代初，伴随着全国的"文化热"，湖北省十堰市（郧阳地区）的一些地方文化学者开始研究武当山的文化问题。"武当文化"这一名词最早大约出现于 20 世纪 80 年代中后期。1988 年，郧阳师范高等专科学校（今汉江师范学院）成立了"武当文化研究室"，汇集了一批历史学、文学背景的教师，开始研讨武当文化。1991 年，"首届中国湖北武当文化武术节"在武当山开幕，这是官方文件正式使用这一概念。举办武术节的目的是"弘扬民族文化，扩大对外开放，振兴湖北经济"。1994 年，武当山古建筑群被列入世界文化遗产名录，这是武当文化走向世界的重要标志。

人类历史发展到现代，为了建立更高层次的价值观念、行为准则和生活方式，人类开始有意识地对自身的发展历程进行反思，从而掀起了一股巨大的文化浪潮，武当文化的概念也应运而生。近年来，在学科建设的需要的推动下，尤其是在对武当文化已经进行了较深入系统的研究且已有大量研究成果面世的历史时期，对武当文化概念进行界定显得非常必要。

学界对武当文化概念的表达方法主要有以下三种：

1."武当山+文化"说

20 世纪 80 年代，"文化热"开始兴起，此时的武当山旅游业和武当文化研究还处于刚刚起步的阶段。为了推动旅游业发展，部分学者围绕武当山与文化的关系，提出武当文化就是武当山与文化的简单叠加的观点。武当文化仅指武当山地区的文化，包含习俗、心理、宗教等人类的精神活动的产物，也包括建筑、桥梁等人类的物质生产活动及其产品。

2.武当山中心说

这种观点认为，武当文化不仅是以武当山为中心的地域文化，还包括全国乃至全世界因信仰玄天上帝而创造的物质和精神成果。

3."道教+武当山"说

这种观点认为，武当文化深受道教精神的熏陶，道教思想观念在武当山历代形成的物质和精神成果中都打下了深深烙印，构成了武当文化不同于其他地域文化的独特属性。

2008 年，武当文化学者杨立志在其专著《武当文化概论》一书中提出："武当文化是人们在以道教精神为主的中国传统哲学的影响下，在以武当山为中心的地域内，在长期的社会历史实践中所创造的物质财富和精神财富的总和，是中华民族优秀文化遗产的组成部分。"①这是目前为止被学界广泛接受的定义之一。

我们认为，对武当文化概念的理解应把握以下五个原则：

第一，武当文化是一个系统、一个整体。任何割裂或孤立武当文化系统的概念，都不是科学的、完整的概念。

第二，武当文化是动态的而非静态的。静态的考察，容易使武当文化概念的内涵和外延过宽或过窄，只有从动态的角度来理解，才能使武当文化的概念更为具体和准确，并符合实际。

第三，武当文化的核心是道教。武当山是道教名山，历史上一直是道教的重要道场之一。在唐、宋、元时期，武当山已有相当规模的道教活动，明代皇室大修武当，营建了规模宏大的道教建筑群，从全国各地选派 400 余名高道入驻武当山，使之成为全国道教的中心。此外，武当武术也是道教名人张三丰所创。

第四，自唐朝以来，武当山与历朝皇室关系密切，从而形成了浓郁的皇家特色文化氛围。皇室通过颁布圣旨赐封、派遣高官亲信营建、邀请高道入京、御赐钱物和法器等多种方式表达对武当山的重视。

第五，武当文化是一种渊源于武当山的社会生活结构体系，偏重于精神（心理）层面。

依此原则，结合我们对"武当"和"文化"的理解，我们对武当文化给出如下定义：武当文化是一种地域文化，是在道教影响下，在历朝历代皇室推崇、加封、敕建、保护和管理的过程中，在以武当山为中心的地域范围内所创造的物质财富和精神财富的总和。

这一定义揭示了武当文化的以下本质属性：

第一，武当文化深受道教精神的影响。武当文化是受到武当道教影响而形成的文化现象和文化关系的总和。

第二，武当文化的形成与发展要强调武当山的中心地位。武当山

---

① 杨立志. 武当文化概论[M]. 北京：社会科学文献出版社，2008.

是真武（玄武）信仰的祖庭，武当文化除武当山地区的文化外，还包括真武神信仰和武当武术流传的广大地区创造的文化成果。

第三，武当文化要强调武当山因"皇室家庙"这种独特而崇高的地位而形成的皇家特色官道文化成果。自唐朝以来，历朝皇室对武当山尊崇备隆，通过建庙、赐额、加封等方式，不断提高其地位，扩大其影响。至明朝，武当山成为官山，武当庙宇成为皇室家庙，武当道场成为御用道场，武当道士成为官道。皇室推崇、敕建和固化的具有浓郁的皇家特色的官道文化是武当山区别于其他道教名山最显著之处。

第二节　武当文化的构成要素与基本特征

武当山又名太和山，古有"太岳""玄岳""大岳"之称，处于中国腹地，位于湖北省十堰市境内，背倚苍茫千里的神农架原始森林，面临碧波万顷的丹江水库，方圆八百里，以其绚丽多姿的自然景观、规模宏大的古建筑群、源远流长的道教文化、博大精深的武当武术著称于世，被誉为"亘古无双胜境，天下第一仙山"。联合国专家考斯拉说："武当山是世界上最美的地方之一。因为这里融汇了古代的智慧、历史的建筑和自然的美学。"联合国专家苏明塔加在考察武当山后称赞："中国伟大的历史，依然存留在武当山。"

一、武当文化的构成要素

武当山将神奇的自然景观和丰富的人文景观融为一体，其物华天宝、人杰地灵的特质给世人留下极大的想象空间。武当文化是反映武当山不同时代产生的具有典型武当山地域特征及道教文化特征的一种文化现象，它包括政治、经济、历史、哲学、道教、文学、建筑、地理、风俗、人物、武术等各个方面，是中国历史与文化的一个缩影，体现了不同时代的人们对人类文化传统的一种情感认同。

武当文化内涵丰富，现将其主要构成要素简要论述如下，本书后续章节将对其作详细阐述。

（一）绮丽的自然景观

武当风光，秀奇旖旎。武当山境内众峰耸立，高险幽深，气势磅礴。胜景有箭镞林立的七十二峰、绝壁深悬的三十六岩、激湍飞流的二十四涧、云蒸霞蔚的十一洞、玄妙奇特的十石九台等。主峰天柱峰海拔1612米，被誉为"一柱擎天"。天造玄武、天然"真武梳妆像"以及"七十二峰朝大顶，二十四涧水长流"等神秘玄妙的自然景观，让人们不得不惊叹天工造物的神奇。武当山常年紫气氤氲，风云莫测，云霞迷蒙，有"天柱晓晴""陆海奔潮""雷火炼殿""月敲山门""祖师出汗""海马吐雾"等四时奇景，处处彰显着武当仙境的神秘空灵。明代地理学家徐霞客盛赞武当山"山峦清秀、风景幽奇"，认为"玄岳出五岳上"。这里还得到了"顶镇乾坤举世无双胜境，峰凌霄汉天下第一仙山"的赞美。

南岩

（二）奇绝的古建筑群

武当建筑，古建瑰宝。武当山古建筑群最早敕建于唐贞观年间，明代达到鼎盛。明朝历代皇帝都把武当山作为皇室家庙来修建。明永乐年间，皇室大建武当，史有"北建故宫，南修武当"之说，共建成 9 宫、8 观、36 庵堂、72 岩庙、45 桥、20 亭等 33 座建筑群。嘉靖年间又增修扩建，形成了"五里一庵十里宫，丹墙翠瓦望玲珑，楼台隐映金银气，林岫回环画境中"的建筑奇观，形成了"仙山琼阁"的意境。现存较为完好的有太和宫、南岩宫、紫霄宫等宫殿和玉虚宫、五龙宫、遇真宫等遗址以及大量庵堂、祠堂、岩庙等古建筑 129 处、庙房 1182 间，犹如我国古代建筑成就的展览馆。除古建筑外，武当山尚存珍贵文物 7400 多件，武当尤以道教文物之丰盛著称于世，故被誉为"道教文物宝库"。武当山古建筑群总体规划严密，主次有序，注重周围环境，讲究山形水脉，聚气藏风，达到了建筑与自然的高度和谐统一，集中体现了中国元、明、清三代世俗和宗教建筑的建筑学和艺术成就，代表了近千年的中国艺术和建筑的最高水平，被誉为"中国古代建筑成就的博物馆"和"挂在悬崖峭壁上的故宫"。1994 年 12 月 15 日，武当山古建筑群被列入《世界文化遗产名录》。

紫霄宫

（三）玄妙的武当道教

武当道脉，华夏瑰宝。道教是我国土生土长的宗教，它在中国文明史中起着重要的作用。鲁迅先生曾说"中国的根柢全在道教"。武当山是我国著名的道教圣地，道教文化源远流长。武当道教是中国道教文化的重要组成部分。武当道教是真武信仰的祖庭。真武古称玄武，民间俗称真武大帝，是中国古代宗教中的北方之神。武当道教的发展得到历代统治者的扶持和推崇，明朝时达到鼎盛：先后被皇帝封为"大岳"（明成祖）、"治世玄岳"（明世宗），其地位高于"五岳"，被尊为"四大名山皆拱揖，五方仙岳共朝宗"的"五岳之冠""雄镇五岳而秪超百代"。武当山成为专为朝廷祈福攘灾的"皇室家庙""天下第一山"（北宋米芾），在道教领域取得了独尊的地位，成为全国最大的道场和全国的道教活动中心，影响深远，在中国道教史上写下了辉煌的篇章。武当道教不断吸收儒家、佛教精华，充实、完善教义，融多方文化为一体，较为全面而直观地体现着中国古人的行为方式、信仰思维和价值观念以及文明的历史发展轨迹。武当道教不仅是中国传统文化的重要组成部分，也是全世界宝贵的思想文化遗产之一。

（四）精深的武当武术

武当武术，玄妙名宗。武当武术由武当山著名道士张三丰创建，素有"北崇少林，南尊武当"的说法。武当武术作为一种文化，蕴含着深刻的中国传统哲理奥妙。它融合了中国古代太极、阴阳、五行、八卦等元素，运用《易经》中的某些原理和"拳理、拳技、练功"原则以及技击战略，参以道教内丹功法的经验，逐渐形成自己的理论体系和独特的套路风格。其理论核心是阴阳消长、八卦演变、五行生克。武当武术以养生为宗旨，视技击为末学，具有尚意不尚力、牵动四两拨千斤、以柔克刚、后发制人等特点和延年益寿、祛病御疾等功能，以其松沉自然、外柔内刚、行功走架如行云流水般连绵不绝的独特风格在武林中独树一帜，成为中华武术的一大名宗。武当拳法研究会自1982年成立以来，已先后挖掘形意、八卦、太极、清虚、丹派、纯阳、乾坤等30多门、280多种武当内家拳种功法，影响远至海内外。

（五）神奇的武当医药

武当医药，神方妙法。武当山有"天然药库"之称，《本草纲目》中记载的 1800 多种中草药，武当山就有 400 多种。据 1985 年药用植物普查结果，已知全山有药材 617 种，药用植物有曼陀罗花、金钗、王龙芝、猴结、九仙子、天麻、田七等。武当道教形成后，历代道士在草木丹药、内丹术、疾病防治等方面进行了有益的探索并作出了卓越的贡献。武当医药受楚汉文化的影响，吸收楚汉文化中"养气"理论，在医药理论上以气为本、保气为先。针对病因病理，在漫长的医疗实践中，武当道医们创立了独特的"四个一疗法"，即"一炉丹，一双手，一根针，一把草"，把预防、治疗、康复视为一个整体，总结出了不少治疗奇难杂症、能够健身益寿的成功经验。经历代武当道医反复临床应用与不断完善提高，"四个一疗法"已成为武当山医药工作者们都能掌握、可重复操作性极强、带有一定道教特色、具有中华民族地方风格的武当道医神方妙法，对中国传统医学的发展起到了一定的促进作用。

（六）空灵的武当道乐

武当道乐，仙乐神韵。道教音乐简称道乐，是道教进行斋醮仪式时，为神仙祝诞、祈求上天赐福、降妖驱魔以及超度亡灵等法事活动中使用的音乐。武当道教音乐是中国道教音乐文化的重要组成部分。它承袭了远古巫觋舞乐传统，吸收了先秦时的民俗祭神音乐、宫廷音乐、民间音乐中的精华。人们根据道教特有的审美情趣，对这些传统与精华进行综合与改造，创造了独具神韵的道教音乐。据《武当山志》记载，武当道乐具有庄严典雅的气质、混融一体的独特宗教韵味、南北交融的地方特色，同时，武当道乐还兼有佛乐和儒乐旋律等特征，被称为武当仙乐神韵。武当道乐悦耳动听，是武当文化遗产中极富特色的一部分。

（七）奋勉的高道大德

武当修道，大德辈出。武当道教在兴起和发展的过程中，传入或产生过许多道派，历代皆有学道修道之士。六朝时在武当山活动的高道多属上清派。到宋代，以武当山为本山，以信仰真武——玄天上帝、重视内丹修炼、擅长符箓斋醮等为主要特征的武当道正式形成。元末明初，张三丰到武当山择地修炼，收授弟子，传三丰派，后分衍为十余个支派。明中叶后，武当道又分衍出许多宗派。清代以来，全真龙门派在武当山占主导地位，同时并存的有正一派、清微派、华山派、静一派、玄武派、茅山派等。据古代地方志和有关道经统计，自先秦到近现代，在武当山修炼的著名道士多达 100 余人。南北朝和唐代有孙思邈、姚简、吕洞宾等，宋代有陈抟、房长须、田蓑衣等，元代有汪真常、鲁洞云、张守清等，明代有张三丰、邓青阳、丘玄清等，清代有白玄福、杨常炫、陈清觉等，近现代有徐本善、王教化、王光德等。这些高道奇人，或隐居炼丹、追求希夷，或博学多识、清静不仕，或行医采药、济世度人，或潜心著述、阐幽发微，多以遗世独行知名于世，典故层出不穷。千百年来，各派道士在武当结友修炼，互相尊重，交叉影响，武当遂成为各道派交流融合的中心。

二、武当文化的基本特征

（一）突出的宗教性

"武当文化是深受道教精神陶铸过的名山文化。"[①]武当道家道教历史源远流长，道家道教文化是武当文化的首要特征。在历史上，武当山远离政治、经济、文化中心，优越的地理位置和优美的自然环境使之成为历代修道和隐士的上佳选择，促进了武当道教的孕育、诞生、发展及繁荣。据武当山志，尹喜、戴孟、孙思邈、吕洞宾、陈抟、张

---

① 杨立志.武当文化概论[M].北京：社会科学文献出版社，2008.

三丰等人都曾在武当山隐居修道。唐贞观年间，均州刺史姚简祈雨灵验，唐太宗敕建五龙祠，武当道场开始受到帝王的推崇。宋代是真武神信仰发展兴盛的重要时期，以武当山为本山，以崇奉真武神为特定信仰，以重视内丹修炼、擅长符箓斋醮、强调忠孝伦理和三教融合为主要特征的武当道教正式形成。元代武当道教继续得到朝廷的重视和支持，发展迅速，武当山成了元皇室"告天祝寿"的重要道场，武当道教的社会影响日益扩大，朝山香火日益炽盛。明代武当道教由于明皇室的大力扶植和精心管理，呈现出空前而持久的鼎盛局面，武当山先后被尊封为"大岳太和山"和"治世玄岳"，是明皇室钦定的"天下第一名山"。武当山真武大帝成了明皇室的"护国家神"，武当道场也成了明皇室的"朝廷家庙"。武当道教的名号地位显著提高，社会影响也空前扩大，真武信仰遍及全国，香火隆盛。清代武当道教的地位虽不及明代崇高，但其社会影响仍然很大，康熙、乾隆、道光等帝都曾御赐匾额给武当山各大宫观，以示荣宠。

（二）典型的地域性

所谓地域特征是指，虽然远离当时的政治、经济、文化中心，但由于其特殊的地理位置、环境及不同时代形成的文化氛围，武当山形成了特殊的地域文化现象。历朝历代的文化活动，几乎都在武当留下了独特的文化印记。楚人祖先早期在这一带立国，对这一地区的文化产生了积极的影响，如武当道教科仪、道教音乐具有鲜明的荆楚文化的特征。而武当文化中的建筑、文学、历史、地理、风俗等诸方面，既具有浓厚的地方色彩，又具备普遍的文化色彩。

（三）系统的传承性

系统的文化传承是武当文化的又一特征。系统的文化传承在武当文化产生及发展过程中尤为重要。它是指武当文化在中国历史及中国传统文化背景下，在道教精神的影响下，形成了自己特殊的文化土壤并世代相传。从历史传承来看，产生在丹水一带的早期楚文化为武当文化营造了良好的根基，东汉甚至东汉以前，武当山就已经有了早期的道教活动，很多隐士及修炼者隐居在武当山，如《南雍州记》所记之尹喜，《真诰》所记之后汉戴孟，《武当福地总真集》所载之马明生，《神仙传》所载之阴长生，《太平广记》所载之谢允、葛洪，《太和山志》所载唐之姚简、吕洞宾、孙思邈，《宋史》载五代末宋初之陈抟，等等。

（四）强烈的时代性

时代性是武当文化的一个典型特征。它浓缩了中国历史与文化在时代变迁中产生、发展、扩充的每一个过程。如从武当山隐士和修道者的活动中，我们可以了解与研究中国道教产生的根源、样貌及发展。武当修道之士源于先秦，后代皆有延续。明代武当山的兴盛和武当道教文化鼎盛的原因之一，是明皇室的格外重视。明代皇室对武当道教的重视程度加上武当在建筑规模、政治、经济诸方面享有的权利，在中国历史上都是不多见甚至是难以想象的，这也是其他道教名山无法与武当相比之处。另外，武当山官修山志之多，也是其他地方不多见的。元明清三代，武当官修山志达八种之多。它们既是对武当山本身的真实记载，又在某些方面具有补史之能。通过武当山，我们可以看到中国历史的时代变迁。

（五）丰富的多样性

武当文化的多样性是许多地方文化及区域文化所缺乏的。其他地域文化，或纯粹自然风景、或宗教、或人物、或风俗、或饮食，而武当文化的涵盖面极其广阔，不仅有道家、道教理论，还包含政治、经济、历史、文学、哲学、佛教、建筑、风俗、人物、武术等许多方面。

第三节 武当文化的研究内容与研究意义

一、武当文化研究的缘起

武当山位于湖北省十堰市境内，又名太和山、仙室山，是闻名遐迩的道教圣地，也是武当道教的发祥地，素有"亘古无双胜境，天下第一仙山"的美誉。道教经典《玄天上帝启圣录》称赞它说："吾山不及诸山富，诸山不及吾山清。吾山冬寒而不寒，夏热而不热。"武当山自乾兑发源，周回八百余里，"敛万古之烟霞，归一原之造化"，形成了七十二峰、三十六岩、二十四涧等山水胜景，自然景观玄妙空灵，人文景观丰富多彩，是人与自然和谐相处的典范和中华传统文化的瑰宝。武当山先后被授予世界文化遗产地、5A级旅游区、国家级文明风景区、国家森林公园、最受群众喜爱的中国十大风景名胜区、全国自驾车旅游目的地十佳等荣誉称号，这些殊荣既是对武当山旅游资源的充分肯定，也彰显了武当文化的源远流长和博大精深。

武当文化作为中华民族的优秀文化遗产，其承载的优秀传统文化元素博大精深。因此，武当文化研究是保护、传承、弘扬、开发中国优秀传统文化过程中我们必须勇敢面对、勇于承担的重要理论和实践问题。

二、武当文化研究的内容

武当文化历经千百年的积淀，内容十分丰富，主要涉及道教理论、历史、建筑、文学、艺术、民俗、武术、养生术、医药、科技、道茶等许多领域，值得深入挖掘整理，认真开展研究。2008年，杨立志在《武当文化概论》一书中概述了武当文化研究的主要内容，现转述如下：

武当道教理论：先秦老庄哲学、秦汉新道家、道教神学、道教哲学、道教伦理学、道教科学及对武当道教经典及仪式的文化人类学分析等。

武当道教史：武当道教的历史渊源、玄武神崇拜的起源演变、宋代的武当道教与真武信仰、元代武当道教的发展、明代武当道教的鼎盛、1949年以后的武当道教等。

武当建筑文化：中国现存最大的道教建筑群的来历及规模、古建筑群的宏伟设计思想、宫观庵庙等建筑所反映的神仙思想和风水观念、现存宫观桥梁建筑的艺术风格和审美价值、主要建筑单元的设计及施工技术的文化学分析、宫观建筑与自然环境和谐统一的关系、宫观建筑与宗教活动的开展、历代人士的评价、联合国教科文组织世界遗产委员会专家的评价意见等。

武当山的文物与艺术：带有浓厚道教色彩的武当山神仙造像、供器、法器、摩崖、碑铭、壁画、楹联、匾额等，都凝聚着中国的文化传统，是中华民族的珍贵文化遗产，大都具有优秀的技术水准和优美的艺术特色。

武当道教仪式文化：早晚坛功课等法事活动程式化的动作、讽诵的古老经文、演奏优美的道乐等，都具有一定的文化研究价值。

武当武术文化：武当内家拳深受道教思想影响，其理论基础包括道教哲学、内丹理论、心性修养、武德修养等；武术文化还包括武当道士张三丰与太极拳的关系等。

武当文学：道教文学，如道经中有关武当山和真武神信仰的丹诗、青词鉴赏分析、道士诗文作品的文化价值；山水文学，如历代有关武当山的诗、词、歌、赋、游记的整理鉴赏，历代有关武当山的小说鉴赏分析；武当山地区民间文学研究等。

武当道教信仰民俗：宋代以来各地民众朝山进香习俗的发展，香会进香的组织、仪式和禁忌，苦行进香、个体进香与许愿习俗的社会学研究，武当山真武神信仰在亚洲地区的影响；民俗节日与道教信仰的关系等。

其他如仙山胜景、历代高道、道医仙药等，皆有文化内涵。

三、武当文化研究的意义

武当山拥有国内其他地方所不具备的良好的自然资源与文化资源，加大对武当文化的研究力度，对丰富我国传统文化的宝库，确定武当文化的地位，促进武当旅游经济发展，扩大武当文化在海内外的影响，能够提供强有力的理论支撑。同时，也能为十堰市经济建设与文化建设做出贡献。这些是我们开展武当文化研究的主要目的及意义所在。

（一）研究武当文化是传承中国优秀传统文化的时代需要

伴随着经济全球化和改革开放的深入发展，古老的中国正以"现代姿态"步入世界舞台的中心。一个国家的现代化能否成功地推进，就要看能否正确处理传统与现代的文化整合问题。处于高速现代化进程中的中国，明确提出了"弘扬中华文化，建设中华民族共有精神家园。加强对各民族文化的挖掘和保护，重视文物和非物质文化遗产保护，做好文化典籍整理工作"的要求。因此，继承弘扬优秀传统文化已经成为这个时代中华民族的强烈呼声，保护整理优秀文化遗产也成为中华民族的时代需要。武当文化的主要内容丰富和深化了中国传统文化的历史内涵。探讨如何传承与弘扬武当文化，也逐渐成为理论界关注的一个热点问题。

（二）研究武当文化是促进中国优秀传统文化振兴的
迫切要求

在多民族、多元文化林立的世界历史上，一个民族要想存在和发展，必须有自己的文化根基和文化形象，这样，才能自立于世界民族之林。"没有自己文化的民族，就不是一个民族""越是民族的，就越是世界的"揭示了民族的生存发展与文化自身的生存发展之间的内在逻辑关系。武当山是道教第一名山，武当道教是中国道教的集大成者，武当文化是中国传统文化的重要组成部分。因此，深入发掘研究武当文化，是弘扬中华民族优秀传统文化的需要，是社会主义精神文明建设的重要内容，是中国屹立于世界民族之林的客观要求。

（三）研究武当文化是促进地方经济社会发展的重要使命

武当山是一个集自然风光、人文景观、道教圣地、武当武术发祥地为一体的洞天福地，以其秀、奇、险、峻、幽诸特点而雄踞中原。自古以来，武当山以其绚丽的景色、超绝的名胜、灿烂的文化，吸引了众多文人墨客、名流雅士在此吟诗作赋，他们挥毫泼墨，留下了大量的文化宝典。仙山美景孕育了丰富的武当文化，武当道教、文物、建筑、文献资料、文学艺术（包括民间文学和艺术）、民俗、武术、医药等均具有巨大魅力和宝贵价值。加强武当文化研究、传承与开发，发掘武当丰厚文化积淀中的精粹，推动湖北及武当山的经济文化协调发展，特别是推动旅游经济的发展具有极其重大的理论和现实意义。

第二章
武当道教文化研究

第一节　武当道教的形成与环境

一、武当地域环境与道教

武当山位于湖北省十堰市境内汉江南岸,属大巴山的北脉,西北端发源于鄂陕交界处的秦岭,东南端止于襄阳市南,延绵 260 余千米,长江南绕,汉水北回,层峰叠嶂,被誉为"亘古无双胜境,天下第一仙山"。武当山地处亚热带季风气候区,冬季不寒,夏季不热,是自古以来人们疗养生息的胜地。武当山有七十二峰、三十六岩等风景胜迹。其中主峰天柱峰海拔 1612 米,凌耸九霄,孤起挺秀。武当山自然资源丰富,据初步统计,景区内引种栽培的植物有 758 种,国家重点保护的古树名木 46 种,被列为国家重点保护的野生植物有水杉、银杏等 18 种。

武当山的自然条件和地域条件非常适合道教的发展。道教崇尚"无为""道法自然",道人们喜欢在清幽的山林修炼,因此,道教宫观的选址十分讲究。道人们一般都会选择人烟稀少、草木丰茂、山环水抱的风水宝地来修建宫观,追求一种天人合一、融于自然、返璞归真的境界。清幽的山林是道教修炼的理想场所,风景秀丽的名山大川就成了道教宫观首选的宝地。

同时,武当山远离政治中心,是修仙学道者都向往的仙境。《图经》

载："武当，神仙窟宅，自黄老设教，神仙至人栖之者众。"春秋战国时期这里已有许多著名的仙人，如老莱子、汉阴丈人、楚狂接舆、庄周、列御寇、谷城平常生、江妃二女等。汉代隐士戴孟、马明生、阴长生、赵康（南阳人，桓帝时"隐于武当山，清静不仕，以经传授"），都是传说中会神仙方术的仙人。这些传说表明，武当山自然环境和地理条件优越，是道教发展建设的理想地。

另外，武当山的山水奇景也为历代统治者推崇。武当山山本天造，却由人选，主峰巍立，群山拱揖，这些奇特的地质特征被人们认为是表达了道教定于一尊的天庭思想。自唐太宗在武当山敕建宫观以来，历代皇室高度重视武当山，到明代达到巅峰，武当山实现了历代王朝天人对话的理想。

武当山还拥有着久远的历史，保留了规制宏大的古代建筑、经典的道教典籍、珍贵的国家文物、丰富的民间文学艺术、精深的道医药膳、特色的道教音乐等，这些形成了具有浓厚地方特色的以道教文化为核心、融汇多种文化的区域性文化。

二、武当人文历史与道教

（一）武当道教的历史渊源

1. 原始宗教对武当道教的影响

原始宗教大约产生于旧石器时代晚期，至新石器时代渐趋成熟。原始人类的生产力和思维能力十分低下，他们认为人与自然是对立的，人把自然力作为一种异己的力量，从而自发产生了原始宗教，这也是人类自身异化的产物。

武当山地区是中国先民居住繁衍之地，有多处石器时代遗址。宗教观念产生的文化遗存在房县、丹江口市及郧县（郧阳区）均有分布，如房县七里河新石器时代多人合葬墓的拔牙和猎头风俗，说明八千年前汉江流域已有原始宗教信仰。此外，从武当山周边的房县、丹江口市及郧县（郧阳区）的考古发现中我们不难看到盛行于此的动物崇拜、山岳崇拜、星辰崇拜、生殖崇拜等。在湖北荆州发现的陶祖以山象征男根，灵山崇拜一般也与男性生殖器崇拜有关。《续修大岳太和山志》记载："自州城（均州）净乐宫出南门，行郧襄官道中，石甃广平，道旁壁间有曰打儿窝者，俗云击之即得嗣也。"朝山进香的女香客为求嗣，喜欢绕古铜殿三圈。古代的宗教观念和民众崇拜正是武当道教信仰的主要来源。武当山地区的民俗中还有山岳崇拜（东亚地区普遍存在农业丰收时拜山），其可能的原因有以下几点：

（1）武当山峰高林密，拥有许多奇禽猛兽，其难以接近令先民感到神秘，山民因此认为高山奇峰是通天之路，山峰因此具有了神灵的性质。

（2）武当山山势徘徊，如天关地轴之像。奇特的自然景观，容易引起先民的崇敬。

（3）武当山多云雾泉池，先民认为它是兴云作雨的龙神的居所，可作为求雨的对象崇拜。

龟、蛇是武当山动物崇拜的主要对象，而玄武是龟、蛇的合体。《楚辞·远游》宋洪兴祖注中记载："玄武，谓龟蛇，位在北方，故曰玄；身有鳞甲，故曰武。"殷代，四方星辰已被想象成动物形象了，后来，天文学二十八宿体系形成，每七宿组成一种动物形象，即四神（或称四象、四宫，即玄武、青龙、白虎、朱雀），其中，北宫七宿（斗、牛、女、虚、危、室、壁）称为"玄武"。[①]

2. 楚文化对武当道教的影响

荆楚文化的发源地主要在长江、汉水流域的江汉地区，荆楚文化有"信巫鬼，重淫祀"的特点。武当山位于楚地，包括武当山在内的汉江流域正是荆楚文化的发源地，而荆楚文化也是道教的源头之一。据考古发掘，楚文化"信巫鬼、重淫祀"的特点在武当山及周围地区

---

① 杨立志. 武当文化概论[M]. 北京：社会科学文献出版社，2008.

也有明显的反映。武当古志记载：均州"信巫儿，重淫祀，尤好楚歌"，房县"俗信巫魈，重神祀"（巫魈是兼有医生和巫师两种身份的人，在干旱、下雨、生病、修房时，人们都请他们驱邪；淫祀是未经官方认可过度的祀祠）。今天的武当道教斋醮科仪中仍保存着许多楚文化遗风，如禹步、降神、拜日、礼斗、崇火（太阳神崇拜、武当金殿的坐西朝东）、喜卜、尚水等。

3. 先秦道家哲学和阴阳五行等思想对武当道教的影响

武当山志称，老子的弟子尹喜在此修道，道经还称真武大帝是老子"八十二化"，武当还有五龙捧圣的道教神话[五炁龙君（东方青龙、西方白龙、南方赤龙、北方黑龙、中央黄龙）]。武当武术特别强调"拳法阴阳"功法，所谓"八卦转掌论阴阳，五行六合内中藏"，这些都说明武当道教深受老子道家思想的影响。

4. 神仙信仰和方士方术对武当道教的影响

神仙信仰是中国传统文化的一部分，它具有浓烈的民族特色，是我国古代文化的综合化与通俗化的具体表现。

神仙（神人或仙人）是一个道教术语，是道教信徒理想中的隐遁山林、修炼得道、神通广大、变化无方、长生不死的人。庄子对神人做了具体的描述：有神人居于姑射山上，肌肤如冰雪一样洁白，容态如处女一样柔美，不食五谷，餐饮风露，乘云气，驾飞龙，遨游于四海之外。

武当山地处汉江流域，峰高林密，是修仙学道者向往的仙境。在传说中，春秋战国时期此处已有许多著名的仙人，"高年遗世之士，卓行绝假之流"，如老莱子、汉阴丈人、楚狂接舆、庄周、列御寇、谷城平常生、江妃二女等，还有汉代道士及隐士戴孟、马明生、阴长生、赵康。道教信徒认为他们是服苍术食黄精，炼制金丹，直接继承了古代方术的方士。

（二）玄武崇拜

1. 动物崇拜与玄武神崇拜

动物崇拜是古人把幻想和希望寄托在动物身上，最后转化成精神寄托和神仙信仰而产生的崇拜。动物崇拜的重要对象有龟、蛇。玄武是龟、蛇合体，这一称呼最早见于《楚辞·远游》，宋洪兴祖注曰："玄武，谓龟蛇，位在北方，故曰玄；身有鳞甲，故曰武。"龟蛇被视为灵物、神物，并成为一些部族的图腾。我国部分地区的侗族人民信仰蛇神，禁忌吃蛇，每年都编"舞草龙"来驱灾。《山海经》中描绘的许多神灵都是人首蛇身，或手操两蛇，或耳上挂蛇。灵龟崇拜在中国也源远流长。新石器时代，龟甲随葬的习俗已经遍布中国。在殷商时代，灵龟崇拜已经发展为龟卜信仰，即认为神龟通人、知吉凶，可充当神人交通的媒介。龟蛇相缠一处，在人们的意识中就更具神性，不可侵犯。

2. 星辰崇拜与玄武神崇拜

殷代，四方星辰已被想象成动物形象，后来，古代天文二十八宿体系形成，人们认为每七宿组成一种动物形象，即四神（或四象、四宫，即玄武、青龙、白虎、朱雀），其中，北宫七宿（斗、牛、女、虚、危、室、壁）被称为"玄武"。秦汉的皇宫常用四象命名四方的门阙殿楼，西汉宫殿建筑构件中的四神纹瓦当，都表明四神中的北方玄武已逐渐为人们所重视和崇尚，并影响到世俗生活的许多方面。星辰崇拜把玄武的神格地位作了抬高。

3. 四神被纳入五行系统

春秋战国时期，阴阳五行、五方配五色等五行之说十分盛行，东方青龙、西方白虎、南方朱雀、北方玄武成为护卫之神，四神"镇四方，辟不祥"的守护神职能被纳入了五行系统。东汉后期道教兴起之后，常以四神壮威仪，四神于是成为道教护法神。如晋葛洪在《抱朴子》中描写太上老君的仪仗时说："左有十二青龙，右有三十六白虎，前有二十四朱雀，后有七十二玄武"，只是这时的玄武尚未人形化。

4. 四圣崇拜

唐末宋初的道经中常有北帝率四圣降妖伏魔的故事。四圣崇拜在隋唐逐步盛行。保守推断至迟在北宋以前，北宫玄武已经人形化，成为道教信奉的中天北极紫微大帝（简称北帝）属下的四员大将之一（天蓬、天猷、翊圣、玄武），号称玄武将军。虽然"将军"是对神格不高的小神的称呼，但玄武毕竟脱离了兽形星辰神而人格化了，已经由四神系统上升为四圣系统，为后来演变为道教大神奠定了基础。简而言之，玄武神崇拜大致的演变经过了由北宫玄武到玄武将军，由玄武将军到真武真君，由真武真君到玄天上帝的过程。

第二节 武当道教的演进与变迁

武当道教是中国道教的一个重要流派。武当山道教活动历史悠久，道教文化博大精深。自先秦时期，武当山就因山高林密和远离政治中心，受到了道人们的青睐，修炼者纷至沓来。唐太宗兴建五龙祠，武当道教由此开始兴起。宋元两代，以真武神为信仰的武当道教正式形成，是道教发展的一个高峰期。明代武当道教宫观是皇室家庙，武当道教大兴，几乎囊括了道教领域的所有派别，影响波及全国。[①]

一、武当道教的形成期

（一）先秦时期

先秦是武当道教的萌芽期。此时的武当宗教信仰主要来源是原始宗教，同时受荆楚文化、道家哲学和五行、神仙方术的影响颇深。因

---

① 杨立志．明成祖与武当道教[J]．江汉论坛，1990（12）．

此，这个时期的玄武崇拜主要是龟蛇的动物崇拜。

（二）两汉到魏晋南北朝时期

西汉时期，在武当山隐居修炼的道士主要是早期的丹鼎派，他们通常居住在石室岩屋之中，活动分散，师徒之间传道授业，通过修炼内丹、研制外丹、采制草药进行自身修炼。师徒有的两三人，有的多达数十人，开始形成若干个神仙道教团体，武当道教初见端倪。但丹鼎派的炼丹之术耗费颇大，并且大多教徒只为隐居修炼以求成仙，并不重视斋祀等群众性的宗教活动，群体意识缺失，不易于形成严格的宗教团体和组织，也就没有正规庙观。

东汉末年，政治腐败，民不聊生，宣称自己能以符水治病、祈福禳灾，提倡互助救困的符箓派受到底层民众欢迎。东汉黄巾军起义以后，在紧邻武当山西部的汉中地区，张修、张鲁建立了"五斗米教"，后逐渐发展成为一个政教合一的政权。

到魏晋南北朝时期，社会动荡，战乱不止。宗教成为底层民众心灵上的慰藉，这是道教发展的有利土壤。五斗米教的上层和一些神仙方术之人符合魏晋门阀士族集团的利益，受到统治阶级的支持，道教得以从区域性宗教迅速发展为全国性宗教，从分散活动变为有中心、有基地的宗教。

此时武当山已经有"太和山""仙室山"的称号，成为华中地区神仙道教的基地和隐居修道者荟萃的道教仙境。其道教活动的特点为：以丹鼎派为主，隐居修炼、拜师求道，居于石室岩屋，活动比较分散，重个人修为，而不重视斋醮祀祠，没有严格的教团组织和正规庙观。著名人物有：东晋历阳人谢允、刘宋华阴令徐子平、萧齐晋王记室刘虬、炼制外丹者孙道允、著书弘道者翟炜、戴孟、马明生、阴长生、山世远、尹轨等。

二、武当道教的勃兴期

（一）隋唐五代

隋唐时期，道教呈现出全面发展的态势。特别是唐朝皇室崇奉老子，扶植道教，提高了道教的地位。此时，武当山民间祭祀的五龙受到了皇室的注意。贞观年间（627—649），均州刺史姚简奉旨到武当山祷雨有应，唐太宗即命其建成五龙祠（古代山志记载的由皇帝敕建的第一座祠庙），使武当道教出现了全面发展的繁荣局面。

虽然在唐朝司马承祯（646—735）编撰的《天地宫府图》中所列的道教十大洞天、三十六小洞天、七十二福地之中，还没有出现武当山之名，但到唐末杜光庭（850—933）编写《洞天福地岳渎名山记》时，武当山已经被列为七十二福地中的第九福地。这表明武当山作为道教名山，在唐末地位已有了较显著的提高。

这个时期的武当建筑多为简陋的茅庵、岩庙、星牖，如杨仙岩、隐仙岩、三元庙等，较正规的祠庙建筑有九室宫、五龙祠、龙王庙、白鹤观、明道观、神威武公新庙。著名道士有姚简、孙思邈、吕洞宾、陶幼安、陈抟等。其中陈抟是五代宋初道教内丹学、易学的重要代表，他提出的"道"与"器"、"体"与"用"等范畴，对宋明理学产生了广泛而深刻的影响。[①]

（二）宋代

宋代是道教发展史上的又一个高峰时期，也是武当山真武神信仰兴起和武当道教形成的时期。武当山道教形成于宋代，当时的修炼者都崇拜和信仰真武神。在北宋广为流传的道经有记载说真武神就发源于武当山。宋代《图经》称"今五龙观即其隐处"。北宋宣和年间始建

---

① 伍成泉. 试论武当道教的初期发展[J]. 华中师范大学学报，2011（7）.

紫霄宫。

两宋时期，上至皇室，下至民间，都崇奉真武。无论皇帝、官僚、将士、儒士、市民、农民，还是民间巫师、巫医、术士，甚至也有僧人（武当山历史上曾有佛教活动）崇奉其香火。

两宋皇室如宋太祖、宋真宗、宋仁宗、宋英宗、宋神宗、宋哲宗、宋徽宗、宋钦宗、宋高宗及母亲韦后、宋孝宗、宋宁宗、宋理宗都对真武虔诚奉祀，并多有加封。其中宋真宗和宋仁宗对玄武非常尊敬。宋真宗改玄武为真武，加封号为"真武灵应真君"，把玄武从将军提升为真君，提高了真武的神格地位。宋仁宗时，对真武的崇奉达到高峰。仁宗生病时，道士王伯初奏称真武显灵，此后仁宗病愈，故仁宗之后对真武神更加虔诚。徽宗给以"敕额文据"。宋代文献还有民众祭祀真武的记载。显然，北宋时，武当道教已形成相应的教团组织，拥有众多的下层信徒，建有宫观等宗教活动场所。北宋灭亡后，南宋与金对峙争战，位于襄阳附近的武当山"百年之中，三罹劫火"，武当道教的发展受到影响。不过，由于宋皇室奉祀真武，对武当道教也颇为关注，绍兴辛酉年茅山高道孙元政入武当兴复五龙诸庙，宋高宗诏赴阙廷，符水称旨，敕度道士10人。孙元政所传道派虽属茅山宗，但长期在武当山传承，奉祀真武，遂形成武当五龙派。该派融合了儒、释、道三教思想，强调忠孝伦理，以奉真武神为雷部祖师，传习上清五雷诸法，倡导"内丹外用""内道外法"，擅长符水、禳祓、驱邪为主要特征。宋代由于皇室的推崇，上行下效，民间也非常崇奉真武神。宋朝周边政权辽、夏、金、蒙古军事力量强大，群敌环伺，战争频发，宋朝的士兵、将领在出征前都会向真武祈祷，以期获得真武的护佑。士农工商各阶层也虔诚信奉真武，祈求真武显灵，风调雨顺，治病禳灾，解脱苦难，救护众人。

由于百姓信仰真武，道教思想广泛传播，民间信徒到武当山朝拜进香的民俗大大兴起。宋元交兵时，武当山宫观多有焚毁，道众四处流散，进入民间传教。

宋代真武经典有《太上说玄天大圣真武本传神咒妙经》《元始天尊说北方真武妙经》《真武启圣纪》《真武灵应大醮仪》《玄帝实录》《玄天上帝说报父母恩重经》《太上玄天真武无上将军箓》《真武灵应护世消灾灭罪宝忏》《北极真武普慈度世法忏》《北极真武佑圣真君礼文》《太上说玄天大圣真武本传神咒妙经注》等。其主要内容是：真武—玄帝神话的系统化；道教基本信仰与真武应化之说；通过修炼内丹上道而登天界；度人济物，扬善抑恶；宣扬忠孝伦理、三教融合等思想。

宋代武当道教的主要特征是以武当山为本山；以崇奉真武—玄帝为特定信仰；重视内丹修炼；擅长雷法及符箓斋醮；强调忠孝伦理、三教融合。宋代武当山著名道士有邓若拙、刘道士、王道士、房长须、谢天地、田蓑衣、孙寂然、邓真官、曹观妙、唐风仙、吉志通等。

（三）元代

元皇室为了巩固统治、缓和阶级矛盾，对各宗教都大加扶植，武当道教在此社会背景下也呈现出非常兴盛的局面。

元代武当山道教的发展与元皇室对它的重视和扶持是分不开的。同宋代一样，元皇室重视武当道教是从崇奉玄武神开始的。据碑铭、史志记载，早在元朝正式建立之前，蒙古国大汗忽必烈为了神化自己的统治，就开始奉祀玄武神。元朝建立之后，为了巩固统治，缓解统治阶级和人民大众的矛盾，笼络民心，提倡宗教，元代诸帝皆奉祀玄帝，将玄帝奉为皇家保护神，扶持武当道教（加封神号、修宫赐额、召道士祷雨祛疾、遣使奉香建醮），把武当宫观变成了为皇帝"告天祝寿"的专门场所。元世祖、元成宗、元武宗、元仁宗、元英宗、元泰定帝、元文宗、元顺帝等都通过赐地、加封及崇奉玄帝扶持武当道教。

武当道教在这种社会背景下呈现出十分兴盛的局面。北方兴盛的全真派，南方流行的清微派、正一派等先后传入武当山，与武当山原有道派相融合，遂形成以奉祀玄天上帝为主要信仰，既重视修炼内丹，又擅长符箓斋醮的新武当派。元初，吉志通、汪贞常入武当传全真道，修复宫观，度徒百余，武当山成为元代全真道的最大活动据点。不久，叶云莱入武当传清微派，度徒颇众，是清微法集大成者黄舜申门下的重要支派。武当道士鲁大宥（号洞云）收张守清为徒，张博采全真、清微、正一等派之长，创新武当派，奉旨管领教门公事，授徒数千人，使武当派教团组织发展迅速。《武当福地总真集》称五龙宫"每岁上巳、重九，行缘受供，遏者辐辏"，可知当时香火盛况。元末，武当山地区战乱频繁，道众流散各地，宫观庵庙毁于兵乱。

元代武当道教发展主要体现在：

（1）全真派、清微派、正一派等先后传入武当，与武当本山派融合，形成以奉祀玄天上帝为主要信仰，既重视内丹修炼，又擅长符箓斋醮的新武当派。

（2）宫观规模宏大，布局以真武修真的故事为基础。元代武当宫观具有民间性和长期性的特点，主要是靠民间"大檀信士"的施舍和道众的辛勤劳动逐渐营造的，其布局既根据真武修真的神话故事，又与自然完美结合，基本上奠定了后来的武当宫观布局基础。有"九宫八观"之说：五龙宫、真庆宫、紫霄宫、太和宫、王母宫、紫虚宫、紫极宫、延长宫、琼台宫等九宫，佑圣观、云霞观、修真观、三清观、三茅观、太上观、明真观、八仙观等八观，加上庵、岩庙、行宫、道院等一共有 70 余处。

（3）编纂山志，刊印道经。此时期武当道士编纂刊印了《武当福地总真集》《武当纪胜集》《玄天上帝启圣录》《玄天上帝启圣灵异录》《清微玄枢奏告仪》《清微神烈秘法》《清微元降大法》《清微斋法》等山志和道经。

元代的著名道士有：武当本山派鲁洞云；全真派王重阳、李明良、汪真常；清微派叶云莱、刘道明、张道贵；神霄派胡道玄；茅山宗曹古松；新武当派张守清等。

三、武当道教的鼎盛期

明朝武当山道教发展非常迅速。经过明皇室的大力扶植和精心管理，武当道教呈现出了空前而持久的鼎盛局面，不仅武当道教的名号地位显著提高，道士人数不断增加，而且宫观建筑规模宏伟，像器设置富丽堂皇，武当道教成为全国最大的道教教团。武当道教的社会影响日益扩大，促进了明朝武当进香民俗的迅猛发展。特别是明成祖朱棣为巩固统治，制造"君权神授"的舆论，把武当道教推上了顶峰。明成祖以后的明朝历代皇帝即位时，都要派专使到武当山致祭。后世明朝历代皇帝对成祖制定的崇祀真武、扶植武当道教的政策措施都虔诚奉行，并不断补充完善。明皇室还加封武当山为"大岳太和山""玄岳太和山"，使它的地位高于五岳，成为"天下第一名山"。明朝武当道教的主要活动有明显的御用性。

据明代山志统计，从明初到隆庆年间，明帝为扶植和管理武当道教，先后颁降圣旨敕诰三百多道，御制碑文近百通。太祖以后明皇室诸帝皆信奉道教神灵，并广设斋醮，崇尚方术，任用道士，致使职业道士数量增多，宫观祠庙遍布全国。上行下效，明代许多官吏也奉道习术。至于在下层民众中本来就存在的道教习俗，由于皇室的崇奉和扶植更加炽盛，道教与社会生活和民间风俗的联系也更加密切。正是由于明皇室对武当道教长期实行特殊保护政策，所以，武当道教在明朝两百多年中始终保持鼎盛局面。

1. 明成祖对武当道教的扶植和管理

明成祖"为报答神贶"，对武当道教采取的扶持政策和管理措施主要有：

（1）营建宏伟宫观，长期派遣军民修葺洒扫。

明成祖"为报答神贶"，非常重视武当工程的营建。从永乐九年（1411）始，用 14 年的时间，先后委派工部侍郎郭琎、隆平侯张信、驸马都尉沐昕、礼部尚书金纯等高官，"统领天下亿万钱粮"，督率军民夫匠 30 余万，调集四川、河南、陕西及江南各省物资，共建成五龙、南岩、紫霄、太和、朝天、清微、玉虚、静乐、遇真九宫，回龙、太玄、复真、仁威、威烈、八仙、元和、龙泉八观及岩、殿、祠、庙等 33 处，殿堂房宇 1800 余间，并修了 40 多座石桥，100 多千米的石蹬道。明成祖为了保证"宫观常年完美，沟渠道路永远通利"，特将均州千户所正军余丁 4000 多人的杂泛差役、屯田子粒等"尽行优免"，让他们专心维修、守护宫观庙宇。明代山志称："太和山高且奇，宫观伟丽，皆天下所无""栋宇之盛，盖旷古所未有也"。此时的武当山宫观成为全国规模最大的道教建筑群。另外，明皇室还加封武当山为"大岳太和山""玄岳太和山"，使它的地位高于五岳，成为"天下第一名山"。

（2）选调高道，给以廪食布匹等。

永乐十一年（1413），明成祖命正一真人张守清及道录司从全国各地举荐选拔 400 名"至诚敬谨"的高道到武当山焚修办道，朝廷授以度牒，给以廪食布匹。

明皇室为了供养武当道士，专门调拨田地佃户，办纳"斋粮"。永乐十四年（1416），成祖命户部差官会同均州官吏收缴圈占武当山周围田地 27 750 亩（约 18.5 平方千米），命法司拨徙流犯人 555 户，每年办纳米麦 3885 石。这些田地是武当山的庙产，不归均州管辖，由皇帝委派专官在佃户屯田之处建公廨管理。武当道士相当于皇室御用神职人员，明皇室还仿照神乐观乐舞生例，每年给赐"棉布二匹，夏布二匹"，由"所有襄阳府县额办给散"。宫观常用消耗物，如香烛灯油等，也由皇室差人购买。至此，武当山荟萃了各大门派的著名道士，他们在武当结友修炼，为皇室建醮祈福。各大宫又建钵堂以接待四方云游道士，并允许无度牒者在小宫观里焚修，这就使武当山变成各地道士定期朝奉的"圣山"，成为明代全国道教文化的交流中心。永乐以后，全国各地民众到武当山进香的活动日益炽盛，北方晋、陕、豫等省及南方各省民众都有定期朝奉武当的风俗。江浙一带甚至每年组织约"百十艘"进香船队朝武当。

（3）制造、斋送大量像器、经书，充实各宫观。

明成祖永乐十四年（1416）"钦降金殿圣像、幡幢（旗子或刻着经咒的石柱子）、供器安奉各宫观"。此后历朝皇帝常遣内臣奉安像器。

据山志统计，从宪宗成化九年（1473）至世宗嘉靖三十二年（1554），共制送神像、供器、香帛 20 余次，其中银铸鎏金、铜铸贴金、鎏金等神像 93 尊，供器 285 件，铜钟、玉磬 12 付，神灵画像 2640 轴，绮罗销金或丝幡、幢、帐、幔、顶伞等 600 余件。

（4）颁布圣旨，委派专官严格管理。

明成祖及其后继者不仅是武当道教的"信徒"和施主，而且还直接管理这里的宗教事务。永乐十一年（1413），成祖颁降圣旨保护武当道教，不许往来浮浪之人"生事喧聒，扰其静功，妨其办道，违者治以重罪"，并严饬道规："若道士有不务本教，生事害群，伤坏祖风者，轻者即时谴责，逐出下山；重则具奏来闻，治以重罪。"

2. 在武当山建立系统的管理机构

明皇室为了直接管理武当道教，还委派藩参、宦官提督全山，并建立了系统的管理机构：

（1）内臣提督署。

自宣德十年（1435）三月至崇祯十四年（1641），皇室共派遣 30 余名宦官提督武当山。

（2）藩臣提调署。

自永乐十七年（1419）至明末，皇室直接委派湖广布政司右参议或右参政巡视全山，调用均州千户所军余修葺宫观。

（3）均州守御千户所。

永乐年间即规定均州千户所军余守护山场、修葺宫观，为此特免其科差、杂泛差役及屯田子粒等军役负担。后其成为"专一供应宫观洒扫修理之役"的工程兵，成为一种特殊的军事制度。

（4）道官提点印信衙门。

永乐十一年（1413），成祖命正一真人张守清举荐 17 名高道分别任静乐、遇真、玉虚、五龙、紫霄、南岩、太和七宫提点。成化年间又设迎恩宫提点。各宫均设正六品道官提点印信衙门。

（5）佃户屯田所。

永乐年间，拨赐太和山公田佃户时，即钦除均州知州吴礼不管均州事，专一提调佃户，并命在佃户屯所另盖公廨管理。

明代武当道教的主要宗教活动有：主要祭礼活动（特祭、时祭、日常功课）；修建大醮（重大国醮，安神大醮，例行国醮，皇后、皇妃、太子、公主等授意建醮）；岁供仙品（武当山每年都要向朝廷进贡鲜笋、骞林茶、九仙子、隔山消、黄精、榔梅等仙品）；书写符箓等。

著名道士有：张三丰、丘玄清、孙碧云、卢秋云、刘古泉、李素希、周真德、邓青羊、李孤云、杨善澄等。

明代武当道教的鼎盛，还吸引了文人墨客、官员赞颂。据山志、碑碣及明人文集粗略统计，现存与武当道教相关的明代诗、歌、赋、序、游记、碑铭等共一千余篇。其作者多为名人，这些名人的咏赞扩大了武当道教的社会影响，丰富了武当山山水文学的内容。此外，还有一部由道士、藩参、太监等编写的明代武当山志，记载了明代武当山道教的盛况，是广大研究人员了解、考察、研究武当山的发展历程和道教文化的宝贵资料。[①]

四、武当道教的衰落期

（一）清代

清朝是中国历史上最后一个君主专制王朝，从 1644 年清军入关，定都北京，完成了中国历史上又一次鼎革，到 1912 年宣统退位，清朝

---

① 张全晓. 明代武当山志考略[J]. 中国地方志，2011（5）.

统治时间长达 268 年。

清朝是由满洲贵族联合蒙古族、汉族上层建立的王朝。**靺鞨**在唐时曾于东北地区建渤海国，女真族又建统一北中国的金朝，建州女真努尔哈赤继承先辈遗业建立后金，其子皇太极在沈阳称帝，定国号大清。后来，有康熙的"平定三藩之乱"和收复台湾，同时调整对汉族的政策。康熙、雍正、乾隆三朝文治武功，盛极一时，被称为"康乾盛世"。但在嘉庆、道光时期又陷入社会危机，加之西方帝国主义国家的入侵，中国社会性质发生了重大的转化。

清朝建立之后，由于统治者信奉萨满教和藏传佛教格鲁派，武当山道教失去了皇室家庙的种种特权。在清朝统一全国后，武当道教虽未完全解散，仍保持其教团体制、教团组织，并在著名高道或教团领袖的苦心经营下出现过短暂的复兴局面，但武当道教失去了其在明代享有的种种特权，加之清初战乱频繁，武当道教逐渐衰落。

清皇室对武当道教恩威并用。一方面，受明朝崇奉真武神信仰的影响，清朝统治者亦祈祷玄天上帝。承认真武神"襄赞化育""光赉社稷"之作用，其目的是利用民间盛行的真武信仰巩固统治，而不是恢复武当道教。另一方面，清初的藏传佛教格鲁派很强大，统治者立黄教为国教，实行的是信奉黄教、抑制道教的宗教政策。清朝取消明代对武当实行的特殊政策，甚至降低武当道教管理机构的规格，限制其教团势力的发展。

明末清初，武当山及周围地区战事频繁，李自成、张献忠等起义军经常出入山林。崇祯十五年（1642），李自成军队攻克了均州城，焚烧了镇守太监提督府。亦有其他局部的军事冲突，如郝摇旗、刘体纯等军队在襄郧、荆州间和清军周旋，与南明抗清军队遥相呼应；襄阳总兵杨来嘉（郑成功部下）举兵反清，吴三桂授以将军。清中期至清末，鄂、豫、川、陕交界地区的民族矛盾和阶级矛盾尖锐复杂，反清斗争和农民起义风起云涌，清朝的军事镇压也非常残酷。白莲教等在荆襄一带揭竿而起，襄阳爆发高二先、张瞎子领导的红巾军起义，攻打武当山三天门，被清将唐训方等击败，琼台中观夷为平地，紫霄、南岩倾圮。可见，清代发生在鄂西北地区并对武当道教有较大影响的战乱就有好几次，每次都对武当道教造成重创，导致香火锐减、宫观受损、文物遭窃、道众生命没有保障，从而造成武当道教逐步衰微。

清代道教除了全真龙门派曾"一度中兴"外，其他各派皆呈衰微之势。清朝著名道士有：二虎王、杨常炫、王常月、杨来旺等。

有清一代，武当山道教逐渐从鼎盛走向了衰败。但是在清朝的两百多年中，武当山依然保持着教团体制，道教团体组织并未解散。而各地的百姓依然对武当山真武神虔诚崇拜信仰，武当山香火依然旺盛，朝山进香活动在民间仍然广泛流行。

（二）中华民国

中华民国（1912—1949）是中国社会由传统文明向现代文明转化的时期，各个社会阶层和各种社会力量都经历了前所未有的大变迁。民国时期是社会动荡不宁、兵灾匪患盛行的时代。武当道教虽然在此时曾有短暂的兴盛，但主流趋势还是沉寂衰落，甚至面临被地方政府"取消"的危险。

民国时期烽火遍地，盗匪猖獗，兵痞流氓和土匪恶棍经常出没宫观，扰乱宫观秩序，败坏道教清规，宫观几无宁日。如襄阳府官吏周逢生与外国人相勾结，砸毁金殿，抢劫文物。均州绅士罗立庵、余二少与太和宫道士朱承熙、李能安率均房二地民众与之搏斗，以死伤29人的代价保住了金殿。

1939年秋，李宗仁将军首次亲临武当山，并在金顶挥毫泼墨"整军经武"四个苍劲有力的大字。当国民党军队第五战区长官司令部驻扎光化时，李将军在武当山主持了第五战区干部训练团第一、二期学生队的毕业典礼。

抗日战争时期，国民党第五战区司令长官部和陆军军官学校第八分校驻扎武当山。部分官兵乱拆宫观，砸毁神像，尤其是该部炮兵十六团将武当山太子坡以下各宫、观、庵、祠里的千余件铜质像器搜集起来，用 40 辆马车运往重庆兵工厂，给武当道教造成了巨大损失。

1944 年国民党地方政府在武当山成立"天然林管理委员会"，明确规定取消武当道教，没收全部庙产归该会统管。据老道人回忆，该会成立后即着手遣散道士，凡不愿走者，即被捆绑吊打，老弱病残者无家可归。到 1948 年，全山仅余庙房 2000 多间，道众 200 余人。

地方官吏穷掠豪夺，武当道教陷入绝境，道众生活无着，被迫离山出走，武当教团组织日衰，宗教活动趋于停止状态。

五、武当道教的复兴期

1949 年中华人民共和国成立后，采取了"宗教信仰自由"的政策，武当山道教得以合法存留。1953 年，中央拨给武当山一亿五千万元维修经费，用于武当山主要宫观的维修以及名胜古迹的保护。但在"文化大革命"期间，党制定的宗教信仰自由政策遭到扭曲和践踏，道教也被视为封建迷信，武当山道教处境举步维艰，修炼者纷纷离开宫观，有组织的道教活动基本中止。

1978 年以后，随着宗教信仰自由政策的落实，武当道教复兴迎来了新的契机。1984 年武当山道教协会的成立，为武当山道教的振兴和发展创造了良好的条件，也为武当山道教的复兴带来了新的希望。武当山道教协会是新时代武当山道教界的爱国团体，摒除了封建社会武当道教为专制皇权服务的政治功能，明确提出团结全山道徒，继承和发扬道教优秀传统，爱国爱教，积极参加社会主义建设的宗旨。

近年来武当山道教有了新的发展，主要表现在：提高道士素养，加强自身建设；积极维修宫观，开展道教活动；重视道教学术研究，弘扬道教文化；注重道教交流，发展友好往来等方面。尤其重要的是，道教开始不信鬼神，研究科学的养生法，通过科学养生知识的传播，使道教和中医相结合，重新认识和理解天、地、人三者合一，精、气、神三者合一的最高境界。这些变化也使武当山道教的发展有了新的希望。

从 1984 年武当道协成立至今已有 30 多年，在历届道协理事会的领导下，武当山道教有了新的发展，主要表现在：

1. 努力提高道士素养

主要做法：

（1）提高政治素养。武当道协每年举办时事政治或法制学习班，提高道人爱国爱教、维护社会安定团结的自觉性，教育道人提高法制意识，自觉遵守法律法规，严格在法律允许的范围开展宗教活动。

（2）提高道德素养。道教尊道贵德，其教义勉励道教徒以道为本，以德为行，积功累德，修己度人，提倡"诸恶莫作，诸善奉行"。

（3）提高文化素养。为提高道教徒的学识，武当道协一方面坚持选送优秀青年道教徒到中国道教学院学习，另一方面创办武当山道教学院，组织道人学习道教教理教义和道教基本知识，学习与道教有关的哲学、历史、文学、建筑、地理等知识。

2. 积极维修宫观

自 1984 年 8 月 1 日武当道协正式行使对紫霄、太和两宫的管理权以来，武当道协全体成员以庙为家，艰苦创业，修复两宫。王光德会长带道人上太和宫后，自己动手搭灶支床，捡砖拾瓦，修补漏房，经过 10 多年的努力，太和宫共重建、新建殿堂房舍 200 余间，计 5620 平方米，其中较大的工程有天云楼、天合楼、戏楼、神库、小道场斋堂。众人还维修了许多殿堂，如太和宫古铜殿（转运殿）、朝拜殿、万圣阁、父母殿、钟鼓楼、三官楼等古建筑屋面，已全部用绿琉璃瓦代替了原来的小布瓦，内外墙体也重新粉刷。维修后的太和宫，丹墙翠瓦交相辉映，殿宇楼阁耸峙云端，登山石路宛转盘旋，在一定程度上恢复了当年的雄伟壮丽。

紫霄宫是武当山保存较好的明代道教建筑群，主体建筑如玄帝大殿等，基本上保持了明代原貌。该宫的东西配房、道院、钟鼓楼、碑亭等多已破败不堪，亟须维修或重建。经过道协的长期努力，先后新建、重建道房、斋堂、客房、素餐馆、文物陈列室、元辰殿、钟鼓楼、碑亭、父母殿等100多间，共计4045平方米，维修了东宫道院、西宫道院、十方堂、龙虎殿、福地门、紫霄殿等建筑，更换了屋面琉璃瓦、台基石栏、大院石板等，共计百余间、数千平方米。今日的紫霄宫殿宇巍峨、道房栉比、丹碧交灿、壮丽严峻，一派仙山福地、云外清都之景象。

3. 积极开展道教活动

道教活动是指道教信仰者的崇拜行为，是信仰者用语言和肉体进行的外在活动。它是内在的宗教观念和宗教感情的客观表现。武当山道教的传统宗教活动类型繁多，除师徒打坐修炼外，还要做早晚坛功课。其他法事活动如礼斗、拜忏、上单朝表、上大表、放焰口等均在民间社会有较大影响。

功课即道教徒对每日须定时做的事情的总称。早坛功课：每天早晨6点开始，全体道众齐集殿堂，奏乐诵经，焚香拜神，其仪式约进行40分钟。晚坛功课：下午4点50分开始，全体道众齐集殿堂，奏乐诵经，焚香拜神，其仪式亦持续40分钟。每月初一、十五，两宫都要做道场。所谓道场，是指设斋建醮，诵经礼忏之场所。届时两宫经师、高功云集殿堂，早坛要拜诰，转天尊，上午诵《真武祖师经》《三官经》以及诸神告文，然后上表。晚坛要拜忏，多数为《玉皇忏》。逢各祖师圣诞，也做法事上表文。

近年武当道协举办的大型斋醮法事有1996年紫霄殿重光大典和1997年父母殿重光大典。所谓重光大典是指道教古建筑经重新维修后举办的庆成醮典。紫霄殿维修工程历时4年，政府和道协都投入了大量的财力物力，故其重光大典、剪彩仪式极为隆重，中央、省、市政府要员及全国各地宫观纷纷前来祝贺。醮典始于1996年5月4日，止于5月6日，历时三天，仪式由王光德大法师主持，其程序略为开坛、请水、祭灶、扬幡、悬榜、请圣、安神、上表、开光等，并配以烛灯、旌幡、钟鼓笙磬、步虚吟唱等仪注，整个醮曲仪式都是严格遵照道经规定的程序进行的，观礼的香客群众达一万多人，可谓盛况空前。1997年10月10日（农历九月初九）紫霄父母殿重光大典，举行了拜斗法事，设五斗坛场，分外中内三层坛，悬五方旗、卦旗、二十八宿旗等150多面旗、悬灯150多盏。仪式持续三天，其程序略为扬幡、荡秽、祭斗、拜斗、散花等，场面很大，观者云集。

4. 坚持弘扬道教文化

武当道协自成立之日起，其主要负责人就非常重视对道教文化的研究，他们不仅购回《正统道藏》《藏外道书》等影印道典多部，而且整理编印了一些常用道经。

武当山道教经韵音乐，保存了许多古代曲调，有鲜明的地方特色，文化内涵十分丰富。1980年以后，喇万慧、方继权、吴理瀛、何本灼等精通道教法事音乐的老道长先后回山，在紫霄宫任高功、经师，他们毫无保留地向青年道人传播道教经曲乐艺，使武当道乐得以流传。史新民教授主编的《中国武当山道教音乐》一书已于1987年由中国文联出版公司出版。同时，还录制发行了《武当道乐》等磁带，拍摄播放了《太和玄乐》《武当风韵》等电视专题片。

老道长摒除保守观念，向青年道人传授内家功夫。1992年5月，武当成立了"武当道教中医药研究所"，挖掘历代道医秘方，研制了道教传统名药"八宝紫金锭""九仙丹""太和散""益寿解毒丹"等。

自元代以来，武当山共编纂过9种山志。武当道协为了研究武当山的道教历史，积极收集历代的武当山志，先后将现存的7种民国以前的山志收集复制回来。

第三章
武当古建筑文化研究

第一节　武当古建筑文化概述

武当山古建筑群敕建于唐贞观年间，明代达到鼎盛。明永乐年间，明成祖朱棣大建武当山，历时14年，建成九宫、八观、三十六庵堂、七十二岩庙、五十四桥、二十亭台等三十三座建筑群，嘉靖年间又增修扩建。整个建筑群严格按照真武修仙的故事统一布局，并采用皇家建筑规制，形成了"五里一庵十里宫，丹墙翠瓦望玲珑，楼台隐映金银气，林岫回环画境中"的"仙山琼阁"的意境，绵延七十几千米，体现了道教"天人合一"的思想，堪称中国古代建筑史上的奇观，被誉为"中国古代建筑成就的博物馆"和"挂在悬崖峭壁上的故宫"。武当山古建筑与北京故宫也是一对"孪生"文化遗产，它们是明永乐皇帝在中国一南一北两个不同的地方建造的代表中国古代最高建筑水准的文化遗存。

武当山遗存古建筑53处，建筑面积2.7万平方米，建筑遗址9处，各类文物5035件。1982年，武当山被国务院列入第一批全国重点风景名胜区。1994年，金殿、紫霄宫、"治世玄岳"石牌坊、南岩宫、玉虚宫遗址等被国务院公布为第一批全国重点文物保护单位，同年被列入世界文化遗产名录。

航拍武当山金顶

一、武当山古建筑的起源和发展

先秦两汉时期，武当山已有简陋的石室石洞，隐居修道者多栖息于此，例如尹喜"归栖于武当山三天门石壁之下，石门、石室，喜之所居，古有铜床玉案"。

魏晋南北朝时期，宗教建筑开始增加。西晋初年荆州都督羊祜建成武当山寺，东晋华阴令徐子平弃官学道，传说他隐居于武当山砂朗涧下成仙，后人为祀，建石鼓庵。

武当山道教古建筑始建于唐贞观年间（627—649）。当时均州刺史姚简祈雨成功，唐太宗命即其地建五龙祠，这是武当山志所载由皇帝敕建的第一座祠庙。上元二年（761），唐肃宗建太乙、延昌、香严、长寿四座庙宇；唐昭宗乾宁三年（896），建"神威武公新庙"。

北宋天禧二年（1018），宋真宗将五龙祠升格为观，后宋孝宗赐额"灵应观"。宣和年间，宋徽宗创建紫霄宫。宋时，由道士兴工修建的建筑有九室宫、王母宫、紫虚宫、紫极宫、延长宫、佑圣观、云霞观、玉仙观、冲虚庵、白雪庵、云窟庵、威烈庙、龙王庙、黑虎祠、大顶天柱峰石殿及铜亭等。这一时期，西神道成为朝山主线。南宋后期，道教建筑遭受破坏较大。

元代是武当道教迅速发展的时期，宫观建筑的规模日益扩大。元世祖忽必烈至元十五年（1278）将五龙宫升为"五龙灵应宫"，后加赐宫额为"大五龙灵应万寿宫"。元皇庆元年（1312），因武当道士张守清求雨祛病有功，援建天乙真庆宫，元仁宗延祐元年（1314），加赐南岩天一真庆宫为"大天一真庆万寿宫"。到元代后期，武当山古建筑群形成较大规模，全山共有"九宫八观"等60余处道教建筑。九宫为五龙宫、真庆宫、紫霄宫、太和宫、王母宫、紫虚宫、紫极宫、延长宫、琼台宫；八观为佑圣观、云霞观、修真观、三清观、三茅观、太上观、明真观、八仙观。

明代是武当道教的鼎盛时期，武当山道教建筑群得到了史无前例的发展。永乐年间（1403），北建故宫，南修武当，共建成九宫八观（玉虚宫、静乐宫、紫霄宫、五龙宫、南岩宫、遇真宫、清微宫、朝天宫、太和宫；元和观、回龙观、太玄观、复真观、仁威观、龙泉观、威烈观、八仙观）、三十六庵堂、七十二岩庙、二十多座亭台、四十多座桥梁，使武当山成为明朝的皇室家庙和全国最大的道教圣地。

明成祖朱棣以藩王入继大统，声称得武当真武大帝保佑。为报答神恩，永乐九年（1411）始派工部侍郎郭琎、亲信勋贵皇戚张信、沐昕等督率军民夫匠三十余万，大规模地营建武当宫观，前后历时十四年，耗费亿万钱粮，建成了"朝廷家庙"，并直接派遣藩臣、内臣提督率领均州千户所数千名正军余丁长期负责全山宫观、桥梁、道路的维修。至明世宗嘉靖三十一年（1552），皇帝拨内帑银十一万两重修各宫观，建"治世玄岳"石坊一座，将宫观修整如新。

清代至民国，武当宫观失去"朝廷家庙"地位，其建筑物遭兵灾匪患，或被焚毁，或因年久失修而自然坍塌。到1949年，全山仅剩破旧庙房2000多间。

中华人民共和国成立后，人民政府对武当山古建筑群及遗址采取了一系列保护措施。国务院将其列为全国重点文物保护单位，湖北省政府将全山建筑都列为省级重点文物保护对象，拨款数千万元用于古建保护维修。

二、明成祖大修武当宫观概述

明永乐元年（1403），明成祖朱棣经过四年的"靖难之役"推翻了侄子建文帝的统治，坐上了皇帝的宝座。在政治上，为了掩饰自己武力夺嫡的阴谋，平息民间"杀君篡位"的社会舆论，朱棣决定兴建武当山宫观，用"君权神授"的理论来对付封建礼法，宣扬他继承大统是"君权神授"，是真武显威助灵的结果。

明永乐九年到二十二年（1411—1424），明成祖朱棣集全国之人力、财力、物力，调遣 30 万军民夫匠，耗时 14 年，建成了武当山九宫八观三十六庵堂等 33 组建筑群。整体营建可分为三个阶段①：

（一）规划准备阶段

永乐九年至永乐十年六月（1411—1412），朱棣命孙碧云前往武当山紫霄、五龙、南岩、遇真等处勘定宫址，圣旨称"尔往审度其地，相其广狭，定其规制，悉以来闻，朕将卜日营建"。

接着，朱棣开始组建武当山建设指挥班子，《明太宗实录》里记载"十年六月戊午，建湖广武当山宫观，命隆平侯张信、驸马都尉沐昕董其役"。朱棣派这些他最宠信、最贴身的人组成武当山的工程指挥班子，又命工部侍郎郭琎进湖广督武当宫观，负责征集军民夫匠，调运砖瓦木石。为确保武当山建设有条不紊，朱棣着手搭建了多达 419 人的指挥系统——钦差把总提调官员，包括侯爵 1 人，驸马都尉 1 人，部长级官员 2 人，京官 265 人，地方官员 87 人，征调了 15 个工种的工匠，包括木、石、土、瓦、画、油漆、铜、铁、锡、铸、五墨、妆銮、雕銮、捏塑、搭材等，各工种都有工匠作头，63 人负责设计组织。还抽调了医士、阴阳先生等各种匠役 30 余万人，这还仅包括在武当山从事营建的数万名工匠和作为工匠助手的民夫，并不包括在其他地方为武当山营建服务的人，如从事伐木、采石、烧造和运输等方面工作

① 杨立志．武当文化概论[M]．北京：社会科学文献出版社，2008．

的夫役。除了大型石材就地开采外，其他建材全部从外地购买运来。木料从四川等地采买运来，而琉璃诸物也来自北方和东南产地。这些建筑材料全部都是走水路，长江沿岸的材料首先集结于武昌，然后由纤夫挽船溯汉江而上，经襄阳运抵武当山。这期间所费人力也当以十万计。

（二）主体工程营建阶段

这个阶段从永乐十年至十六年（1412—1418），共建成了五大宫以及其他 20 多处宫观庵庙，完成了武当营建工程的主体部分。朱棣除了告诫竭力用工、不可有丝毫怠忽外，还专门在永乐十年七月十一日对所有大修武当的官员军民夫匠人等下了一道"黄榜"，用通俗的口语讲述了他兴修武当宫观的原因和官民军匠应遵守的纪律。营建工程正式动工后，几十万军民夫匠在武当山周围数百里的崇山峻岭和沟壑溪流中，或搬砖运木，或树栋架梁，或凿石开道，在极为艰苦的条件下，用非常原始的施工方式建设武当山的巍峨宫观。他们经过七年辛勤劳动，建成了静乐宫、清微宫、遇真宫、玉虚宫、五龙宫、紫霄宫、朝天宫、太和宫等宫，太玄观、元和观、回龙观、复真观、仁威观、龙泉观、八仙观、威烈观等观。

太和宫金殿也被运上 1612 米高的天柱峰峰顶。朱棣独重其事，冶铜为殿，饰以黄金。永乐十四年（1416）九月初九日运送金殿，他专门对都督何浚下旨："今命尔护送金殿船只至南京，沿途船只务要小心谨慎，遇天道晴明、风水顺利即行。船上要十分整理清洁。"可见，金殿在北京铸好，经新疏通的大运河、长江、汉水，由水路运上山。安装鎏金完毕后，永乐十五年（1417）朱棣将武当山改名为"大岳太和山"，并给五大宫敕赐新名。永乐十六年（1418）十二月三日，明成祖亲书大岳太和山道宫之碑，"刻碑山中，永远无穷"，宣布武当山宫观主体营建工程完成。

（三）补充工程营建阶段

这一时期从永乐十七年至永乐二十二年（1419—1424），历时六年。此阶段补充修建了一些小庵庙，各大宫增设了一些亭台围墙等建筑物，修筑了"静乐宫紫云亭、太和宫四围墙垣（即紫金城）"以及连接各宫观之间的神道、桥梁、山峦转折处的亭台楼阁等，完善了武当山道教建筑的总体布局和交通接待功能，还铸造塑制了大批神像，垒筑了登山神道和桥梁。

三、明世宗重修武当宫观概述

明成祖大修武当宫观以后，历代帝王官吏虽有所修缮和续建，但大的增修工程并不多。明世宗嘉靖年间重修武当宫观，是继明成祖之后又一次大规模的修建工程，明代山志也因此将这二者并称为"创建宫观"和"重修宫观"。

"嘉靖三十一年（1552）二月壬申"条记载，重修工程"会计工费当用银拾万四千二百五十余两。上命发内帑银十一万两给之，敕原任侍郎陆杰提督工程"。作为重修宫观的主要负责人，工部右侍郎陆杰在嘉靖三十二年（1553）十月竣工之后给明世宗的题本及其所撰《敕修玄岳太和山宫观颠末》中，详细记述了这次重修工程的具体情况。根据陆杰的记述可知，重修工程共分为四大工区，即太和宫工区、南岩宫工区、紫霄宫工区、玉虚宫工区，其余静乐、五龙、遇真、迎恩诸宫观"度宜量可，力裕而事集矣"。工程兴工前后，"郧襄比岁旱潦，民食告艰，工所转输米粟给佣直，以力就食，所赖生全者无算"。这种以工代赈的办法既救济了不少灾民，更为工程吸引了成千上万的廉价劳动力。相关史志中没有这次重修工程人力耗费的确切记载，但粗略估算，工匠夫役人数当不在十万人之下。钱粮耗费共计支出帑银九万多两，虽为皇室节省帑银一万多两，但"官役之需出有司者不隶焉"，实际支出当是内帑银的数倍，这部分费用主要由湖广地方政府负担，如玉虚宫正门外的两个御制碑亭，即由湖广巡按屠大山等人"发公羡共成之"。

工程自嘉靖三十一年（1552）六月兴工，至嘉靖三十二年（1553）十月完工，历时一年有余。修理项目包括：整换太和宫金殿台基、石台阶、花板石 17 块，周护朱红栏杆 1 层，范造金像 5 尊；在入山道口鼎建碧色石料"治世玄岳"石坊 1 座，左右屏墙、海墁、踏垛 1200 丈；太和、紫霄、南岩、五龙、玉虚、遇真、迎恩、静乐等八宫并带管岩庙殿宇、门廊、庭堂、方丈等处，共鼎新琉璃成造 5 座，计 11 间；琉璃结 18 座，计 152 间；鼎新布瓦成造 115 座，计 235 间；布瓦结 798 座，计 2034 间；总计修理 995 座，大小为楹 2441 间，并皆油漆彩画；修理琉璃结墙垣计 91 丈，布瓦结墙垣 9981 丈 8 尺[①]；修砌石路共 10 800 丈 8 尺，石桥 28 座。八宫丹墀、阶条、海墁照旧俱用砖石剔换，沟渠俱修砌挑浚。"凡殿宇供器，整益新美，无异厥初。"

根据明代武当山志的记载，除了这次大规模重修武当宫观以外，嘉靖四十五年（1566），抚治郧阳都御史刘秉仁还题准修理玉虚宫等宫观并一带桥梁道路，明世宗又钦差工部右侍郎张守直、主事艾杞等数十名官员负责督修。明世宗对武当山道教建筑群的维护和管理，既是对明成祖创建宫观的继承和发扬，也使武当宫观在明朝统治的二百多年间，始终保持完整坚固。

第二节　武当古建筑价值研究

一、武当古建筑的规划特色及历史地位

武当山古建筑群是创建于明初的皇家道教建筑群，是明成祖朱棣武力夺嫡后，于永乐九年开始兴建的以皇家道教宫观为主体的 33 组建

---

① 注：1 丈 ≈ 3.33 米，1 尺 ≈ 0.33 米。

筑群，是中国历史上由皇帝集全国之力投资、规划、建设的最大规模的道教建筑群。武当山古建筑群注重与自然环境的融合，顺应山势，高度体现了"道法自然""天人合一"的道家思想。在总体上规划统一、布局合理、层次分明，在建筑类型上丰富多变，几乎囊括了明代的各种建筑样式，在工艺上制作精良、用材讲究，达到了技术和艺术上的很高境界，是我国古代劳动人民的结晶。武当山古建筑群的建筑法式也正诞生于中国古代木结构建筑承上启下的时期，其建筑法式既不同于北宋《营造法式》，也不同于清朝《工部工程做法》，而是有着自己独特的匠作制度，是两者之间的过渡。总之，武当山古建筑群总体规划严密，主次有序。其建筑位置的选择注重周围环境，讲究山形水脉、聚气藏风，与自然和谐统一。其规模之大、规制之高、构造之严谨、装饰之精美，在中国道教建筑中实属罕见。

（一）以"真武修真"的故事为主线

元代武当建筑基本上是根据玄帝修仙神话安排布点的，明代武当宫观的总体规划也非常注意突出这一点，用宫观等建筑符号来宣传玄帝在武当山修真得道的神话。永乐四年（1406），明成祖召见武当紫霄宫道士简中阳问玄帝事迹，简一一奏陈。敕建的五大宫中，五龙、紫霄、南岩皆为道经所言玄帝修炼之地，乃是在前代旧宫的基础上翻修扩建，新创建的静乐、玉虚二宫亦与玄帝有关。武当山古建筑群是皇权和神权相统一的典范，体现了皇家道场的庄严、玄妙、威武、神奇的氛围。武当山的道教宫观根据真武大帝修炼成仙的故事进行规划，将真武修真的情节融入宫观的空间布局中，山体高度的起伏就是故事情节的层层推进，最后在金顶达到整个故事的高潮。

武当山道教建筑从静乐宫到天柱峰，共建有 33 组大型建筑群，是按照元代的道教经书《元始天尊说真武本传妙经》中真武诞生、修炼、飞升、册封、成仙的过程而修建的，其内容严格按典章制度安排。从原均州城到天柱峰顶，长达 70 千米的建筑线沿途宫观庵庙星罗棋布。每一座宫观庙宇都有一个美丽动人的真武神话传说，而且这些庙宇的神话故事环环相扣，组成了一个完整的真武修真的链条，中间缺一不可，令人感到既神秘又真实。

元代成书的《元始天尊说真武本传妙经》，是第一部把真武大帝由龟蛇图腾变成人格化神仙的经书。大意是，静乐国善胜皇后梦吞日月，怀胎 14 个月，于开皇元年三月三日生下太子。而静乐国太子无意于继承皇位，有志于修道太虚，誓言辅助玉帝，断天下妖魔，救护群品。父王不能禁止。太子幼年便离家出走，到武当山清修，克服重重困难，经受种种磨难，四十二年修成大罗金仙不坏之体，被玉皇大帝册封为北极玄天真武大帝，坐镇武当山，为天下苍生降妖祈福。

这本道经说，静乐宫"在均州城中……盖相传玄帝之先曾为静乐国王"。于是，均州城内就修建了规模庞大的静乐宫。传说玄帝降诞之处紫云氤氲，永乐皇帝就下旨修建了紫云亭，并诏告："静乐宫之东，有紫云亭，乃玄帝降生之福地。敕之，即于旧址仍创紫云亭，务要弘壮弥固，以称其瞻仰。"依循登山神道渐次前进，沿途的庙观有静乐国太子 15 岁进武当山修炼时的太子坡，太子的师父变化成老妪用铁杵磨针点化太子坚定修炼信心的磨针井，有太子居深山修炼 42 年的南岩宫。紫霄宫是真武修炼的重要场所，黑虎庙和乌鸦庙则是根据黑虎巡山、乌鸦引路报晓的传说修建而成，太子岩、玉虚岩等岩庙也是真武往来修真之所。还有真武功成飞升的飞升岩、梳妆台，玉皇大帝册封真武大帝的琼台观，坐镇南方天庭的天柱峰金殿等。另外山中如榔梅祠、剑河、试剑石、更衣台、飞升台、试心石等景点，以及飞蚁来朝、海马吐雾、乌鸦接食等景观都与真武修炼成仙的故事情节息息相关。[①]从山脚到天柱峰顶，各宫观建筑采用由朝山神道串联，宫观单元叙事的手法，将真武诞生、潜心修行、得道成仙、玉帝册封、坐镇天下的整

个修仙历程娓娓道来，充分体现了"真武信仰"这一主题。[①]这使得香客游人从进入仙山开始，就进入了一种虔诚的氛围，在潜意识中加深了对真武的信仰。美丽动人的神话传说和巧夺天工的道教建筑的有机结合，牵动着每一个香客游人的脚步，人们在顶礼膜拜真武大帝的同时，还品味欣赏美丽动人的道教文化的丰富内涵，流连忘返。

另外，武当山建筑是明朝皇室家庙，等级森严。大型宫观如静乐宫大殿、玉虚宫大殿、紫霄宫大殿、南岩宫大殿、五龙宫大殿采取皇家特有的建筑规格，主殿为单檐歇山或重檐歇山，上檐七彩斗拱，下檐五彩斗拱，彩绘梁栋，天花藻井。遇真宫大殿和太和大殿皆为单檐歇山。在建筑组合上强调主轴线，特别是开阔的台地和平地上的大型宫殿，"皇权中轴"的指导思想十分明确，如玉虚宫几乎完全按皇家宫殿建筑"三朝五门"的模式，建有外罗城、紫禁城、内罗城三道城墙，如同故宫的三朝，并按天子礼仪建有五道门。天柱峰主殿金殿相传是真武坐镇指挥天下的地方，因此采用了建筑等级中最高等级的建筑元素——重檐庑殿、九彩斗拱、黄色等，这些都是只有皇帝才能使用的元素。[②]

（二）天路历程的布局

朱棣大修武当的目的是宣扬"君权神授"，暗示自己是真武神下凡故得以坐镇天下。因此，武当山的修建人员在原有的宋元建筑基础上，经过精心的规划，将原有相对分散的布局关系进行改造，形成了皇权与神权相统一的"天人合一"的总布局。在武当山雄奇险秀的环境中，划分不同区域，使用不同等级、形制、色彩，形成了重点突出、张弛有度的空间。

---

① 李慧．武当山道教宫观环境空间研究[D]．北京：北京林业大学，2014．
② 湖北省建设厅．世界文化遗产——武当山古建筑群[M]．北京：中国建筑出版社，2005．

道教把自然界各种事物和现象归为"天、地、人"三个范畴，明代的武当山建筑规划将真武修真的故事传说与道教"天地人"结合起来，形成了"人间之境—仙山之境—天国之境"的典型的三段布局，其中每段空间又各以一座宫城为典型代表，统领此段内大小建筑组群，将空间序列和故事情节对应起来，形成了以金顶为中心的"人间""仙山""天国"三个部分的总体规划。其中出静乐宫至玄岳门为"人间"，玄岳门至南岩宫为"仙山"，榔梅祠至金顶为"天国"，同时将其与道教中的"人法地，地法天，天法道，道法自然"相对应，"人（均州至玄岳门）、地（玄岳门到南岩）、天（南岩到天柱峰）之间的距离比例为 30 km : 20 km : 10 km = 3 : 2 : 1"的"太和"关系。

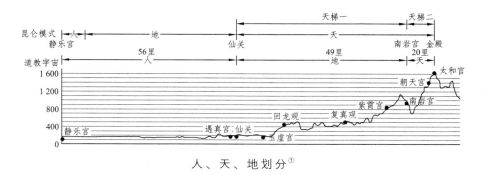

人、天、地划分①

1. 人间之境

这一段是从均州城到仙关或玄岳门（明世宗以后仙关的地位和功能被玄岳门取代），地势较平缓。此段建有静乐宫、修真观、遇真宫等大小宫观及提调署。这一段是根据《真武本传妙经》里记载的真武托胎于静乐国出生的故事所建。而静乐宫相传在古均州城内。静乐宫占地 121 785 平方米，"五门二宫"，中轴线上有一座牌坊，四座大殿，分别是棂星门、山门、龙虎殿、朝拜殿、玄帝大殿、圣父母殿。两边兼

---

① 鲁萧. 皇权、神话与空间的同构——明代武当山布局研究[D]. 武汉：华中科技大学，2016.

有御碑亭、左右配殿等，共有大小房屋 520 间。"云隐碧霄丹阙壮，烟凝形阁紫霞通"，仿佛"琳宫仙馆"一般。这座宫殿是宣扬真武降生人间，救苦救难降妖除魔的场所。

2. 仙山之境

自仙关（玄岳门）起便进入了仙山范围，是真武修仙的地方。这段空间穿插着三个真武修真的故事，象征着修炼的三个境界。这段空间从仙关到南岩宫，重点表现真武在武当山的潜心修炼，通过宫观建筑和山水景点的穿插表现若干经典故事。第一境界是真武还是静乐国太子时受到他的师父玉清圣祖紫元君的点化，入武当山修炼，在修炼之初，太子思凡下山，后又遇到其师父所化的老姆磨针的点化，复又回到山中修炼的故事。此段建有玉虚宫、回龙观、回心庵、磨针井、复真观等。

第二境界是太子的母亲善胜皇后派五百兵丁想追回太子，太子以剑划河，涧阻群臣，最后群臣随太子一起进山修炼的故事。此段建有龙泉观、天津桥、紫霄宫、太子洞。

第三境界是太子在山中苦修，有黑虎巡山、乌鸦报晓等故事，最后师父紫元君扮美女来试探太子，太子毫不动心，甚至跳崖救人，最后飞升的故事。此段建有黑虎庙、乌鸦庙、南岩宫、梳妆台、飞升岩等。此段山势起伏大，地形复杂，建筑物则按体量大小据山体坡度和风水形势来布置。

此段境内宫观众多，各有特色，而玉虚宫规模宏大，形势雄伟，"为山中甲宫"，是此段的核心。因真武被封为"玉虚师相"（玉皇大帝的老师和丞相），朱棣赐额"玄天玉虚宫"，意思是玄天上帝玉虚师相的宫殿。其布局按天子"五门三朝"形制，总平面呈"凸"字形，从外至内分别为天门、宫门、外罗城、紫禁城、内罗城。"凡遇为国为民修崇醮典，须设总坛于此"，同时玉虚宫掌印提点虽和其他宫的提点一样都是正六品，但其职权却独重于他宫提点，有与藩臣、内臣一同管理全山道众、佃户及宫观维修的权力，玉虚宫实际是武当山道教事务的中心。

3. 天国之境

第三段描绘了真武得道飞升受到玉皇大帝的册封，最后坐镇金顶的故事。此段从朝天宫到太和宫金殿，建朝天宫、一天门、二天门、三天门、太和宫、紫金城、金殿，完整地再现了天国景象，是整个空间系列的高潮和结局。这段空间在海拔 1000 米到 1612 米之间，云蒸霞蔚，自然山体非常险峻，仿佛神仙居所。人们在游历过程中，可以感到天国的威严与崇高。太和宫金殿内的真武铜像披发跣足，犹如真人大小，他代表着皇权与神权的结合，令游人感到真实与虚幻相交织。

道教信仰中宇宙分为"三十六天"，这"三十六天"由下而上分为欲界六天、色界十八天、无色界四天、四梵天、三清天、大罗天，前面三十五天总系于大罗天。因此，武当山宫观建筑群总体规划的高潮——天国部分，创造了由低到高、不断进步的天阶："皇崖峰，在大顶之北，上应太安皇崖天""显定峰，在大顶之北，一名副顶，上应显定极风天"。太安皇崖天、显定极风天即色界十八天中的两天。"大顶天柱峰……上应三天"，三天即三清天，是仅次于大罗天的最高圣境。从朝天宫开始，过一天门、二天门、三天门、朝圣门、太和宫、紫金城南天门，最后到达金殿，象征着穿越太安皇崖天、显定极风天的重重阶梯到达三清天。紫金城将天柱峰团团围住，"皇上独重其事，冶铜为殿，饰以黄金，范神之像，置于天柱峰顶。缭以石垣，绕以石栏，四辟天门，以像天阙，磅礴云霄，辉映日月，俨然上界之五城十二楼也"，金殿"殿前诸峰，不可尽名，其下跪者、揖者、拜且舞者、罗而立者、持戟而卫者、摺笏而侍者，冉冉而下，如群仙之拥绛节者，源源而来；如诸侯之捧玉帛者，皆作朝谒状"。武当山"七十二峰朝大顶"的山势使得天柱峰金顶"唯我独尊"，金顶周围环绕着金童峰、玉女峰、

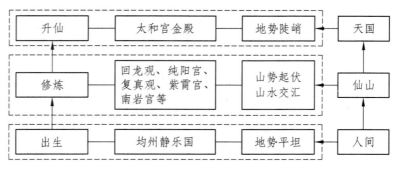

太师峰、太傅峰、太保峰以及五老峰和七星峰等，它们被看作真武的属臣，形成了真武端坐中央，四面群峰来朝的格局。由此金碧辉煌的宫殿和纷纷朝谒的群峰构成了强烈的天国景象，神话传说和人化的群峰为金殿注入了神秘和想象，而金殿象征天帝居所又渲染了山体空间的神性和灵性。①

因此，明代武当山的总体规划布局是在遵循朱棣君权神授、皇图永固的主旨思想下，基于道教教义和真武修真传说，在均州城到武当山金顶的巨大范围内将各类宫观庵堂岩庙按人、地、天三段序列排布，构成了主次分明、组合有序、层层递进的真武道场。其中，建筑组群中静乐宫、玉虚宫、太和宫是按紫禁城的格局来布置的，三座宫城分别为世俗权力、宗教权力和天国神权的象征，统领着各段大小宫殿。静乐宫是古静乐国的权力中心，明代管理武当山的提督署和提调署也布置在此；玉虚宫是武当道教修崇醮典的总坛，为山中甲宫；太和宫是真武坐镇天下的天庭。这三段序列又通过层层递进的朝天神道指向权力的最高层——金殿，在这里朱棣将其本人的形象与真武融合，皇权和神权达到高度统一，营造出了神圣和敬畏的氛围，实现了朱棣"君权神授"的政治意图。

天路历程的布局

---

① 杜雁，阴帅可. 正神在山，三城三境——明成祖敕建武当山道教建筑群规
　划意匠探析[J]. 风景，2013（9）.

武当山古建筑分布图①

（三）太和的思想

清代著名学者王夫之在阐释《周易》时说："天地以和顺为命，万物以和顺为性，继之者善，和顺故善也。成之者性，和顺斯成矣。""和顺者，性命也；性命者，道德也。""和顺"就是"太和"的意思，这是宇宙万物的最佳状态。"太和"大体为和谐之意，自然万物有内外两面性，外为形态，内为精神，大自然变化万千，需要和谐，才能顺利发展。它包括人的自我内心、人与人、人与自然以及自然内部的和谐四个方面。"太和"在天道观上的反映就是天地为一体。道教认为，天地一体，方能带来和谐的万物生长。由此可以理解，古人在设计名山景观时，通常将天地融入其中，用数字来表达天地之意，来观察层峦峰岩，来安排宫观神道，使这些与天地之数相合，表达天地交融、风调雨顺、万物和谐的精神思想。

① 孙珍．武当山古建筑群文化遗产保护与开发研究[D]．贵阳：贵州民族大学，2014．

人与自然的和谐，是古代"天人合一"思想的体现，"天地与我共生而万物与我为一"都是古人天人观的反映。建筑设计应顺应自然之道，保持与自然的和谐关系，不去做违背自然客观规律的设计。在修建武当山时，古人就遵循天人和谐的思想，注意做到天人合一，尊重自然，保护环境，并且做到将建筑与周围环境融为一体。古人还修筑了石墙，来防止山体滑坡，保持水土。

武当山绵延的道教宫观以天柱峰为中心，在总体规划中充分利用了"七十二峰朝大顶"的风水格局，在各方分建宫观庙宇形成整体，突出强调了天柱峰的至尊地位，将其作为朝天的目的地。在登山途中，从低到高行进的过程可以将各种景物组成既相互独立又存在一定联系的局部空间。武当山天路历程的总体规划模式也结合了视线的组织。从著名的景观"天柱晓晴""雷火炼殿"可知，在几十千米之外古均州城内的静乐宫，便可瞭望武当山天柱峰金顶；自古神道步行，途经遇真宫、九渡涧及仙关，可至玄岳门，远睹天柱峰，瞭望金顶；沿东神道进山，峰回路转、柳暗花明，攀越老君堂山脊，重睹金顶；又行一段距离，金顶再次收入眼底。若从蒿口沿西神道登山，在多处山脊上可见天柱峰，在主要道宫五龙宫也可清晰地看到金顶，沿途围绕金顶，遥望攀岩，瞻拜并逐渐接近。到了太和宫依然可以仰视天柱峰金顶。这种遥望瞻拜、彼此照应的设计手法显示出天柱峰金顶作为明显的地标，对全山的视觉控制作用是十分突出的。[①]

（四）体现了道教"崇尚自然"的思想

崇尚自然的思想即强调天之自成，要求人们尊重自然，亲近自然，顺从自然，人工与天然的东西要协调，"以辅万物之自然"。明成祖对营建武当的工程设计人员再三强调要"相其广狭""定其规制""其山本身分毫不要修动，其墙务在随地势，高则不论丈尺"，确定了不可以

---

① 李慧. 武当山道教宫观环境空间研究[D]. 北京：北京林业大学，2014.

人工破坏自然的建筑原则。

明代在兴建武当山道教宫、观、庵、庙、道路、桥梁时，非常注意人工建筑与自然环境的融合，其设计布局充分利用了峰峦的高大雄伟和崖涧的奇峭幽邃，将每个宫观都建造在峰峦岩涧的合适位置上，其间距的疏密和规格的大小都布置得恰到好处，使建筑物与周围的地形、林木、岩石、溪流有机地融为一体，相互辉映，宛如一幅"天然图画"。花草林木多不加人工修饰，朝山神道两旁，野树修竹任其生长，杂花老藤随其纵横，"采石片片玉，折枝寸寸香"，游人香客漫行其中，感觉到与自然贴近融合，在草木的芬芳中体悟出生命的乐趣和"道"的真谛。珍禽异兽栖息山中，徐霞客、袁中道等人游山时，或闻深山虎啸，或见仙鹤翔舞、画鸡惊飞、好鸟和鸣，说明武当山建筑群的兴建没有破坏自然界整体和谐性，还为自然环境增添了光彩，是人工与自然融合的典范。①

二、主要宫观的建筑艺术及价值分析

（一）静乐宫②

静乐宫（复建）

---

① 杨立志. 武当文化概论[M]. 北京：社会科学文献出版社，2008.
② 自明初以来，"净乐"与"静乐"混用。"静乐"最早见于元代道士刘道明编撰的《武当福地总真集》，有"安静乐善"之意。"净乐"最早见于明初武当山玉虚宫提点任自垣编撰的《敕建大岳太和山志》。明清以来的各种志书、文人游记、诗歌等中"静乐"和"净乐"经常混用。但从文化宗教意义上讲，静乐的内涵更丰富。

　　静乐宫是武当山九宫之一，位于古均州城内。始建于明代永乐十一年（1413），永乐十六年（1418）落成，并赐"元天静乐宫"额。1958年国家兴建丹江口水利枢纽工程，均州城、静乐宫属淹没区，部分文物搬迁到现丹江口市北郊金岗山水库北坡以待复原，部分淹没区文物迁移到武当山风景区元和观内，部分石刻构件文物现仍沉浸于汉水之中。均州城静乐宫至玄岳门的25千米两侧，共淹没宫、观、庵、堂、亭、祠、庙、阁、桥等120余处。

　　据明代山志载：静乐宫中轴线上有一座牌坊，四重宫殿，宫门前是五间六柱华表式冲天大石牌坊，一进为龙虎殿，二进为朝拜殿，三进为玄帝殿，四进为圣父母殿，各殿均耸于饰栏高台之上。牌坊通高12米，宽为33米。穿过牌坊，是静乐宫山门，此建筑是单檐歇山式，开三孔大门，建造在高1.5米、宽41米、深32.2米的条石砌成的台基之上，砖石结构，门两侧是绿色双凤牡丹琉璃八字墙。宫门内是左右御碑亭，中间是青石铺就的神道。在神道尽头是静乐宫正门，门内是正殿，又名玄帝殿，其规模法式与紫霄宫正殿相似。面阔五间，进深五间，上施绿色琉璃瓦，重檐歇山式砖木结构。正殿后面是父母殿，供奉真武帝的父母。

　　山志载，"静乐宫后有圣父母殿、东有紫云亭。静乐宫原有东、西二宫，西宫后侧为御花园。尚有斋堂、浴堂、神厨、道房、配房、皇经堂、东西龟驮御碑亭、常平仓、更衣亭"等单元建筑，均为明代建筑。静乐宫部分建筑于清代康熙二十八年（1689）毁于火灾，康熙三十年（1691）动土重建，六载而成。乾隆元年（1736）又遭火焚。宫内原有殿堂、廊庑、亭阁及道舍等建筑520余间，四周红墙碧瓦环绕，宫内重重殿宇，巍峨高耸，层层院落，宽阔幽深，环境幽雅，宛如仙宫。明、清名人游记中，把静乐宫描绘成皇帝居所，气势近似于北京故宫，故有"小故宫"之称。

　　原建静乐宫分布在古均州城内北部的一片平坦之地上，坐北朝南呈正子午向，以中轴线对称布局，并与州城轴线吻合。东西阔352米，南北长 346 米，占地 121 792 平方米，方整青石海墁铺地。分五重递进：

第一重建筑为棂星门，经过南大街，直通望岳门。坊前置一对全国罕见的明代铁铸狮子，造型如生，精美绝伦。此铁铸狮子于 1958 年被砸毁。

第二重建筑为山门。三孔券拱山门建筑在 1.7 米高的石作崇台之上。左右为绿琉璃八字照壁，中饰椭圆形双凤牡丹琉璃图案，为歇山顶。门两旁的红色宫墙分开内外，外面叫外乐城，里面叫里乐城。

里乐城里东西也有红色宫墙隔离，分东宫、东华门，西宫、西华门，均为歇山顶。开阔的大院内，左右对称有两座高大的重檐歇山式屋顶的御碑亭和一座小巧的琉璃化帛炉、一口日池。

第三重建筑为龙虎殿。龙虎殿俗称龙坡，为修筑在 2 米多高崇台前的御路。东西向的人行蹬道设在崇台凸出的两边。崇台两头有宫墙，墙内是紫禁城。

第四重建筑为大殿——玄帝殿。玄帝殿是静乐宫的主体建筑，面阔、进深均为五间，建筑在崇台和覆盆柱础之上。左右配殿廊庑建筑在 2 米多高崇台上，与龙虎殿组成四合大院。

第五重建筑为圣父母殿。左右有配殿，以宫墙围护。东为紫云亭，西为神库、神厨、方丈、斋堂、道房、厨室、浴堂及御花园。殿后用土堆成了假山，后面是高大宫墙，墙外是后营街。

2002—2006 年，静乐宫在现址复建。复建的静乐宫布局为坐北朝南向，台基层层升高，院内视野开阔：

一进为棂星门。坊前左右两侧各有一头石雕狮子，门前右侧有六边形井一口，建在一米多高的崇台上。

二进为山门。宫门建于 1.7 米高的崇台之上，歇山顶式，开三孔券拱大门，琉璃瓦顶，门两旁为琉璃八字墙，墙正中饰椭圆形双凤牡丹琉璃图案，正面长 8.8 米，斜头厚 1.4 米，题"元天静乐宫"。

开阔的大院内，左有东路，即东道院，俗称东宫；右有西路，即西道院，俗称西宫。左侧空地上有一日池。登上六层崇台，有左右对称的御碑亭，重檐歇山式屋顶，东有一座仿琉璃小巧焚香炉。左右红墙外有东宫、西宫。

三进为龙虎殿。单檐歇山式大木结构。面阔 27.3 米，进深 8.2 米，高 11.36 米，殿内供奉青龙、白虎。

四进为玄帝殿。玄帝殿坐落在饰栏崇台之上，面阔进深为五间，重檐歇山抬梁式大木结构，级别仅次于庑殿。面阔 27.3 米，进深 18.3 米，高 34.3 米，由三十六根大柱支撑。东西各有一小型配殿。院内东为财神殿、钟楼，西为救苦殿、鼓楼。

五进为圣父母殿。重檐歇山式大木结构。面阔 22.2 米，进深 13.2 米，高 14.7 米。殿的东侧有一月池。殿后有自然小土山，山上小路直通墙外。东面红墙外是一座标志性建筑重檐八角紫云亭，内绘有真武修真图和八宫图。西面红墙外是三官殿。

（二）遇真宫

遇真宫遗址

遇真宫位于武当山城区东 4 千米处，由玄岳门向西约 1 千米，是明朝敕建的九宫之一，海拔 174.7 米，背依凤凰山，面对九龙山，左为望仙台，右为黑虎洞，山水环绕如城，旧名黄土城。此宫周围高山环抱，溪流潺潺，大树参天。相传明代初期张三丰在此修炼，永乐年间朱棣命令在此地敕建遇真宫，永乐十五年（1417）竣工，共建殿堂、斋房等 97 间。后增扩殿堂、斋堂、廊庑、山门、楼阁等大小建筑至 296 间。到嘉靖年间，遇真宫已经扩大到 396 间，院落宽敞，环境幽雅静穆。遇真宫现存宫墙较为完整，长 697 米，高 3.85 米，厚 1.15 米，顶残破。由前至后，有琉璃八字宫门、东西配殿、左右廊庑、斋堂、真仙殿、山门等。院落宽敞，道房幽雅。现存大殿为砖木结构，歇山顶，抬梁式木构架，四周饰斗拱，后檐毁，现封檐。面阔进深均为 3 间，面阔 20.30 米，进深 11.15 米，高 11.23 米。单檐飞展，彩栋朱墙，巍立于饰栏崇台之上。现存庙房 33 间，建筑面积 1459 平方米，占地面积 56 780 平方米。主要建筑有琉璃八字宫门、东西配殿、左右廊庑、真仙殿及道舍等，基本保持原有建筑风貌。真仙殿为歇山顶，面阔与进深均为三间，单檐飞展，彩栋朱墙，巍立于崇台之上，古朴典雅，庄严肃穆。遇真宫以奉祀张三丰而著称，其真仙殿中存有张三丰铜铸鎏金像，身着道袍，头戴斗笠，脚穿草鞋，姿态飘逸，颇有仙风道骨，是一件极为珍贵的明代艺术品。

（三）玉虚宫

玉虚宫大殿

玄天玉虚宫是武当山建筑群中最大的宫殿之一，位于展旗峰北陲，距玄岳门约 4 千米。玉虚宫始建于明永乐年间，规制谨严，院落重重。现存建筑及遗址主要有两道长 1036 米的宫墙、两座碑亭、里乐城的五座殿基和清代重建的父母殿、云堂以及东天门、西天门、北天门遗址。

明永乐年间大修武当山时，这里为大本营，明朝时，这里常有军队扎营。嘉靖三十一年（1552）年重修。玉虚宫原为五进三路院落，有龙虎殿、启圣殿、元君殿、无梁殿、望仙台、御花园及一系列堂、祠、庙、坛、楼、阁等殿宇2200余间。前后崇台迭砌，规制谨严，左右院落重重，楼台毗连，其间玉带河萦回穿插。四周朱墙高耸，环卫玄宫。其规制之宏伟，与北京太和门太和殿的气派相似。"玉虚仿佛秦阿房"，由此可见玉虚宫当年何等气派。清乾隆十年（1745），大部分建筑被毁。现存建筑仅剩有浑厚凝重的宫墙和宫门。宫墙壮如月阑绕仙阙，宫门为精雕琼花须弥石座，券拱三孔，两翼八字墙镶嵌琉璃琼花图案。门前是饰栏台阶，朱碧交辉，壮美富丽。进宫门，是占地近3万平方米的大院落，青砖铺地，开阔素雅；穿过玉带河，是二宫门，层层高台拱举龙虎殿、朝拜殿、正殿、父母殿等遗址。宫墙东为东宫，亦名东道院，有砖室、浴堂、神厨、龙井等遗址；宫墙西为西宫，有望仙台、水帘洞、御花园、无染殿等遗址。宫门内外有四座碑亭，巍然对峙。亭内各置巨大的赑屃（传说为龙王的六子）驮御碑。四座碑文书体隽永圆润，碑额浮雕蟠龙，矫健腾舞，造型稳重道劲，甲壳、肌肉部分有明显不同的质感，腿脚有运动负重之神态，尾卷一盘，呈使力承受高大的御碑之状。武当山现存巨大驮御碑十二座，玉虚宫就占了四座，是海内外罕见的石雕艺术品，极为珍贵。

（四）紫霄宫

紫霄宫大殿

紫霄宫，又名"太玄紫霄宫"，明代宫观建筑，坐落在武当山的主峰——天柱峰东北的展旗峰下，占地面积约 27.4 万平方米。面对照壁、三台、五老、蜡烛、落帽、香炉诸峰，右为雷神洞，左为禹迹池、宝珠峰。周围山峦天然形成一把二龙戏珠的宝椅，明永乐皇帝封之为"紫霄福地"。

紫霄宫是武当山保存较完整的皇家庙观建筑群，同时也是武当山保留比较完整的建筑群的重要组成部分。紫霄宫为武当山历史上的道教宫观之一，属全国道教重点开放宫观。1932 年，第二次国内革命战争时期红三军司令部驻扎在此，贺龙元帅曾居此。

紫霄宫坐西北朝东南，共有建筑 29 栋，建筑面积 6854 平方米，占地面积约 274 000 平方米。建筑对称布局，中轴线上为五级阶地，由下而上递建龙虎殿、碑亭、十方堂、紫霄大殿、圣父母殿，两侧以配房等建筑分隔为三进院落，构成一组殿堂楼宇鳞次栉比、主次分明的建筑群。宫的中部两翼为四合院式的道人居所。宫内主体建筑紫霄殿，是武当山最有代表性的木构建筑，建在三层石台基之上，台基前正中及左右侧均有踏道通向大殿的月台。

紫霄宫中轴线上主要建筑有：

紫霄殿：紫霄殿大殿面阔进深各五间，高 18.3 米，阔 29.9 米，深 12 米，面积 358.8 平方米。共有檐柱、金柱 36 根，排列有序。大殿为重檐歇山顶式大木结构，由三层崇台衬托，比例适度，外观协调。上下檐保持明初以前的做法，柱头和斗拱显示明代斗拱的特征。梁架结构用九檩，高宽比为 2∶1，保持宋辽以来的用材比例。殿内金柱斗拱，施井口天花，明间内槽有斗八藻井。明间后部建有刻工精致的石须弥座神龛，其中供玉皇大帝，左右肋侍神像，均出自明人之手。

龙虎殿：该殿为悬山顶式，三开间，面阔 15.5 米，进深 7.26 米，高 9.64 米。殿内两旁则是青龙白虎泥塑雕像，怒目圆睁，龇牙咧嘴，身着胄甲，手持戈戟，形象生动传神，使人望而生畏。这两座神像是元代雕刻家刘元一派的传世作品，是武当山的泥塑珍品。

父母殿：父母殿俗称荷叶殿，此殿崇台高举，秀雅俏丽，供奉静乐国王明真大帝和善胜皇后琼真上仙。殿后即太子岩，系一天然洞穴略加人工开拓而成的石室。左神龛内供奉的是观音，右神龛内供奉的是三霄娘娘、送子娘娘等，被称为百子堂。

御碑亭：御碑亭坐落在崇台上，重檐歇山顶式，红墙翠瓦，右亭内置永乐十一年"圣旨"碑，左亭为永乐十六年《御制大岳太和山道宫之碑》。亭内的碑身及底座是用一整块青石雕刻而成的，碑高 8 米，长 4 米，宽 2.5 米，重 98 吨，御碑形体完整，雕刻精细。赑屃驮御碑，俗称"龟驮碑"。

（五）南岩宫

南岩宫

南岩宫位于南岩，距离紫霄宫 2.5 千米。据《太和山志》记载，唐宋时就有道士在此修炼，元代道士在此创建道观，元至大元年（1308）修建"天乙真庆万寿宫"，元仁宗延祐元年（1314）赐名"大天一真庆万寿宫"，元末建筑毁于大火。明代永乐十一年（1413）重建，时有大小殿宇 640 余间，赐额"大圣南岩宫"。清末大部分建筑被毁，现仅存元建石殿、明建南天门、碑亭、两仪殿等建筑。原元君殿旧址上尚存玉皇大帝神像一尊，峨冠华衣，形态逼真。宫外岩北有老虎口，岩南峰峦之上有梳妆台、飞升台等古迹。

南岩宫的总体布局是九宫中最灵活的，既严谨又极富变化。人们带着一种"只见天门在碧霄"的幻觉，仰登天门。入南天门后，忽随山势转折急下至小天门，两座大碑亭虽耸立眼前，却完全突破了对称格局。再转崇福岩，才到宫门——龙虎殿前。进门以后，眼界略显开阔，饰栏崇台，层层叠砌。登上崇台，穿过大殿遗址，方才见到南岩石殿及相关建筑。

南岩宫南岩石殿，额书"天乙真庆宫"，坐北面南，建于悬崖之上。为石雕仿木构建筑，其梁柱、檐椽、斗拱、门窗、瓦面、匾额等，均用青石雕琢，榫卯拼装。面阔 3 间 11 米，进深 6.6 米，通高 6.8 米，是武当山现存最大的石殿。殿体坚固壮实，斗拱雄大，门窗纹饰则刻工精细，技艺高超。由于石构件颇为沉重，且又在悬崖峭壁上施工，故难度很大。因此，可以说南岩石殿的建造充分体现了中国古代工匠的聪明智慧和高超技艺。

南岩宫两仪殿位于石殿右侧，坐北朝南，面临大壑，为歇山顶式，砖木结构建筑，琉璃瓦屋面。殿后依岩为神龛，正面为棱花格扇门，安在前金柱上，与檐柱形成内廊，直通石殿。大殿面阔 3 间 10.03 米，进深 3.9 米，通高 7.29 米，殿前为著名的龙首石，俗称"龙头香"。龙首石悬挑于绝壁外，前临万丈深渊。

（六）五龙宫

五龙宫大殿

五龙宫位于蒿口南 15 千米处，全称"大五龙灵应万寿宫""兴圣五龙宫"。五龙宫是武当山古建筑中第一座由皇帝下旨敕建的宫观，始建于唐代贞观年间（627—649），均州刺史姚简奉旨上山祷雨应验，唐太宗敕建"五龙祠"。宋真宗时，升祠为观，至南宋孝宗时赐"五龙灵应观"额。元代扩建，大其规制，元仁宗延祐元年（1314）赐"大五龙灵应万寿宫"额。明成祖敕建九宫，赐"兴圣五龙宫"额。明代该宫共有殿宇道房 850 间，规模一度非常庞大，是武当山建筑最早的九宫之一。现存庙房 42 间，建筑面积 2 975 平方米，古建筑及遗址共占地 25 万平方米，残存宫墙 251 米。

（七）转展殿

转展殿

元代武当山玄天上帝铜殿，又名"古铜殿""转展殿"，俗称"转身殿""转运殿"，是中国现存最早的铜铸殿堂。该殿铸造于元成宗大德十一年（1307），原安放于武当山天柱峰大顶（海拔 1612 米）之上，明成祖朱棣大修武当宫观时，认为该殿"规制弗称"，将其移至小莲峰（海拔 1556.5 米）上。此殿为元代大德十一年（1307）在武昌铸造后运置峰顶。脊高 2.44 米，面阔 2.615 米，进深 2.615 米，悬山顶，铜铸仿木结构。瓦鳞、槈桷、檐牙、栋柱、门楣、窗棂、壁隅、门限等诸形毕具，造型古朴而凝重。殿体镂刻众多铭文，记述化缘道士人名，及众多募资造殿信士的地址、人名等事迹。殿基为浮雕琼花石须弥座。元代武当山南岩天乙真庆宫道士米道兴、王道一为该殿的募缘、设计贡献了大量心血，武昌路梅亭山炉主万王大率铜匠铸造了该殿。殿内原供奉有玄帝及圣父圣母、二天帝、四天君共九尊神像。

　　关于元代古铜殿的设计师和铸造工匠的情况，历史文献记载甚少。武当文化学者宋晶根据元代刘道明的《武当福地总真集》的有关记载，结合古铜殿构件上的铭文做了翔实的考证。

　　1. 元代玄帝铜殿的设计铸造者及建筑规制

　　元代古铜殿的设计师和募缘人是武当山天乙真庆宫道士米道兴、王道一。这二位道士长期出山到外地募化集资，曾铸造佑圣真君（即玄天上帝）铜像运回武当山紫霄岩供奉。据《武当福地总真集》中《三十六岩》云："紫霄岩，一名南岩，一名独阳岩，在大顶之北，更衣台之东……品列殿宇，安奉佑圣铜像。"原文在"佑圣铜像"后有小字注云："元贞乙未，方士王道一、米道兴，募缘众信，于庐陵铸成。前太学博士须溪先生刘辰翁拜手铭曰：'天地仙，水中铅。范合坚，凌风烟。生青莲，剑蜿蜒。按大千，龟蛇缠。劫运迁，飞乾乾。玄玄天，万万年。'"按："元贞乙未"，应为元成宗元贞元年（1295）；"庐陵"，即今江西吉安；"前太学博士须溪先生刘辰翁"，即宋末元初著名文人刘辰翁（1232—1297）。刘辰翁为景定进士，性直，憎恶贾似道专权，对策极论之。宋亡，托方外以归。刘著有《须溪集》等书，是南宋著名词人，属辛弃疾一派，曾任宋朝太学博士。十二年后，米道兴、王道一又于大德十一年（1307）到江南湖北道武昌路、汉阳府、德安府应城县、荆门州、常德府武陵县、沅州路庐阳县、潭州路澧陵路、汴梁路、江西路、杭州路等地化缘，劝请各地"奉道信士"各捐资财，购买可铸造一根柱子、一条横坊、一个隔扇、一个门槛、一片泊风板、一片瓦板等构件的铜原料，在武昌找铜匠铸造好铜殿构件后，运回武当山，安装于大顶天柱峰之上。王道一、米道兴长期在外奔走化缘，辛勤劝募，成效显著，先后铸造铜像、铜殿，请回本山供奉，是在中国道教建筑史上做出杰出贡献的武当山道士。

从米道兴、王道一的道派传承看，他们当是元代武当高道张守清的徒弟。张守清是武当道教史上承上启下的关键人物，他是武当派传人鲁洞云的嫡传弟子，又吸收元初传入武当山地区的全真派、清微派及正一派的长处，形成内炼金丹大道、外行清微雷法的"武当清微派"。从张守清这一道派传承的"守、道、明、仁、德"谱系看，与现代仍在传承的"天师张真人正一派""萨真君西河派""龙虎山正乙门下天师清微派"宗谱基本相同。现代龙虎山正一派道士授箓后按法派辈份取名仍用前谱，只是个别字句不同，如"三山扬妙法"为"武当与兴振"等。由此可见，米道兴、王道一是张守清门下的武当清微派道士。

关于元代铸造铜殿工匠的情况，铜殿两扇槅门和槅门两旁两块槅板上有铭文云："武昌路梅亭山炉主万王大用造"。由此可知，该铜殿的铸造工匠是一位名叫万王大的民间冶铜铸造作坊的作坊主。武昌在大德五年已是湖北行省和武昌路的治所。梅亭山，在今湖北省武汉市武昌区南。《方舆纪要》卷七六江夏县"黄鹄山"条云："城南五里有梅亭山。"据《江夏县志》记载：梅亭山，"在高观山南三里中和门子城上"，即今武昌区起义门东侧楚望（王）台一带。

从时间上看，铭文中的具体时间记载有三个，分别是："大德十一年三月吉日""大德十一年中元吉日""岁次丁巳延祐四年三月吉日"，这说明铜殿的铸造用了大约五个月的时间。而延祐四年（1317）三月的铭文云："襄阳府大北门内坐北面南居住修真女冠徐志坚，上侍母亲林氏妙宁，同兄徐文经、文旺、文郁、文信、文彬家眷等，喜舍中统钞壹拾锭，结砌大顶地面石，祈保合家眷清吉者。"这段文字记述了结砌大顶地面石的捐助情况，是后来雕刻到铜殿隔扇上去的。

元代太和宫铜殿原置于大顶之上，明永乐时移置小莲峰上，保存至今。关于明成祖迁移元代铜殿的理由，明代卢重华的《大岳太和山志》云："元时有铜殿一，成祖文皇帝创修之日，以规制弗称，乃撤置于小莲峰。"因为明永乐时所建武当山各大宫玄天上帝殿均为重檐歇山顶，永乐皇帝认为武当山大顶玄帝殿应像皇宫太和殿一样使用最高规格的屋顶——重檐庑殿顶，而元代大顶铜殿是仿木结构单檐悬山顶，不合皇家建筑规制，所以要重新铸造重檐庑殿顶铜殿来代替元代铜殿。明成祖为了保护迁移到小莲峰上的元代铜殿，特在铜殿外面建了一座单檐歇山琉璃瓦顶砖殿，面阔 7.5 米，进深 5.8 米，四壁砖墙承载檩椽。在北山墙东侧设门，门楣上嵌石雕匾额一通，高 0.50 米，宽 1.10 米，隶书"转展殿"三大字。此字传为明永乐年间驸马都尉沐昕所书，今已斑驳不清。

据初步统计，元代铜殿共有 19 个品种规格的约 85 个构件，经榫、铆、焊组装而成。铭文上提到的构件有隔扇、门槛、枋、瓦、泊风板等。门槛、瓦是常用建筑构件，不用解释也能明白其功用。这里，我们根据《中国古代建筑辞典》，对隔扇、枋、泊风板略作解释。"隔扇是一种可动的框架。它两旁立边梃，边梃间横安抹头，抹头可将一扇隔扇分为上（隔心）、中（绦环板）、下（裙板）三段。上段的槅心也叫花心，是主要部分，占整个隔扇高度的五分之一，可透明通气，它的四周在边梃抹头之内有仔边，中间大面积的空间都满花式棂子，作为裱糊或安装玻璃的骨架。这种隔扇可为隔断；上下两头加转轴亦可作门窗。""枋，是横拱上的联系构件，横向，与桁平行。枋的大小，等于一个单材的大小。"泊风板，又称"博风板"，"悬山和歇山屋顶，桁（檩）都是沿着屋顶的斜坡伸出山墙之外，为保护这些桁头而钉在它上面的木板，就叫博风板"。

关于元代铜殿的建筑规制，最早的记载见于元代。元代道士朱思本的《登武当大顶记》云："砻石为方坛，东西三十有尺，南北半之。中冶铜为殿，凡栋、梁、窗、户靡不备，方广七尺五寸，高亦如之……前设铜缸一，铜炉二。缸可盛油一斛，燃灯长明；炉一置殿内，一置坛前。四望豁然，汉水环均若衣带，其余数百里间，山川城郭仿佛可辨。"据我们实地考察所见，转展殿内的元代铜殿置于青石雕须弥座上，座高 1 米。铜殿"各边边长 2.615 米（柱中—柱中，后同），从平面上看呈正方形。通高 2.44 米，檐高 1.70 米，总重约 8.20 吨"。铜殿屋顶为单檐悬山式，上面的瓦茸和沟头滴水，都按泥作规制。墙体为仿木结构，穿斗式构架，各部构件均以榫卯相接，梁、柱、额、枋（两柱间横木），均循木工绳墨，彩画装修，亦仿画工丹青。正面檐下，开四抹头镂空球纹槅眼门 4 扇，中绦环板铸成镂空花纹图案，门上铸卷草、卷云等纹饰；三面墙为 24 块铜槅板焊接在柱枋之上，四角为圆形铜柱，下为鼓形铜铸荷花瓣柱础。整个建筑为纯铜冶铸而成。每个构件上均有铭文记录捐资人籍贯、姓名、祈求心愿、捐献构件名目（或捐款数额等）及铸造时间和化缘等事迹。结构朴实合理，可拆可合，易于安装。"这种建筑形式既有元代建筑的特点，又有浓厚的宋代建筑遗风。"总之，元代铜殿是我国现存最早的铜铸殿堂，其设计独具匠心，为明代建造金殿提供了重要借鉴，具有重要的历史和科研价值。

2. 元代玄帝铜殿供奉的神灵及其封号

玄帝铜殿内原供奉有玄帝及圣父、圣母、二天帝、四天君共九尊神像。元代朱思本《登武当大顶记》云："……中冶铜为殿，凡栋、梁、窗、户靡不备，方广七尺五寸，高亦如之。内奉铜像九，中为元武，左右为神父母，又左右为二天帝，侍卫者四……"朱思本是元代著名道士，也是游历过很多名山大川的地理学家，他先后三次上武当山，时间分别是元成宗大德七年（1303）、元武宗至大二年（1309）和元仁宗延祐四年（1317）。他后两次上武当山时，铜殿已被安放在大顶之上，所以他看到的殿内神像布局应当是准确无误的。

（1）玄天上帝。玄天上帝之名始见于南宋时期出现的道经《玄帝实录》中。由于该经记载的"三清上帝"及"昊天玉尊"册封玄武为帝是在宋仁宗嘉祐二年（1057）之后，那么人间称真武为玄帝当不会早于该年。不过，最迟在南宋淳熙十一年（1184）以后，玄帝之称号已随着《玄帝实录》一书的印行而传播四方。南宋中后期，道教界已普遍使用"玄帝"一词，真武的神格地位由"真君"提高为天帝。

元成宗的诏书直接把"武当福地"视为玄帝"仙源"之所在，并以圣旨的名义将真武的神格地位由"真君"上升为"天帝"。这是元代崇奉玄天上帝历史中值得注意的一件大事。元代铜殿的铭文皆称神为"玄天上帝"，或简称"玄帝"，只有一条是称"高真"的，没有一条称"真武"，这表明当时道教界和民间对元成宗加封玄帝尊号是积极拥护的，也可以说元皇室的这一举动是顺应了民意的。

（2）圣父、圣母：玄天上帝信仰的盛行大致与儒家程朱理学的流布同时代，故道经强调玄天上帝虽出家修道，但仍不忘父母生身养育之恩，功成飞升后，父母证仙，荣享褒封，以显玄天上帝之大孝。玄帝也特作《报恩父母恩重经》以训世。因此，道教为表彰玄帝之大孝，特在供奉玄帝的大殿后面修建父母殿，奉祀圣父圣母，这是对孝文化的重视和传扬，也展现了道家文化和儒家文化的交融。

（3）二天帝：当为太安皇崖天、显定极风天二天帝。

（4）侍卫者四：当为宋代道经所写的常在玄天上帝身边侍卫的四位天神，即金童、玉女、执旗、捧剑。金童儒雅庄肃，恭谨安详作捧册状；玉女娴雅俊逸，冠缨系颔为端宝样，职司分掌威仪、书记三界中善恶功过。执旗、捧剑，是经常在玄天上帝身边侍卫的神将。捧剑神将所捧之剑，当为丰乾大天帝送给静乐王子的宝剑，名曰"黑驼虬角断魔雄剑"。执旗神将所执之旗，当为皂纛大旗。现在铜殿内，中奉玄天上帝神像，左右为执旗、捧剑，两旁为马、赵、温、关四大天君，皆为明代铜铸鎏金神像。

元代中期大顶铜殿前设铜缸一口，用来装信士供献的清油，可盛油一斛。铜殿前又设铜香炉两个，人们认为香能通神，故朝山信士皆捧香一把，以一瓣心香献于帝座。

（八）太和宫

太和宫

太和宫位于武当山天柱峰山腰紫金城南天门外。太和宫建于明代永乐十四年（1416），时有殿堂道舍等建筑510间。现仅存正殿、朝拜殿、钟鼓楼、铜殿等。正殿额题"大岳太和宫"，殿内仅存真武大帝铜铸像及四大元帅、水火二将、金童玉女等塑像，殿门两侧各置铜碑一座，一是明代嘉靖二十九年（1550）敕建苍龙岭雷坛设金像之御碑，一是明代嘉靖三十一年（1552）遣工部左侍郎陆述等人致祭碑。殿前是朝拜殿，左右是钟鼓楼，钟楼内悬明代永乐十四年（1416）所铸造铜钟一口。殿前一岩，形如宝莲，故名"小莲峰"，上刻"一柱擎天"四字，并嵌有李宗仁游武当山时之题诗碑刻。岩顶崇台之上置有铜殿一座，其高2.9米，宽2.7米，深2.6米，铸造于元代大德十一年（1307），原在天柱峰巅，明代永乐十四年（1416）移置于此，故名"转运殿""转展殿"。朝拜殿右下有清代改建的皇经堂。太和宫集精巧的建筑结构和精湛的雕刻艺术于一身，充分显示了古代劳动人民的智慧与才能，是我国古代建筑的杰作。

金殿：明代铜铸仿木结构宫殿式建筑，位于天柱峰顶面积约160平方米的石筑平台之上，台前倚岩筑石样磴道，迂回九曲，名"九连蹬"。金殿建于明永乐十四年（1416），嘉靖三十一年（1552）曾局部修整殿基、石栏台阶，增设殿外朱漆木栅。清康熙四十二年（1703）及民国3年（1914），先后增建两厢配殿及金殿后之父母殿等砖木结构的附属建筑。

1956 年湖北省人民委员会公布其为省级重点文物保护单位。1961 年金殿经国务院核定公布为全国重点文物保护单位，1982 年安装避雷设备。

金殿

金殿居平台正中，朝向为东偏南 8 度。全部构件系在北京铸成后，由运河经南京溯长江、汉水运至本山组装而成。殿之面阔与进深均为三间，阔 4.4 米，深 3.15 米，高 5.54 米。四周立柱 12 根，下奠宝装莲花柱础，柱上叠架额、枋及重翘重昂斗拱分别承托上、下檐部，构成重檐庑殿式屋顶。正脊两端铸龙吻对峙，垂脊圆和，翼角舒展，其上饰仙人和龙、凤、狮子、海马、天马等灵禽瑞兽，顺序排列。四壁于立柱之间满装四抹头隔扇，明间正是两扇铸门轴纳于户枢，可以开合。额枋施线刻错金旋子彩画图案，工艺精细。殿内堂设神像，亦为铜铸鎏金，后壁屏风之前，置真武大帝坐像，披发跣足，着袍衬铠，体态丰润，英姿魁伟。左侍金童捧册，右侍玉女端宝，拘谨恭顺，娴雅俊逸。水火二将，执旗捧剑，拱卫两厢，勇武威严。铜案下置玄武一尊，为龟蛇合体。坛前设香案，置供器。后壁上方，高悬鎏金匾额一方，上铸"金光妙相"四字，系清圣祖爱新觉罗·玄烨手迹。殿外檐际立悬盘龙斗边鎏金牌额，其上竖铸"金殿"二字。殿外铜栅栅柱，由铜片包护，其上线刻云龙蟠绕，亦颇精致。殿体各部为分件铸造，遍体鎏金，无论瓦作、木作构件，均按宫式法制仿铸。榫卯拼装，结构严谨，合缝精密，毫无铸凿之痕。虽经五百多年的严寒酷暑，风雨侵蚀，至今仍辉煌如初。殿下台基及殿前露台，为精琢石材叠砌，平面略为"凸"字。露台前端左右两侧分列金钟、玉磬二亭及宝鼎式焚帛炉,为嘉靖年间增设。台周绕以石雕莲花望柱钩栏,正面设石阶御路。

　　紫金城:亦名红城,又名皇城,因金殿在上而得名。建于明永乐十七年(1419)。城高数丈不等,南城门城墙基厚2.4米,城墙顶厚1.26米,城墙脊中心周长344.43米。城墙呈椭圆形环绕天柱峰巅,由每块重达千斤的条石依岩势砌成,这使城墙由内看向外倾,外看向内倾,远看如光圈围绕金殿。城墙上四方各建一座仿木石建筑天门,象征天阙。全城有东、西、南、北城门,只有南城门可通。

紫金城城墙

三、主要道观及古道、桥梁的建筑艺术及价值分析

(一)"治世玄岳"牌坊

玄岳门

　　"治世玄岳"俗称玄岳门，始建于明嘉靖三十一年（1552），落成于嘉靖三十二年（1553），是由嘉靖皇帝敕建并赐额的道教门洞式建筑。据卢重华的《大岳太和山志》卷一"大岳总图"记载："嘉靖三十一年，特颁内帑，敕工部侍郎陆杰等重加修葺。神宫仙馆，焕然维新。仍于入山初道鼎建石坊，赐额'治世玄岳'。"同卷"遇真宫图"亦云："嘉靖三十一年，世宗肃皇帝遣官修葺本山，乃于是宫东二里许入山初道，鼎建石坊，赐额'治世玄岳'云。""治世"是相对于乱世而言的，指国家安定、有秩序。嘉靖皇帝题坊额为"治世"，实际上是对自己治理天下之功绩的肯定。"玄岳"，是嘉靖皇帝对武当山的封号，意谓武当不是一般的山岳，而是有着浓厚崇道尚玄特色的山岳。明成祖封武当为"大岳"，已有抬高武当山地位，尊其为"天下第一仙山"的意思了；嘉靖皇帝进一步加封武当尊号，则是更明显地抬高武当山地位，使其为"五岳之冠"。嘉靖皇帝鼎建并题额的"治世玄岳"牌坊，是明代武当山之地位高于五岳等其他名山的标志。

　　此牌坊为三间四柱五楼牌坊式的石作榫卯仿木结构石构建筑，高12米，宽12.36米，面阔三间（含柱子外边），通高12米。面阔与高度的比例协调，极近正方形。五楼相叠，无突兀之势，总体上显现出一种古朴雄浑气势。原建有屏墙、海墁、踏垛约4000米，现已废。正中横梁坊额刻有嘉靖皇帝朱厚熜亲书赐额的"治世玄岳"四个大字。运用中国古代建筑中常用的圆雕、透雕、浅浮雕、阴刻线等雕刻技法。

　　"治世玄岳"牌坊的每一构件、配件，都是用青石雕凿，但柱、额、枋、阑、檐椽、斗拱、屋宇皆为仿木结构的石质构件，用榫卯拼接的办法组装而成，接口紧密，结构牢固。各楼屋宇之制相同，从结构上看，整个石牌坊五檐飞举，完全以青石仿木构建筑，做工精细。

　　明代鼎建"治世玄岳"牌坊后，在牌坊前修建了灵官殿、玄都宫、回心庵等建筑，供奉着鎏金灵官、六甲神像，这些都是武当山古神道上的标志性建筑物，起着分隔凡间和仙界的作用。

　　"治世玄岳"牌坊比之于庞大的武当道教宫观建筑，并未受到人们太多的重视。它毕竟属于建筑小品，既不给人避风，也不能为人挡雨，因此人们在一定程度上忽视了它的存在。但是，这并不等于这座牌坊没有价值。

1. 宗教意义

首先，它位于到武当山朝山进香的必经之路上，是提醒香客抖擞精神、虔诚奉神的重要关口。

进香，本意指将香上进香炉中，后泛指向神敬献礼拜以表达虔诚的心意，亦称"烧香""拈香""焚香""上香"等。宗教信徒从远道去圣地或名山的庙宇朝拜焚香，被称为朝山进香。以朝拜玄武——真武神为主要特征的武当山进香民俗已传承了上千年。"治世玄岳"牌坊位于武当山与小终南山两山夹峙的垭脖之间，原始地名为表峡口，周围山峦四合，溪流环绕，负坎抱离。坎为水，为北；离为火，在南，当属吉土。西距玉虚宫5千米，东为水磨河注入丹江的交汇处——草店码头，南有遇真宫，北临丹江。古时从北方诸省和江南诸省水路而来的朝山香客，从均州城南门启程，必经七里屯至石牌坊35千米长的官道。

明代鼎建"治世玄岳"牌坊后，在牌坊前修建了灵官殿、玄都宫、回心庵等建筑，供奉着鎏金灵官、六甲神像。昔日自山下至玄岳门有上、中、下三个灵官殿。其中，位于玄岳门旁的上灵官殿内，供奉着道教守门镇山之神——王灵官的铜铸鎏金像。金像披甲执鞭，三目圆睁，虬须怒张，锯齿獠牙，形象极为威武凶恶。殿前警示对联云"好大胆敢来看我，快回头切莫害人"，既劝善，又劝凡，反映了道教惩恶扬善的教化功能。香客至此要虔诚敬神，洗心入静，不得喧哗或污言戏闹，要有敬畏之心。

其次，"治世玄岳"牌坊是武当山古神道上的标志性建筑物，被认为起着分隔凡间和仙界的作用。

在明代的图程路引中，玄岳门又称"蓬莱门"，至今民间还流传着"进了玄岳门，性命交给神。出了玄岳门，还是阳间人"这一谚语。嘉靖皇帝鼎建"治世玄岳"牌坊之前，在遇真宫之西建有"仙关"，作为分隔凡间和仙界的标志。"治世玄岳"牌坊建成后，取代了"仙关"的地位。"它再次表明武当山是皇室'家庙'的特殊地位，更重要的是，它完善了家庙的格局，使山上山下、尘世与仙境有了明确标志，强化了宗教范围，增加了气势。"人们在走完均州城（已淹没于丹江口水库）至草店 35 千米的平路，攀登上数百级台阶后，眼前赫然而立的是一座用碧色石料构筑的"治世玄岳"牌坊。它标志着人们将要进入武当福地，标志着后面将有大建筑群的存在，引导着行人进入一种不同凡响、超凡脱俗的神仙境域。门前原有"沐浴堂"，供香客们沐浴净身，提醒人们朝圣前要清斋奉戒、整洁心身，以示虔诚。这说明"治世玄岳"牌坊有分隔空间的功能，是沟通人和神的媒介，起着连接凡间和仙界的作用，"在地域概念上确立了'神山''仙源'，完善了武当山的整体格局，起到了标志性的作用"。

以玄岳门为界，武当山进香道路被分为山内神道与山外道路两个部分。山外道路，北路为北方诸省和江南陆路香客的朝山古道；南路包括水、陆两路，长江中下游的香客以及由云南等西南各省而来的香客，多由南路进入武当山；西路所来之香客多来自陕西安康、汉中及四川达州和鄂西北一带。明清时期，香客入武当山走北路、西路必经均州，由南路者可不经均州，而无论哪一路都必经过草店。从草店码头下船，迎面便是玄岳门，所以它是进入武当山的标志性建筑。

一般来讲，石牌坊是封建王朝时代由帝王亲下圣旨，为纪念有重大意义的事件、活动、人物而树立的一种标志性建筑。"治世玄岳"牌坊是嘉靖皇帝在完成了对武当山道教建筑的修整翻新与新建后的一种纪念，以昭示后人要用道教精神治理天下。从意识形态上讲，"治世玄岳"牌坊增加了武当宫观建筑作为皇室家庙的威严气氛，象征着皇室对武当道教的恩宠，彰显着嘉靖皇帝要以道教精神来使国家和平安宁、百姓安居乐业的意图，因此，它是一种富于象征意义的符号。

2. 审美特征

既然"治世玄岳"牌坊有如此重要的政治意义，那么当年的设计者和建造者肯定会尽全力把它建造得雄伟坚固、美轮美奂。概括而言，"治世玄岳"牌坊的审美特征有如下几点①：

（1）均衡美。

"治世玄岳"牌坊，为三间四柱五楼牌坊式的石作榫卯仿木结构石构建筑，高 12 米，宽 12.36 米，面阔三间。面阔与高度的比例协调，极近正方形。五楼相叠，无突兀之势，总体上显现出一种古朴雄浑气势。原建有屏墙、海墁、踏垛约 4000 米，现已废。正中横梁坊额刻有嘉靖皇帝朱厚熜亲书赐额的"治世玄岳"四个大字，楷书四字，字径 0.8 米见方，刊刻于石额两面，笔势隽永刚健，丰浑圆润，对称庄重，遒劲隽永。以宝葫芦为中轴，赐额上方为正向龙，两侧各一独龙，龙尾回勾于赐额下部正中，以四神一一对称、八仙人物两两对称装饰。鸱吻"S"形身躯灵柔矫健，在三层檐脊上均呈对称状。即使团围的仙鹤也呈对称翻翔布局。"治世玄岳"牌坊左右对称、前后呼应的均衡之美十分突出。

（2）结构美。

"治世玄岳"牌坊的每一构件、配件，都是用青石雕凿，但柱、额、枋、阑、檐椽、斗拱、屋宇皆为仿木结构的石质构件，用榫卯拼接的办法组装而成，接口紧密，结构牢固。各楼屋宇之制相同，从结构上看，整个石牌坊五檐飞举，完全以青石仿木构建筑，做工精细。

具体而言，以龙吻吞镂空屋脊，正脊中央立葫芦宝顶。顶饰脊尾雕刻巨口鱼尾鸱吻，牢牢吞定压脊。柱脚贴夹杆石，而没使用一般牌坊常用的抱鼓石。明间门楣下的鳌鱼雀替，形似龙、好吞火、好风雨，背负蓬莱之山在海中，立于此既有承托支撑的作用，增强了梁枋的荷

---

① 宋晶."治世玄岳"牌坊的文化解读[J].郧阳师范高等专科学校学报，2012（4）.

载力，减少了梁与柱相接处的向下剪力，又有"独占鳌头"、辟邪、祈福、防火之蕴涵。作为柱与屋顶间的过渡部分，斗拱承受上部支出的屋檐，将其重量间接地转到柱上，反映了中国木结构建筑的严密性和条理性。这种如意斗拱堪称石坊建筑的上乘之作，有宋式斗拱造法之遗风。

（3）装饰美。

"治世玄岳"牌坊的装饰非常有特色，正面背面不同，做工精美，气势恢宏。它不是单纯运用一种雕刻技法，而是各种技法的综合运用。中国古代建筑中常用的圆雕、透雕、浅浮雕、阴刻线等技法在玄岳门上全能找到。因为青石本身成色单一，所以石雕装饰尤为重要，工匠必然运用多变的技法来弥补成色单调之不足，此牌坊上的雀替、花板、斗拱、立柱、檐楼、额坊等，无不细琢精雕使牌坊具有极强的装饰美。

其装饰手法大致有六种方式：剔地起突、压地隐起、减地平钑、素平、圆雕、透雕。

总之，明代的艺人工匠自如地运用渐变、重复、对比、韵律、平衡、组合、分割等艺术装饰手段，这些装饰雕刻，工艺精湛、精美绝伦，为明代石雕艺术的典范。

3．"治世玄岳"牌坊装饰凸显道教信仰

现存的玄岳门正面门柱上，用上好青石精雕出八仙人物和上八仙之中的福、禄、寿三星神及禧神，注入了道教神仙崇拜的生动内容。玄岳门上的八仙采用了实体雕的手法，刀法洗练，刻画精致，人物比例适当，栩栩如生，稳健中充满华丽，增强了整个牌坊建筑的美感，不仅丰富了玄岳门的道教文化内涵，而且也反映了明朝中期武当道教的八仙信仰情况。牌坊上的这些道教神仙崇拜内容，反映了敬神求福、祈祷长寿的愿望，修行得道、神仙可求的信仰和吉星高照、平安祥和的理想。

"治世玄岳"牌坊集中国传统建筑艺术与雕刻装饰艺术之大成，具有鲜明的武当道教信仰特征，是我国道场牌坊建筑的精品。

（二）天津桥

天津桥

天津桥是整个建筑群中的一个精品。天津桥，又称剑河桥，位于武当山紫霄宫以北 5 千米处的九渡涧上。该桥始建于元代泰定元年（1324），由著名高道张守清命其徒弟吴仲和、徒孙彭明德募资构造，"于斯涧之阳架岩筑室，截流飞梁，以便朝谒者深厉浅揭之忧"。明永乐十年（1412），明成祖朱棣敕建武当山道教建筑群，复扩建天津桥。此后虽历经洪水之灾，但很快得到"修山军余"及道士的修缮。1984 年，武当山风景管理局又对该桥望柱石栏及桥面墁石等做了较大规模的维修，故至今完好。天津桥是武当山 46 座明代桥梁中规模最大的石拱桥，也是鄂西北地区现存历史最早的石拱桥。

1. 越涧渡河，畅通神路

天津桥是武当山东神道上最主要的桥梁，修筑在"地既幽绝，景复珠异"的九渡涧上。九渡涧上承武当涧、紫霄涧、黑龙涧、白云涧之水，出龙潭沟而为梅溪涧，汇入淄河，是二十四涧中较大的一条山涧。平常涧水深约 0.5 米，宽 10 米左右，若遇山洪暴发，河水陡涨，深约 1.5 米，宽数十米左右。"皇元抚运，尊道贵德，玄教大振。兹山香火亦复隆兴"，元代时，朝山香火十分兴盛，礼神进香必经九渡涧。当众多的朝谒者经过此地时，面对湍急的涧水，难免"深厉浅揭"之忧，即涉浅水，要撩起衣服过去；涉深水，即使撩起衣裳也没有用处，只得连衣下水。元代泰定元年（1324），在"体玄妙应太和真人""敕赐大天一真庆万寿宫"住持张守清（号洞渊）的倡议下，人们建起了一座石桥。旧志称他："绍兴香火，丕阐玄风，开化人天，恢复道化……以道一贯，十方皈响，四海流传，独冠武当。"据《九渡涧天津桥记碑》载："于是洞渊师大兴香火之缘，乃命其徒吴仲和于斯涧之阳架岩筑室，截流飞梁，以便朝谒者深厉浅揭之忧，事未既，仲和已仙逝矣。其徒彭明德以能继志述事，募四方士庶之资帑，构此溪桥，未逾年而落成之。"故天津桥的修建是高道张守清苦心经营，开辟神道的结果，从此，朝山香客摆脱了渡河"深则厉，浅则揭"的原始状态。

及至明永乐年间大修武当山宫观时，永乐皇帝朱棣为了让天下信士更方便地来武当山朝圣，下令对全山的桥梁道路都做了全面的规划维修，我们现在所见的天津桥就是明永乐年间修建的。

2. 借景宣道，沟通神人

天津桥的独特之处，正在于其建筑和真武神的修道神话有关。据《元始天尊说北方真武妙经》《玄天上帝启圣录》等道经的记载，《武当嘉庆图》"涧阻群臣"条记载了静乐国五百官兵被九渡涧所阻的故事。九渡峰至今仍保存有一块楷体元代石碑，即《九渡涧天津桥记碑》："在昔上皇之初，玄帝分真，降嗣于静乐国宫。几韶年而割恩忍爱，告辞父王，入乎太和山中，修真炼道。既而父王忍念无已，遣臣卒五百众访求，来至兹山，欲涉此涧，涧水忽涌，众进九涉，竟莫能渡。众遂稽首哀告，愿俱隐山中，以事太子。帝闵其诚切，令其得渡。"

九渡涧、九渡峰峰势奇丽，百步九渡，仿佛隔断凡间与仙界的天然屏障。如果"仙关"被看作仙境与尘世交界处所设的门，那么，天津桥便成为沟通凡间与仙界的重要媒介。龙泉观、天津桥等建筑小品的设置，令人很自然地体会到它们是对静乐国王、善胜皇后的恋子情愫的纪念，是对真武修仙学道志向的崇敬，是对武当道教文化魅力的一种诠释。[①]

3. 天一生水，洗心净俗

天津桥的命名富于独特的个性和丰厚的人文意蕴，也有许多意义值得追索，"洞渊师匜之曰天津，以配天一生水之妙"，可谓点睛之笔。

"天一"在中国文化中有着丰富的内涵，明代任自垣《敕建大岳太和山志》解释说："《太玄经》云：天一生水，地二生火。玄帝主宰天一之神，故咒曰水位之精；宫曰天一之宫，既是星名，也是神名。"

元代武当道教中最著名的道士是太和真人张守清，他创立了以清微派道法为主体的新武当派，并致力于武当南岩宫的兴建。该宫"规模宏丽、古昔未有"，元仁宗于延祐元年加封神父母号，赐给宫额"大天一真庆万寿宫"，并宣授张守清为"体玄妙应太和真人"。在天津桥建成后，就以"大天一真庆万寿宫"之"天一"来命名天津桥，取其吉象，并符合风水堪舆的形法和理法。天津桥也因此具备了现实与观念中的双理意义：现实中利民涉渡，观念中洗心净俗、普度众生。它由张守清及其徒众倡导建造，化缘募银，广募捐款，其碑额的铭文，就有"募四方士庶之资帑，构此溪桥，未逾年而落成之"的文句。为建桥募资，是普化功缘的德举与善行，这也扩大了武当道教在民众中的影响。修桥济众，惠及子孙，故民众赞助修桥的积极性很高，使武当香火隆兴。即便不能独立建桥，为桥捐建一分，同样也是信仰者的一种努力。筑桥这个行为不仅有着现实意义，同时也象征着精神世界的沟通与交流。天津桥作为人和神之间的纽带或中介，无论在抽象的"圣"与"俗"之间，还是在具体的圣域与俗境之间，都具有将它们分隔和联系，进而形成中介与过渡的象征性的意义。

---

① 宋晶. 武当山天津桥的文化解读[J]. 中国道教，2007（4）.

4. 道法自然，大美天成

天津桥作为明代官修石拱桥建筑的杰作，以它高超的设计、独特的布局体现着武当文化的魅力。

从设计艺术上看，桥从其下发拱三孔，中心孔最大，余两侧递减，构造空灵，既适于桥面迅速排除积水，又使桥身曲线柔和，韵律协调，如彩虹飞跨。桥侧有 21 块仰天石和 20 套望柱栏板，栏板中空并镌刻宝瓶状花纹瘿项，柱头雕成莲花含苞形状，栏杆两端有云形抱鼓石。此种设计完全是皇家法式，但装饰却简洁明快，既稳重又轻盈，寓庄重于秀逸，形态优美，如新月垂空，如长虹卧波。这种处理手法十分高超，它把桥作为自然的一部分来处理，具有含蓄之美，没有一丝多余的修饰的空间形态，自然与人工衔接和谐顺畅，形成表里一致的优美韵律，突出了仙桥清逸素雅的色彩美，与道法自然的思想完全吻合。

从天津桥与周围的环境布局来看，龙泉观、天津桥、照壁相互呼应，三者呈"工"字形，对称和谐，流畅自然，一气呵成。

矗立在桥东的龙泉观，丹墙翠瓦，雕梁画栋，观内像设端应，香火缭绕，步虚声声，韵腔悠长，犹步云端。明代的驸马都尉沐昕有感于此而作《九渡鸣泉》："越壑穿岩势转分，长年流碧净沄沄。三千环佩联翩下，一派箫韶远近闻。鸥鹭浴时飞急雪，虬龙蟠处漱寒云。好教直上青冥去，偏作甘霖翊圣君。"

步上天津桥，桥西的影壁，腾绿惊红，映入眼帘。这一段独立的墙如此布局，在全国的宗教建筑中都是独一无二的。其硬山式壁顶，正脊两端装饰有琉璃制正吻，龙头形，龙口大开咬住正脊，顶盖筒板瓦，四角用砖岔角。影壁及其装饰藏风纳气，增添了这组建筑的气势。它遮挡住游人的视线，使之不能对庙观内一览无余，同时安抚信仰者的精神，使之安然，而且也引起了游人下一步的审美期待。

这里融山、水、桥、观、林为一体，芳草连天，繁花流云，蝶飞鸟唱，杨柳婆娑，庙观掩映，水天一色，两岸景物曲折多变，格外幽奇美妙，正是人们向往的那种空灵澄清的境界。天津桥在上游的九渡峰、蜡烛峰、玉虚岩，下游的波浪翻滚的九渡涧峡谷之间，起到了重要的点睛作用。

（三）纯阳宫

纯阳宫

纯阳宫又名磨针井，位于回龙观至老君堂之间的登山公路旁，海拔 487.2 米。此宫为清康熙年间（1662—1722）知府杜养性等 4 人同建。咸丰三年（1852）重建，之后长期失修，破败不堪。1980 年，湖北省政府拨款，历经 3 年修复殿堂、井亭、配房计 52 间，建筑面积 1543 平方米，占地面积 5000 平方米。

纯阳宫突破了严谨的对称结构，左为层楼，右为方形井亭，前有廊庑及道院，旁为配房与山门，虽四合而无定式。主体建筑祖师殿为砖木结构，硬山顶，抬梁式木构架，前为廊后封檐，廊顶为卷棚，黑筒瓦屋面，3 开间，面阔 11.14 米，进深 8.3 米，通高 10.05 米。殿内原供真武青年像，四壁满绘《真武修真图》，具有民间画风。殿前埋着两根碗粗铁杵"针"，乌黑光亮，象征姥姆当年所磨铁杵。殿旁栏台高举，拱拥姥姆亭，为砖木结构，重檐歇山顶，黑筒瓦屋面，每间面阔进深均为 5.62 米，通高 10.5 米。正殿两旁是配房，殿前是道院，其建筑均为砖木结构，硬山顶，两层楼，院墙上嵌着数十通石碑。院前是一道院，幽静雅适。井台旁一石碑下部嵌一化石，为距今已 4 亿多年的直角石。

（四）复真观

太子坡九曲黄河墙

复真观又名太子坡，它背依狮子山，面对千丈幽壑，右临天池，雨时飞瀑千丈，左为下十八盘，故道如带。此观建筑，充分利用陡险岩上一片狭窄坡地，进行纵横序列布局，使建筑与环境紧密结合，是全山至今保存较为完整的大观之一。1956年被列为省级重点文物保护单位。现有殿堂道房105间，建筑面积3500平方米，占地面积16 000平方米。复真观是明代敕建的八观之一，也是武当山最大的保存最完整的道观。

复真观的建筑布局利用陡险岩畔，纵轴线侧开山门，门内依山势起伏建夹墙复道。从复真桥拾数以百计石级而上，是第一道山门。门为砖石结构，歇山顶式，下为石雕琼花须弥座，红墙翠瓦，拱门额书"太子坡"三字。门前为石墁平台，周围饰以石栏；门内依山势的回转建夹墙复道。墙为砖结构，脊饰绿琉璃瓦。夹道从进门至出门，布列造型同样的四座山门。二道门内是一方石墁地的院落，院中左建石祀坛，右建砖雕化香炉，造型玲珑精巧。殿堂转南北向，以大小不同的三重殿堂组成建筑主体。

一重殿为龙虎殿，二层，砖木结构，硬山顶，绿琉璃瓦屋面，抬梁式木构架，前为廊，面阔3间13.25米，进深2间5.20米，通高8.45米。穿过龙虎殿是一方石墁地院落，院中有一饰栏圆池，直径约3米多，名滴泪池。院上台基拱拥主殿，为砖木结构，硬山顶，绿琉璃瓦屋面，抬梁式木构架。前后为廊，单翘重昂斗拱 11 组，正面为全开式格扇门。面阔 3 间 17 米，进深 3 间 9.05 米，通高 11.2 米。全部柱、梁、枋、门、窗遍饰彩画，雕梁画栋，涂彩饰金。正殿后，绿琉璃瓦屋面，面阔 1 间 4.1 米，进深 3.9 米。

正殿右侧门外横轴线上的建筑布局，利用起伏山势，向纵横两个方向展开，一栋栋楼房组合成小院重叠的封闭性空间，十分幽静雅适。现存建筑有藏经阁、皇经堂、道房、五云楼、照壁等。五云楼，亦称五层楼，木结构，硬山顶，小青瓦屋面，抬梁式木构架，依岩壁而建，5 层楼。楼面阔 5 间 21 米，进深 8.15 米，通高 15.8 米，建筑面积 544.47 平方米，占地面积 224.92 平方米。顶层有梁枋 12 根，交叉叠搁，下以一柱支撑，计算周密，这就是古代木结构建筑杰作"一柱十二梁"。

（五）琼台中观

琼台中观

琼台有上、中、下三观，元代时称"琼台宫"。在天柱峰东南麓约 5 千米左右，背倚旗杆峰。明清时修葺扩建，有 24 座道院，庙房数百间。至清咸丰六年（1856）毁于兵燹。光绪时重建部分庙房。三观建筑物均利用地形特征，各以中轴线进行对称布局，合理而严谨。上观、下观已废，今存遗址。琼台中观，现存元代石殿和清代重建的正殿、配房 14 间，建筑面积 479 平方米，建筑及遗址占地面积 15 000 平方米。元代石殿位于大殿右，九脊歇山顶（已残），石雕须弥座。墙厚 0.94

米，面阔进深一间，建筑面积 18 平方米。正殿坐西南朝东北，砖木结构，硬山顶，清式屋架。前为廊后封檐，面阔 3 间 13.13 米，进深 9.85 米，通高 11.03 米。大殿内陈列着丰富的神像等珍贵文物。其中，明代铜铸鎏金真武神像，高大庄严，甚为珍贵。还保存有武当山最大的真武石像以及元代的残碑断碣等。

（六）朝山古道的走向及审美价值

古神道

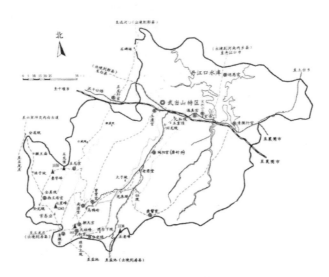

武当山朝山古道①

① 张良皋. 武当山古建筑（武当文化丛书精选）[M]. 北京：中国地图出版社，2006.

在武当山天路历程总体规划中，道路的设置根据宫观位置而千变万化，各宫观的角色不同，道路也会随之具有不同的特征，空间特色与宫观的角色充分融合。[①]武当山的主要朝山道路分为三条：一是在武当山西侧由西神道构成的一条以祈雨为主线的道路空间，连接因唐代祈雨灵应而敕建的五龙祠（之后升为五龙宫），并在其周围形成一定规模的宫观；二是武当山东侧山脉由东神道构成的以寻访仙人为主线的道路空间，连接以八仙观为主的一系列宫观；三是武当山中线道路空间，从玄岳门、太子坡、南岩、朝天宫直至金顶形成的以朝天为主，较为完整的天路历程序列。[②]

蒿口至南岩古道（即西神道）：其走向为从北到南，起点在汉十公路边的蒿口，途径茅阜峰—会仙峰—系马峰—仁威观—七里峰—老姥祠—五龙宫—华阳岩—青羊桥—仙龟岩—驸马桥（又称竹笆桥）—仙侣岩—滴水岩—南岩宫—乌鸦岭。这条古道全长约27.5千米，其中茅阜峰至系马峰一段路，全用方石块铺砌而成，宽2～3米。石板路面平整而光滑，每块铺路的石板都被打磨得棱角分明，显然凝聚了古代工匠的心血。

天津桥至琼台中观古道：其走向为沿九渡涧南行，沿途经过天津桥—九渡涧—玉虚岩—琼台下观—琼台中观，全长约15千米。这条古道以水景点多、幽奥奇妙而著称，明代文学家袁宏道、袁中道、谭元春等都喜爱这条涧道。袁宏道对他弟弟中道说："太和琼台一道，叠雪轰雷。"袁中道在《游太和记》中写道：

> 入溪，即走九渡涧中，至玉虚岩、琼台观道也。……乃行涧中，两山夹立处，雨点、披麻、斧劈诸皴，无不备具，洒墨错绣，花草烂斑，怪石万种，林立水上，与水相遭，呈

---

① 湖北省建设厅. 世界文化遗产——武当山古建筑群[M]. 北京：中国建筑出版社，2005.
② 杨立志. 武当文化概论[M]. 北京：社会科学文献出版社，2008.

奇献巧。大约以石泥水而不得往，则汇而成潭；以水间石而不得朋，则峙而为屿。石偶诎而水赢，则纡徐而容与；水偶离而石赢，则颓叠而吼怒。水之行地也迅，则石之静者反动，而转之为龙、为虎、为象、为罴；石之去地也远，则水之沉者反升，而跃之为花、为蕊、为珠、为雪。以水洗石，水能予石以色，而能为云、为霞、为砂、为翠；以石捍水，石能予水以声，而能为琴、为瑟、为歌、为呗。……如此者凡二十余里，抵玉虚岩。岩若青玉，下覆楼阁，流水绕之。喘息稍定，复下穿涧，水稍狭，流愈壮，百武一息，即拣石而卧。一日间，行、住、食、息，皆对怪石，爪齿缨足，俱贯乳雪，生平观水石之变，无过于此者。

乌鸦岭至金顶古道：东神道和西神道在此交汇，其走向由北而南，起点在武当山旅游公路和西神道的交汇处（乌鸦岭），沿途经过榔梅祠—七星树—黄龙洞—朝天宫——天门—摘星桥—二天门—三天门—朝圣门—太和宫—金殿，全长约 8 千米。三天门神道的设计具有蜿蜒起伏、狭仄幽静、屈曲隐蔽、深邃荫郁的特征，这就为登上金顶后总览江山，俯仰天地，目击大千，挥斥八极酝酿了情绪，埋下了欣赏旷如景象的审美期待。三天门神道多烟雾云霞，身临其境，拨云弄霞，给人以飘飘欲仙的感受，故古人称这里为"武当之第一境也"。

界碑垭（均房交界处）至金顶古道（即南神道）：其走向为由西南而东北，沿途经过大屋场—大稻场—柳树沟—五龙庄—吕家河—新楼庄—九道河—田畈—里沟（龙王庙）—豆腐沟—高楼庄—皇经堂—金顶。这条古道尚待开发，许多溪涧、森林还保持着相对原始的生态环境。

武当山方圆八百里，宫观庵庙多达数百处，古代钦差大臣和普通民众朝武当多是乘轿或步行，因此，古代工匠在武当山山里山外修建了长达数十千米的古神道供人们行走攀登。武当山现存古神道多在风景名胜区内，它们以武当天柱峰金顶为核心，呈放射状向四周延伸。各古道依山势起伏而建，穿行于修竹茂林中，串联各宫观、庵、庙等风景点，给香客游人以迂回曲折、起伏有致、峰回路转之感。朝山古道两旁的花草林木多不加工修饰，野树修竹任其生长，杂花老藤随其纵横，植被茂密，四季如画。"采石片片玉，折枝寸寸香"，游人香客漫行其中，感觉到与自然贴近融合，在草木的芬芳与鸟儿的和鸣中体悟出生命的乐趣和"道"的真谛。所以，游武当不可不走古神道。

第三节　武当古建筑列入世界文化遗产名录

1993 年，武当山古建筑群经国务院批准作为中国第四批向联合国申请列入世界遗产的项目之一。在申报之前，国家建设部、文物局曾派全国著名的古建筑专家单士元、罗哲文、郑孝燮等到武当山深入考察，经过考察，专家们一致认为："武当山古建筑群是我国现存的保存最完整、规模最大、等级最高的明代道教建筑群，在世界上像这样的建筑群也非常罕见，具有突出、普遍的价值。"

一、世界文化遗产概念及评选标准

世界文化遗产即被联合国教科文组织和世界遗产委员会确认的、具有突出意义和普遍价值的自然景观与文物古迹，是人类罕见的且目前无法替代的财产。这些遗产是地球进化而形成或人类经营产生而来的，是承古递今，并由现在交付给未来的宝物，是超越时空和地域，为世界全人类共同拥有的宝贵遗产。《保护世界文化和自然遗产公约》规定标准有六：

（1）代表一项独特的艺术和美学成就，构成一项创造的天才杰作；

（2）在相当一段时间或世界某一文化区域内对于建筑艺术、文物性雕刻、园林或风景区设计相关的艺术或人类住区的发展已产生重大影响的；

（3）独特珍稀或历史悠久的；

（4）构成某一类型结构的最高特色的例证，这一类型代表了文化、社会、艺术、科学或工业的某项发展；

（5）构成某一传统风格的建筑物、建造方式或人类住区的典型例证，这些建筑或住区本身是脆弱的，或在不可逆转的社会文化、经济变动影响下变得易于损坏；

（6）与具有重大历史意义的思想、信仰、事件或人物有着十分重要的关系。

凡符合其中一条者，都可以列入《世界遗产名录》。中国专家认为武当山古建筑群符合世界文化遗产的五条标准：

（1）武当山古建筑群分布在以天柱峰为中心的七十余座山峰之间，总体规划严谨有序，各建筑单元的间距疏密，选址定位，巧于因借，善用地形，达到建筑与自然的高度和谐，是代表中国"天人合一"美学思想的天才杰作。

（2）武当山古建筑群是由永乐皇帝按照既定规划一次建成的道教建筑群，是规模最大的道教活动中心，是明代二百多年间道教名山建设的范本。安徽齐云山、甘肃崆峒山、辽宁千山等处宫观建筑及其总体布局都有明显地模仿武当山古建筑的迹象。这表明武当山古建筑群对道教名山风景设计和建筑艺术的发展有重大影响。

（3）武当山古建筑群历史悠久，唐宋以降屡兴修建，元代已形成"九宫八观"的规模，明永乐年间大兴土木，建成九宫八观等三十三处建筑物，并长期派官员管理，距今已有将近六百年的历史。

（4）武当山金殿及殿内的神像供器等全为铜铸鎏金，它是中国古代铜铸殿堂最高特色的例证，它代表了十五世纪中国铜器铸造、装配、鎏金科技水平的发展，同时，其艺术价值也是珍稀独特的。

（5）武当山古建筑群与道教真武神信仰在民间的普及有着十分重要的关系，同时它还与明代永乐皇帝发动"靖难之役"取得皇位后，为使政权合法化而宣扬"君权神授"有密切关系。兴建武当山真武宫观是永乐皇帝收揽民心、巩固继统的重要措施。

1994年5月下旬，联合国教科文组织派世界遗产委员会、国际古迹遗址理事会高级专家组成员罗米·考斯拉和苏明塔加二人来武当山考察评估。

二、武当古建筑申遗历程

1993年5月7日，国务院顾问、第五及第六届全国政协委员、中国文物学会传统建筑园林研究会副会长、故宫博物院顾问单士元，建设部高级古建风景园林专家、国家文物局专家组顾问、第七届全国政协委员郑孝燮，第八届全国政协委员、国家文物局专家组组长、中国文物学会传统建筑园林研究会会长罗哲文，中国文物学会秘书长刘毅等六人组成的武当山考察组，来到丹江口市考察。丹江口市委市政府抓住契机，正式提出武当山申报世界文化遗产项目。

1993年6月23日，应丹江口市委书记任世茂之邀，省文化厅副厅长、省文物局局长胡美洲一行来到丹江口，实地察看了静乐宫文物和宫墙建设，对复原石牌坊等做出具体安排。胡美洲就武当山文物的保护管理、维修计划、发挥作用等问题发表了重要讲话，地区局、市领导也有具体指示和安排并整理有会议纪要。从此，迈开了武当山申遗的第一步。

1993年6月到10月，丹江口市政府成立了申报遗产领导小组，市长挂帅。同时立即组成专班突击申报材料，由文化、城建、宗教、开发区、管理局等部门参加，办公室设在文管所，完成材料报省文化厅审核。10 月 9 日申报的中文文本、英文文本、20 幅照片为一本的照片资料各 10 本，20 幅一册的幻灯片、录像片各 3 套终于完成。

1993 年 10 月，全国人大执法检查组李宣化、许嘉璐、梁志强、常大林、李晓东、谢荣申一行莅临丹江口市武当山检查《文物保护法》实施情况，检查组对金顶、紫霄、南岩、玉虚宫及泰山庙陈列馆开展了实地检查。违章建筑检查组还对玉虚宫山门外的火车站家属房、东汽精铸厂从玉带河排放污水提出严厉批评。总之，当时的武当山距离申遗还有一定差距，需要采取有力措施整改。

1993 年 11 月 6 日，湖北省文化厅向省政府呈报《关于武当山古建筑群申报列入世界文化遗产名录有关问题的请示》。1994 年 1 月 24 日，丹江口市委成立了"武当山古建筑群申报世界文化遗产环境治理领导小组"。1 月 31 日，丹江口市人民政府发布《武当山风景区治理整顿令》第 1 号，"市政府授权武当山风景区管理局（镇）成立治理整顿指挥部"，指挥部下设宣传、城建、环卫、治安、交通、市场、古建七个工作组，迅速制定具体方案，于 2 月 26 日全面开展工作。从此，一场声势浩大的武当山古建筑群环境治理工作进入实战阶段。指挥部提出响亮的口号"措施一次到位，申报一次成功"。武当山局（镇）抽调 300 余名干部，以极高的热情、百倍的努力投入"战斗"。按照省专家组提出的"一线十六点"治理内容，实行领导包线、包点、包片的三包责任制，三天一检查，一周一评比，限时完成并检查验收。经过两个多月的环境治理，指挥部既解决了历史遗留问题，又解决了现实存在的问题，圆满完成省、地、市政府提出的任务。

1994 年 3 月 13 日，按照国家文物局要求，市文化局将《武当山古建筑群简介》及主要景点金殿、南岩、紫霄宫、太子坡的简介寄给国家文物局的郭旃。4 月 13 日，丹江口市政府同襄樊铁路分局签订协议，将玉虚宫山门外 4 栋 26 户职工住房全部迁出，玉虚宫内的武当山蜂园场 53 户居民，苗圃、果园用地，10 间古建筑以及占地 8 万平方米的古代遗址，限定在 4 月 15 日前全部退还文物部门。东汽精铸厂在玉虚宫遗址上建的办公楼、车库、球场等 2250 平方米永久性建筑予以迁出，并解决向玉带河排放污水问题。据统计，自玄岳门至金顶的"一线十六点"范围内凡是视野所及 300 米以内的自然村、个体民舍、单位用房等有碍景观的建筑均按专家意见整改，共拆除违章建筑 548 处，拆除因历史原因形成的影响武当山景观的房屋 1755 间（39 801 平方米），拆除厕所 310 个、猪圈 302 个、违章搭建 985 间（18 000 平方米），粉饰民房 39 437 平方米，修复古神道 600 米，植树 14 000 株。武当山局（镇）还加强了纠察队、环卫队、导游队、护林队、滑竿队的建设管理。整顿后的武当山风景区面貌一新，各古建筑单元凸显出武当山的文化底蕴，四周环境清新自然，彰显出了其原有的价值。

　　1994 年 5 月下旬，联合国教科文组织派世界遗产委员会、国际古迹遗址理事会高级专家组成员考斯拉和苏明塔加来武当山考察。两位专家对武当山古建筑群的规模、气势、工艺表示了由衷的赞叹。考斯拉说："我们对武当山印象非常深刻。来武当山之前只是在文字上有所了解，实地考察中我们看到很多具有突出的普遍价值的建筑和文物……""这是一种活跃在中国的伟大传统文化精神。"苏明塔加说："这不仅是一种经历，也是一种精神历程。武当山建筑是自然景观和人文景观相结合的典范，体现了道教天人合一的思想。我相信联合国是会将武当山列入世界文化遗产名录的。"1994 年 12 月，联合国教科文组织世界遗产委员会第 18 届会议在泰国普吉岛举行。国际古迹遗址理事会的专家介绍武当山：武当山古建筑群将典型的道教建筑和奇异的自然风光完美地结合在一起，其主要建筑太和宫、紫霄宫、南岩宫、复真观、"治世玄岳"牌坊以及古建筑内保存的大量道教文物，都是珍贵的文化遗产。最后，武当山与承德避暑山庄、曲阜孔庙孔府孔林、拉萨布达拉宫一道被列入《世界遗产名录》。①

---

① 朱道琼. 见证武当山"申遗"[J]. 湖北文史，2016（1）.

三、武当古建筑的开发与保护

随着武当山玄武神（宋改称真武）信仰的传播和发展，武当山上形成了庞大而宏丽的古建筑群，遍布方圆八百余里。据初步统计，古建筑群有 572 处，其中现存保存较好的有 129 处，殿宇 1182 间，建筑面积 43 332 平方米，遗址 187 处，丹江口水库淹没 256 处。现存的遗址在各方面都保存了各时代的原状，真实性很高，是看得见、摸得着的存世实物。由于年代久远需要保护，自 1952 年以来，政府累计投入资金 1 亿多元用于古建筑保护。特别是 2003 年 6 月 17 日湖北省委、省政府在武当山召开现场办公会，时任中共中央政治局委员、湖北省委书记的俞正声强调对武当山古建筑实施"保护为主、合理利用、科学规划、严格管理"十六字方针，直接加强了武当山古建筑群的保护力度。武当山特区两委积极按照省委、省政府的十六字方针，加大对保护的投入，从 2004 年至今已投入 1 亿多元直接保护武当山古建筑，保护力度较先前有极大提升，使武当山这一世界文化遗产得到了空前的保护和发展，也促使武当山风景区的面貌发生了根本的变化，财政收入由原来年收入不足五百万元猛增至近五亿元。可以说"十六字方针"有效地促进了武当山经济的快速增长。

现今，武当山的保护措施有以下几点：

（1）加强宣传，提高认识，争取广大民众的支持，充分发挥大众传媒的作用，加大对武当宫观的保护宣传，提高民众对于历史文化遗产的保护意识。同时可适当地发挥遗产的品牌效应，带动相关产业的发展，既可以促进经济的增长，又可以提升居民的生活质量，保持遗产地的可持续发展。

（2）积极听取专家学者的意见，聘请相关专业人员，对武当宫观破损之处进行修补，根据武当宫观自身的特征，制定相应的策略对其进行保护。同时，相应的监管部门要定期检查、严格监管，以减少旅游对遗产造成的损害。

（3）大力加强对武当宫观周边环境卫生的整治，做到既不破坏文化遗产又能美化环境，使得武当宫观相对于其他文化遗产更有竞争力。

（4）做到在开发中保护，在保护中开发，将历史文化遗产的保护与开发有机地结合起来，使得武当宫观可持续发展下去。[①]

---

① 孙珍. 武当山古建筑群文化遗产保护与开发研究[D]. 贵阳：贵州民族大学，2014.

第四章
武当武术文化研究

第一节　武当武术的界定

中华武林素有"北崇少林、南尊武当"之说。武当武术，作为中国武术的一大名宗，在传统武术的历史发展中占有重要的历史地位。因此，要对武当武术进行文化研究，首先必须弄清什么是武当武术，明确武当武术的内涵和外延，确定武当武术的定义。作为中国传统武术的重要组成部分，武当武术在中国武术的历史发展中扮演过重要角色，与武当武术相关的称谓与术语有很多，比如武当拳、武当内家拳、武当武功、武当道教武术、武当派等。那么，什么是武当武术呢？这里就涉及一个武术的分类问题，而这个问题又关系到界定武当武术概念的外延问题。

一、武当武术的定义

从中国武术的历史来看，历史上曾出现过不同的分类方法，大致有这样四类：第一类，是将其分为长拳、短打，比如戚继光在《纪效新书》中就针对当时流行的一些拳法提到"长拳""短打"；第二类，是内家拳与外家拳的分类方法，这种分法首次出现在黄宗羲的《王征南墓志铭》中；第三类，是南拳、北腿的分类方法，这主要是从南北武术的不同特点来进行区分；第四类，根据流派来分类，比如一般人都知道有武当派、少林派、峨眉派等；第五类，是当代才出现的根据武术运动形式的不同来分类，比如功法、套路与格斗，单练与对练，徒手与器械等。

正是由于武术本身在历史发展中存在多种分类依据与分类方法，所以历史上不仅存在多种武当武术称谓，而且当代学者也提出了多种武当武术概念。在特定的历史时期，"武当拳""武当功夫"曾是"武当武术"的代名词。"功夫"一词，在民国初期曾被用来指代"武术"。随着现代竞技武术活动在世界范围的广泛开展，国外的人们习惯将中华武术称为"功夫"。所以现代流行称谓中，"武当武术"也有"武当功夫"之说。对武当武术定义的研究是随着人们对武当武术关注程度的逐渐提高而逐步深入的。大致有以下几类武当武术定义。

其一，认为武当武术是一种内家拳种或内家拳系。

江百龙在《武当拳之研究》（1992）中提出："武当武功，亦称内家武功"，"内家拳中则以太极、形意、八卦为代表"。"（武当武功）是少林兵家技法（攻防动作）与道家内丹养生结合的产物……武当武术，以内家拳为主……张三丰始创武当拳……流传至今的太极拳、形意拳、八卦掌（拳）及其他武当各门派拳种、器械、导引气功是武当拳系的代表"，成为与"少林体系"相对应的"武当体系"。"武当拳功的理论渊源……是土生土长的武当武术……"[①]通观全书，虽然对于武当武术作者并未给出准确的定义，关于武当武术的相关概念也有许多不同说法，如"武当拳""武当拳功""武当武功"等，但显然这些概念均指向"武当武术"，其相关的界定也可以看作是对武当武术的解释。

据《中国道教史》《内家拳法》记载，武当武术中包含着据说是张三丰所创立的太极拳，但实际上，武当武术的渊源要追溯到张三丰之前很久。据《中国道教史》记载，张三丰姓张名通，字君宝，又名全一，号三丰，是武当内家拳的创始人，武当太乙五行拳的奠基人。今

---

① 江百龙. 武当拳之研究[M]. 北京：北京体育大学出版社，1992.

天仍流传于北京武当太乙神剑门（以已故的关亨九先生为代表）的家承谱诀有"先有太和，后有武当。成于真武，传于三丰。六合神拳，谓之内家"的记载。而早在唐末五代时期，在武当山隐修的陈抟就传有"六合八法拳"，说明唐末五代武当道门就有武功传承，并且已经有了"内家"的称谓。

谭大江（1993）认为："武当拳，特指在元末与明初，由武当道门著名内丹修炼家，道学研究家张三丰先生为代表、集大成开创的一派带有道家内丹修炼内涵的拳法派别。"①历史上，因其特点明显与少林拳门派有别，故称之为"武当拳"。武当武术这一武术门派的功夫，虽然由于历史的客观且复杂的原因，由武当山的道士（也包括和尚，据考证，历史上武当山也曾有佛教活动和佛教建筑）不断传到全国各地的其他道教宫观（也包括佛门），并且直接或间接地传到民间，不断繁衍发展，但因为它们源自武当山，源自以张三丰为代表的一代祖师，并一直遵循其基本原理，所以它们自然都是武当武术的沿袭。

其二，认为武当武术是一种内家武术流派。

《天下太极出武当——太极拳与武当山关系考察》课题组（2008）认为："武当武术又称武当内家拳法，它产生于武当道门，以老庄哲学为理论基础，具有注重内炼修为、以武演道、以柔克刚等特点。武当武术的主体内容就是太极拳、形意拳、八卦掌，传统称此三大拳种为武当内家拳派三大支柱。它是中华民族传统武术的一大流派，是内家拳派的总代表。"②

胡容娇（2000）认为："武当武术，通称武当内家拳（亦称武当派）……应是指元末明初由武当山内丹家张三丰所开创的一派带有道教修炼内涵的拳术派别及与此相似的其他拳派内容的统称，如太极、

---

① 谭大江．武当武术概论．中国武当山武当拳法研究会编印（内部试用教材），1993．
② 天下太极出武当课题组．天下太极出武当——太极拳与武当山关系考察[J]．武当，2008（11）．

形意、八卦等。"①

其三，认为武当武术是武当道教武术。

肖嵘等（2005）提出："武当道教武术是在道教内丹静态养神养气的基础上，结合一般武术技击特点而形成的一种以肢体活动为引导，推进体内气血流动，达到舒筋活络、祛病养生目的的一种形体与神气相济的外技击、内养生的功夫。"②

2006年武当武术被列为国家级非物质文化遗产，国家名录中虽未给出严格定义，但名录指出："武当武术的发源地在湖北武当山，其创始人是元末明初的武当道人张三丰……武当武术具有鲜明的道家文化特征……武当武术原本以武当山为文化空间。历史上，武当山有无数高隐之士和专业修道者队伍栖息，经过他们的修炼和传播，武当武术技艺日精，声誉日隆，最终遍及中华大地……"③这表明了武当武术的发源地、创始人、主要特征以及传播的范围。

其四，认为武当武术是指武当山地区的所有武术活动。

甘毅臻（1996）认为："武当武术，源于武当山，经数百年，历代武当武术宗师的不断观摩、仿效、意会、实作、完善、应用将武当道家哲学与民间武术融为一体，由最简单的'八门五步'的十三势拳发展到今天众多的门类，形成了有其独特内容和特点的中华武术中的一大流派。"④"武当武术应有一个广义的定义和一个狭义的定义……广义的定义指区域内的所有的武术活动，包含宗教武术（道教武术）、民间武术（武当山武术）、军事武术……狭义的定义指宗教武术，因武当道教而扬名的武术，即武当道教武术，概括起来讲是指流传于武当道教派系及其后代传人中的、以浓厚的武当道教文化色彩为特征的一种

---

① 胡容娇．武当武术现状考察与发展对策[D]．武汉：武汉体育学院，2005．
② 肖嵘，等．武当道教武术养生观[J]．首都体育学院学报，2005（5）．
③ 中国非物质文化遗产网[EB/OL]．http：//www.ihchina.cn/5/10907.html，2018-10-20．
④ 甘毅臻．武当武术创编来源之我见[J]．武当学刊，1996（4）．

养身技击的武术活动。"①

通观以上对"武当武术"的定义研究，我们至少可以得出以下结论：

（1）武当武术发源地在武当山，张三丰是武当武术形成的重要人物。

（2）武当武术属内家拳法，并与内丹养生相结合。

（3）武当武术的起源时间大致是元末明初。

（4）武当武术现在的传播范围不限于武当山区域，但仍以武当山这一发源地为核心。

（5）武当武术的显著特征是蕴涵着道教文化的基因。

据此，笔者认为：武当武术，是指在中国传统武术文化和武当道教文化长期氤氲滋养下，元末明初武当道人张三丰将道教内丹术与少林武术有机结合后开创的集功法、套路、格斗三位一体的一种养生技击并重的拳术，它包括由张三丰创立的以及经过历代尊张三丰为祖师且有明晰传承的拳师改良完善的各种流派的拳种、器械等传统武术。

这个武当武术定义至少包含以下几层含义：

一是，比较明晰地揭示了武当武术的内涵。该定义指出，武当武术由于实现了道教内丹养生术与少林武术有机结合，而具有了功法、套路、格斗三位一体的特点以及养生与技击并重的功能价值。这一思想也比较明显地体现在上述第一类武当武术的定义之中，凸显了创立时期的武当武术与之前的少林武术的差别。

二是，比较全面地涵盖了武当武术的外延。概念的外延，就是反映概念内涵的一些具体事物。从当前的武术分类标准即运动形式看，武当武术不仅包括基本的功法、套路、格斗内容，还包括各种流派的单练与对练的拳种、器械等。从传播范围看，武当武术不仅包括由张三丰创立的武当武术，还包括经过历代尊张三丰为祖师且传承明晰的

---

① 甘毅臻，徐耀进，陈蔚.有关武当武术的争议及其定义[J].湖北体育科技，2010（3）.

拳师改良完善的武当武术，这里还涉及当代武术拳师根据武当武术理论基础所创编一些武术拳种，这些内容也比较明显地体现在上述第二类武当武术的定义中。

三是，突出强调了武当武术生成的条件与环境。即武当武术发源于武当山，受到中国传统武术文化和武当道教文化的影响。武当武术的创立有两个重要的前提条件：一是武当武术创立之前，少林武术的发展成熟；二是道教内丹养生术的发展成熟。前一个条件属于传统武术文化的范畴，而后一个条件则受益于武当山道教的鼎盛发展。很显然，这后一个条件也体现在上述第三类与第四类的武当武术定义之内。

二、武当武术的分类

甘毅臻对武当武术进行了较深入系统的研究，将武当山的武术活动划分为武当民间武术、武当军事武术、武当道教武术，并分别对其进行了简要阐述，现将相关研究成果转述如下。

（一）武当民间武术（武当山武术）

武当民间武术也称为武当山武术。由于古时武当山部落、诸侯国小而多，军、民之间很难确切区分，战时为军，闲时为民，所以民间武术发展与军事战争应是同时发展起来的。

战争的需要，促使某些生产工具和劳动技能转变分化为战争武器和搏击技能，而且还促使了各部落事先对战斗人员进行必要的身体和搏击技能的训练。据史料记载，武当山地区最早的部落战争，是尧、舜、禹在丹水征伐武当山最早的土著居民有苗（三苗）部落的战争。古籍记载："尧与有苗战于丹水之浦。"《韩非子》记载："有苗不服……乃修教三年，执干戚舞，有苗乃服。"禹在武当山征伐有苗的战争中，创编了一套能传授搏击技能的武舞——"干戚舞"，即舞者手持弓、戈、矢、矛等兵器，表演各种击刺动作，进行战斗的演习操练，以熟悉战斗中的击刺和群体组合的原始舞蹈。原始武舞（战舞）的武术功能作用应运而生了。禹部落通过武舞这种形式震慑了对手，最终才将有苗降服。"干戚舞"具有教育传授的功能，有学习、训练等形式，已经成了人们的一种有目的、有意识、有组织、有运动技巧和方法、具有搏击风格的运动形式，构成了武术套路中徒手与器械动作的雏形。因而《中国武术史》《中国武术百科全书》《武术》教材等重要的武术资料都把禹伐三苗之战的"干戚舞"看作是中国早期武术活动的开端。因而，我们也把"干戚舞"的出现看作是武当民间武术（即武当山武术）诞生的标志。

武当民间武术活动随部落、诸侯战争的需要而产生，因在氏族成员中的武术活动的普及而普及，借农民起义战争队伍人员提高搏杀技能的需要而发展。《中国军事通史》中的许多史料都记录了武当山地区的麇、彭、庸、绞、卢、蜀等部族方国参加助周灭商战争，"群蛮叛楚""楚会秦人，巴人伐庸"的战争，武当山秦、楚相争的战争，东汉末年黄巾军在武当山的活动，明朝荆襄流民刘通和明清李自成、张献忠农民起义军在武当山的转战等，从这些史料中我们可以看出武当山地区在各个时代都历经了战火。战争孕育了武当山武术（武当民间武术）活动，民间武术是武当武术的土壤和基础。战争促使武当山武术活动经久不衰。武当山民间人士十分喜好武术，民间一直流传着以军武为主的武术活动。

（二）武当军事武术

武当军事武术是指春秋战国至明代，驻守武当山的军事部队使用的搏击技能。据考证，"武当"一词出现在春秋战国。春秋战国时期在这一带及附近发生的战争以及与战争有关的大事件就有二十多起。楚在占领了武当山之后，为了自身的安全，投入了大量的人力、物力在武当山设防，以勇武之士抵挡巴国、秦国谋楚，由此引出"武当"之名（武当者，武力阻挡也。以事名山，即为武当山）。"武当"因军事战争而得名，从一个侧面反映了攻战搏击的军事武术在武当山的存在以及对整个武当武术活动的影响。

由于武当地区"东达齐豫，南通巴蜀，北抵三秦，舟车可至，实为八方之咽喉"，战略地位十分重要，历来为兵家必争之地。《太平寰宇记》说：武当县有"古寨山，在今县北，战国时楚筑以备秦，今城所据之"，楚国为了与秦相抗衡，不仅在武当山境内修建了长达180余千米的楚长城，而且还派重兵把守防御。

秦始皇、汉高祖刘邦等假借移民、宗室迁徙流放之名，将武当山地区的房陵（房县）、均州（丹江口市）定为流放之地，又以保护移民、宗室安全为名，随派军队驻扎此地。驻军的实际作用在于防止外敌入侵，保证了秦巴山区的安全，进而又保证了巴蜀、关中的安全。

魏晋南北朝和宋、金、元、明之际，战乱频繁，武当山的战略地位更加突出，各政权一旦夺取武当山，就会在此驻扎重兵扼守。宋、明两代皇室的扶持使武当道教迅速兴起并达到鼎盛。明成祖朱棣派出军夫30余万驻扎武当山，修缮武当庙观的同时，还有一个重要任务就是"操守城池，防御贼盗"。

明中后期，武当山区成为"盗贼聚啸之地……一旦有事，若待走报三司，议调，鲜克济事"，为了改变这种被动局面，明政府在武当山设立了郧阳府，并专门成立了郧阳卫指挥使司，调拨兵力，以强化明政府在此的军事统治。

春秋至明代驻扎武当山的军队都肩负有军事作战任务，他们必须进行军事武术的作战训练，提高单人或整体的攻防格斗技术能力。武当军事武术也是构成武当武术的一个重要的方面。

（三）武当道教武术（武当宗教武术）

早在先秦时期，武当山即存在着个人的宗教活动。宋朝立国之后，诸帝对玄武——玄天上帝屡加封号，建庙赐额，民间原有的玄武信仰受此鼓励，愈加兴盛，武当道士顺应这种需求，以武当山为本山，崇奉玄武——玄天上帝、重视内丹修炼、擅长符箓禳禬、强调忠孝伦理，武当道教也于此正式形成了。

武当道教对玄武的崇拜，是一种综合阴阳宇宙、泛神、泛灵、符箓签法等成的复合体。玄武是一种"太极别体"（《词源》注"别体"为"变体"。即玄武是太极的另一种形体），这种分而为龟、蛇，合而为玄武的"一物两体"，阴中有阳、阳中有阴的阴阳哲理，被武当道教武术直接吸取，成为其"拳法阴阳"的理论基础。

技击是中国武术的最大特点。除了以武当道教哲理、武当庙观命名外，以形比喻、纳神取义的象形技击拳法依然是传统武当道教武术的经典。从武当道教崇拜的动物神灵如龟、蛇、乌鸦、黑虎等和武当道教武术中的以龟、蛇、乌鸦、黑虎命名的套路、招形名称可以看出，武当道教武术根据动物神灵的动作特点纳神取意而创编的象形拳（动作招形），无一不是人们从这些动物本体的灵、巧、劲、捷的特点中精思巧想、精选优化而成的，是武当道教精神、观念、思想等在武当道教武术的动作、招式、套路、技击应用等技术文化层次中的集中表现，是武当道教武术所独有的象形意义的技击技法。这些动作变化多端、严防攻巧，其实战效果丝毫不比拳打脚踢逊色。与此同时，武当道教的气功特别是内丹术也被广泛运用于武术养生技能之中。

宋、明两朝的皇帝中，明成祖朱棣尤其对武当道教进行扶持，大兴土木建筑，编撰武当道教道经，崇重祀典，使武当道教达到了鼎盛，道教武术也随之发展壮大。表现武当山道教文化的武当道教武术成为中国武术一个独特的宗教门派。武当道教借助武术来表现其玄妙高深、法力无边的神力，达到传播宗教的目的，维护皇室阶级统治，武当道教武术也借助武当道教的繁荣、社会地位的提升、道教理论的巩固来发展自己，两者相辅相成，互相促进。

第二节　武当武术的源流与成因

武当武术历史悠久，博大精深，是中华武术的一大流派，以太极拳、形意拳、八卦掌为主体，兼有健身、击技、养生功能，因缘起于武当山而闻名遐迩，在中国武林中，素有"北崇少林，南尊武当"的说法。2006 年 5 月，武当武术经国务院批准被列入第一批国家级非物质文化遗产名录。

一、武当武术的起源

武当武术的起源与武当山的地理位置有着十分密切的联系。武当山地处秦巴山区，汉水南岸，北抵三秦，南通巴蜀，东达齐豫，古时为兵家必争之地，战略位置十分重要。远古时期有"尧、舜、禹征伐三苗"之说。春秋战国时，楚国为防止秦国南下谋楚，设军队于武当山地防守，战事频繁。虽然古代军事战争十分注重武器装备、谋略兵法、天时地利人和，但是在冷兵器的战争中，士兵的个人战斗技能尤为重要，士兵们经常需要利用武术和冷兵器进行攻防格斗。在残酷的战争中，要想在战场上生存，士兵就必须要不断加强自己的武术和军事搏杀技能，不断强化自己的武术训练。武当山地区的少数民族自古以来便十分英勇善战。楚国所实施的战时从军、战罢归里的全民兵役制度，也使得民众需要不断练习武术以便随时准备从军。由于生存竞争和春秋战国时期这一地区近 500 年的频繁的军事战争，武当山地区的武术产生、发展、传播、普及，更促使了兵器方面的发展，直接影响到武当武术的起源和发展。

二、武当武术的发展

东汉时期，道教日益兴盛和发展。武当山逐渐成为道家求仙学道的栖隐之地。在汉末至南北朝时期，社会动荡不安，许多弃官出走的士大夫、隐士、侠客隐居于此进行修炼。隋唐时期，唐代历代帝王以道家始祖李耳后人自居，对道家极力推崇，更直接推动了武当山道家的发展，道家在社会上的影响力日益扩大。修炼中的道士经常练习武术，炼养术也从外丹不断发展到了内丹阶段，古代辟谷、吐纳、胎息等内炼养生术被吸纳和继承到了武当武术中，行立坐卧等各种武术已发展得较为齐全。武当的道士在炼丹和参禅的修炼中，结合已有的精气神意识、炼养、攻防技能等，学习新的心法，对其进行重新加工组合，产生了武当山内家拳。

可溯源至唐末五代时期的内家拳术，使武当武术具备了新的技击功力，是武当武术的一次飞跃。同时值得一提的是，在古代许多文献史料中，包括明代黄宗羲所著的《王征南墓志铭》，清代的《宁波府志》《三丰金书》，民国时期曹元撰写的《国术》、凌善清著述的《形意五行拳图说》、金一明编撰的《武当拳术秘诀》中，都有一个统一的结论：武当山道士张三丰曾经在武当山修炼二十余年，他将道家内丹术、导引术等修炼法门与技击之术相结合，创立了武当山内家拳法。

武当山道士张三丰是武当武术承上启下的关键人物。张三丰所创立的武当武术取自道家借力打人、后发制人、以静制动的思想和原理，将道家的无为、内丹炼养思想融入武当武术中，更是把道家的性命炼养融入拳法中，从而形成了贵柔尚意的武当武术独特风格，可以说是武术和道家内丹术的一个巧妙融合。在武当武术数百年的传播和发展中，许多武术宗师不断对其进行充实、发展和创新，衍生出武当武术的许多拳种和门派，太极拳更是派生出散派太极拳、北派太极拳、山派太极拳、南派太极拳四大派系。除此以外，还有龙门、两仪、形意、八卦、八宝、太乙等众多门派。武当武术影响日益剧增，更是以自己连绵不绝、行云流水般的独特风格在中国武术中独树一帜。

三、武当武术的繁荣

张三丰在武当山授徒多人，云游四方时亦广收门徒，故其丹法拳技逐渐传入民间，繁衍出多种拳种和门派。民国时期吴图南先生著书《国术概论》，将明清武当武术传承及流派划分为"南传""北传"两脉，可见武当武术此时已蔚为大观，拥有着众多门派，涵盖内家拳、丹派剑术、太极拳、太极剑、太极枪等，其中著名著作有王宗岳的《太极拳论》、黄百家的《内家拳法》等。各门派在壮大发展时一致尊认张三丰为祖师爷。此时的武当武术已不仅仅流传于武当山地区，据黄宗羲《王征南墓志铭》记载，武当内家拳南传至温州、宁波、昆山、上海、南通、临安等地，北传至河南、河北等地，焕发出蓬勃生机。根据我国武术界近 30 年的挖掘整理，武当武术大致包含 29 个门派的 208 种拳术、功法和套路。

近年来，武当山创办了武当山国际武术学院，许多国外留学生纷至沓来，习武之风日盛。十堰市加大了对武当武术的宣传交流，成功举办了两届世界传统武术节。湖北省也将武当武术打造成对外宣传的名片，武当武术的影响力日益增强。

四、武当武术的成因

（一）独特的历史地理优势

武当山地理位置重要，自然环境优美，物产丰富，为道教发展壮大奠定了良好的物质基础，也为道教武术萌发提供了肥沃土壤。就宏观的地理空间而言，武当山西北部是重峦叠嶂的秦岭山脉支脉，西南部是高大巍峨的大巴山脉东端主峰神农架，汉水从秦岭和大巴山之间的谷地自西向东奔涌而出，武当山正好耸立于其出口处，顺汉江而下可至襄阳荆州一带，逆江而上可至河南淅川、陕西西安，此外，武当山正好居于气候上的南北分界线上，古时就为兵家必争之地。春秋战国时期，武当山地区为秦楚交界处，其军事战略地位非常显著。三国时期，武当山为魏、蜀、吴的交界地，战事频繁。这些条件奠定了武当山地区浓厚的习武之风的基础。

武当山远离当时的政治文化中心，四季气候宜人，符合道教名士"神仙洞府"的处世意境。武当山奇石峻峰林立，有七十二峰、三十六岩、二十四涧、十一洞、三潭、九泉、十池、九井、十石、九台等胜景。同时，朝代更迭，战祸不断，许多名士高人隐世避祸，逃往武当山隐身修炼。

武当山还是中华药材宝库，《本草纲目》中记载的药材有 1 800 余种，武当山就有 400 余种，这些都为道教修炼者提供了物质保障基础，也为内丹养生术提供了珍贵的药材资源。

（二）君权神授的封建君主思想

《尚书·召诰》说"有夏服（受）天命"，这是最早关于君权神授的记载。君权神授在古代社会影响深远，是古代朝代更替时君主继位的有力说辞凭证。汉武帝时期，董仲舒提出了"天人感应"的重要理论，认为"天能干预人事，人也能感应上天"，将神权、君权结合起来，认为君主施仁政，便能得到上天的照应，反之"天"会使人君失去天下，这种思想理论对君主权力有所制约，对君主施政起到一定激励作用。后世帝王出生时史书多记载有异象：或有紫气香气，或有神光，或有龙现身等，不胜枚举。

谈及武当山的兴旺发达，必绕不过明成祖大兴武当。自明成祖大力提高武当的地位之后，武当武术才日益显赫，其名气与地位明显遂高于其他同样历史悠远的道教武术如崆峒武术、青城武术等。武当山最高峰为天柱峰，海拔 1 612 米，从空中俯拍有"天造玄武"奇象，宋时便有铜亭供奉玄武，而武当在明代时声名显赫，存在一定的政治条件催化的偶然性。燕王朱棣自北平举兵南下南京，通过"靖难之役"

从侄子建文帝手中夺取皇权，所以其尊崇玄武大帝，实受君权神授思想影响，也是为了证明帝位来源的合法性。

（三）少林武术与道家思想的融合发展

少林武术的开山鼻祖为菩提达摩，传说达摩在少林传授佛法，徒弟们精神萎靡，昏昏入睡，不能入定，达摩训示："……终不能先令灵魂与躯壳相离，是欲见性，必先强身。盖躯壳强而后灵魂易悟也……"于是创编了达摩十八手，类似于今日之健身操。少林武术早在张三丰之前就成为名门名宗，因参与古代军事战争而名声大噪，人们耳熟能详的有"十三棍僧救唐王"等故事。历史记载张三丰"既精于少林，复从翻之，是名内家"，概括阐述了武当内家拳的来源。为何要"翻之"？这就涉及少林武术思想。少林武术强调"拳打一条线""一力降十会"，讲究刚、猛，突出"硬"，少林武术风格特点显然与道家历来讲究的"虚实""阴阳"变化，追求"以柔克刚""以弱胜强"之宗旨不同。武当内家拳在《王征南先生传》中记载有："拳亦由博而归约，由七十二跌，三十五拿，以至十八……"而"七十二跌""三十五拿"皆为少林武术内容，由此清晰可见武当拳由少林拳演化出来的痕迹。武当武术是吸收少林武术、结合道家思想滋润发展而成，在武当武术形成的初级阶段，张三丰功不可没。

第三节　武当武术文化的价值分析

武当武术作为一种文化现象，它深深根植于数千年华夏文化的沃土中，蕴含着深刻的中国传统哲理奥妙。它把中国古代太极、阴阳、五行、八卦等哲学理论，特别是道教内丹功法理论融入拳理、拳技、练功原则和技击战略中，其本质是探讨人类生命活动的规律。

武当武术文化就是在武当山这一特定的历史和地理环境之中创造和产生的。显然，武当武术文化并不是孤立不动的，也不局限于武当山地区，而是"以武当山为中心"向世界传播，它随着武当武术的传播而显现出自身的文化特征和价值，并不断得到丰富和完善。

一、武当武术文化的定义

学术界关于武当武术文化定义的论述较为鲜见。

杨立志（2008）以武当道教文化为核心、比较全面地梳理了武当地域文化的文化地理环境、发展历程与内容形态，更将武当武术文化作为武当地域文化的内容之一，并提出"武当内家拳深受道教思想影响，其理论基础包括道教哲学、内丹理论、心性修养、武德修养等"的观点；同时，他还阐述了武当道士张三丰与太极拳的关系、内家拳的功法门派、气功流派等内容。虽然杨立志尚未对武当武术文化给出一个明确的定义，但其相关研究最大的贡献是指出了武当武术文化的渊源。

目前也有学者从区域文化视角对"武当武术文化"进行了界定。孙健等（2010）从区域文化视角将武当武术文化界定为："武当武术文化是以道教精神为主的中国传统哲学思想为基础，在以武当山为中心的地域内，以武当武术为外在表现形式，包括与武当武术技艺密切相关的器物、传承形式和民俗以及由它们所蕴含的民族精神共同组成的一种文化现象。"①

孙健指出，武当武术文化从文化形态结构上也包括"器物技术层""制度习俗层""心理价值层"三个层面。所谓"器物技术层"，泛指武当武术表层的武当武术技术（武当拳种、拳架内容）、武当武术练功器械、场地、服装、相关武当武术书籍等，表现一种人物关系，处于外显层；所谓"制度习俗层"泛指武当武术组织方式、武当武术传承方

---

① 孙健，等．武当武术、武当武术文化的定义研究[J]．运动，2010（11）．

式、武当武术教授方式、武当武术礼仪规范、武当武术武德内容、武当武术比赛方式等，是一种人与人之间的关系，处于中间层；所谓"心理价值层"泛指武当武术深层内涵中蕴藏的价值观念、思维方式、审美趣味、道德情操等，处于核心层。这三个层面，彼此相关，形成一个系统，构成了武当武术文化的整体系统（见图4-1）。

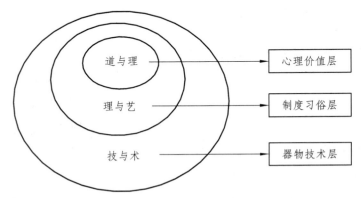

图 4-1　武当武术文化的层次结构

孙健阐述了武当武术文化与武当文化的关系，指出武当武术文化属于武当文化的重要组成部分，它与武当的其他文化，如武当道教文化、武当建筑文化、武当文学、武当音乐文化、武当民俗文化等都是从不同的角度去研究以武当山为中心的地域文化现象。武当文化与武当武术文化的关系，实际上是母体文化与分支文化的关系，武当武术文化中所反映的哲学思想、宗教思想等都是武当武术文化对其母体文化武当文化的吸收、依附、生长。武当武术文化的精髓深深打上了武当文化的烙印。

从武当地域文化角度研究"武当武术文化"的概念问题，有其积极意义。首先，这种定义能够比较系统地阐明武当武术文化的生成环境和条件；其次，从武当地域文化的视角出发，有利于将我们的视线集中在对武当武术文化特征的探索上。

龙行年（2011）指出，武当文化本质上就是中华民族的民族精神在武当道教文化、武当地域文化中的体现，武当文化本身就是武当山地区的人们在民族精神的指引下进行的一种文化再创造。[①]

龙行年对"武当武术文化"的定义包含以下几个方面的内容：

一是阐明了武当武术文化生成的文化环境和文化条件。其文化环境主要是"以武当山为中心的"武当地域文化，文化条件便是"中国传统武术文化与武当地域文化相互激荡过程中"所形成的武当道教内丹养生文化，这些内容是武当武术文化形成的基础和条件。

二是指明了武当武术文化的内涵，即武当武术文化的基本精神。文化内涵，是相对于外延而言的，主要是指蕴藏于外在文化产品之中并主导其创造活动的文化精神。武当武术的创立，得益于道教内丹术与少林武术的有机结合。因此，武当武术文化精神深受武当山地区的道教内丹养生文化与传统武术文化的陶铸，其拳法自然、由拳悟道、由内而外、由术入道，崇祖尊师、循宗问道等内在文化精神分别从技击技术、武术训练、传承方式三个层面实现了道教内丹术与少林武术的有机结合，体现了传统武术文化历史发展中"统一性"与"多样性"的辩证关系。

三是比较全面地涵盖了武当武术文化所涉及的一些外延范围，即不仅包括与武当武术密切相关的武当武术传承流派、武当武术拳术与器械、武当武术技击功法理论等外在文化产品，还包括这些基本内容所折射的中国传统文化内容、武当地域文化内容以及由这些基本内容所延伸出来而体现在其他地域武术或武术门派中并与它们共享的文化内容。这也就是说，对武当武术文化外延的研究，不能仅仅局限于武当武术本身，对武当武术形成发展产生重要影响的其他文化形态、其他地域武术文化，我们都必须予以重视和关注。

四是通过"相互激荡""密切相关""体现""共享"等术语，揭示和折射出了武当武术文化生成发展过程中必然关系到的一些"关系"范畴，即传统文化与武当地域文化的关系，传统武术文化与武当地域

---

① 龙行年．武当武术文化研究[D]．武汉：华中师范大学，2011．

文化的关系，武当武术文化的内在文化精神与外在文化形态的关系，武当武术文化与其他地域、门派的武术文化的关系等内容。

综合以上学者的研究成果，我们认为——武当武术文化是指在以武当道教精神为主的中国传统哲学影响下，以武当山为中心的地域内，由以张三丰为代表的历代武当拳师在长期探索武当武术技击之道的社会历史实践过程中所创造的各种物质财富和精神财富的总和。

该定义从广义"文化"角度立论，包含以下几个方面的含义：

（1）武当武术文化不仅包含武当拳种、养生功法、武术武德、崇祖尊师，循宗问道等内在文化精神，而且包括武当武术练功器械、场地、服装、相关武当武术书籍等外在的表现形式。

（2）强调武当山的中心地位，是因为武当道人张三丰是武当武术的关键创立者和集大成者，但武当武术的传承不仅仅局限在武当山本山，还包括尊张三丰为祖师的、流传于其他地区的武当武术。

（3）在武当武术形成和发展过程中，"武当道教精神"深深地影响了武当武术文化的物质和精神成果，构成了武当武术不同于其他武术流派的显著而独特的属性。

二、武当武术文化的价值

武当武术根植于中国道教文化之中，具有浓郁的传统武术文化特征和武当道教精神特色。武当武术在道家文化的总体氛围中孕育、产生、衍化、发展，充分吸收了道家的哲学思想，融汇了道家哲学、中医学、气功等多种传统文化思想和文化观念，内涵丰富，寓意深远，这使得武当武术在习练过程中处处闪烁着道教哲学思想的光辉，拥有着"道法自然""尚弱处雌""发于阴阳"等道教哲学的精神境界。武当武术文化融合了道家文化、中国传统武术文化以及武当地域文化，三者结合使其文化思想呈现多元化趋势，因此其文化内涵有待更进一步的挖掘和整理。

我国学术界普遍认为，文化应由"物质的—制度的—心理的（精神的）"三个不同层次的内容构成，其中，"文化的物质层面，是最表层的；而审美情趣、价值观念、道德规范、宗教信仰、思维方式等，属于最深层；介乎二者之间的，是种种制度和理论体系"①。这种观点在我国学术界影响最大，也最为流行。

本书以文化结构圈层为分析框架，探讨武当武术文化的价值。武当武术文化的价值，可以从文化内部结构进行全面认识，从器物技术层、制度习俗层、心理价值层三个层面进行综合考虑。结合武当武术文化形成发展历程中不同文化的差异性及整体性、不同武术文化的融合性、时代性、稳定性、危机性，把握武当武术文化的价值。

（一）武当武术的表层价值——器物技术层价值

武艺在宋元以前一直是中国传统武术发展的主流，武当武术也曾在冷兵器时代表现出很大的技击价值。古代的军事武艺讲究力量、速度，张三丰开始在少林武术的技术基础上探究"以柔弱胜刚强"之道，将少林武术与道家内丹养生术有机结合，开创了传统武术技击"以静制动""以柔克刚"的新理念，自此，武当武术成为内家拳的代表。与主张进攻的少林武术等外家拳相比，武当武术具有"后发先至"的效果。武当武术文化之所以具有"以静制动""以柔克刚""后发先至"的技击效果，这与它特殊的武术训练方法及其自身所追求的武术技击之道有关，涉及武当武术文化的养生健身价值和艺术价值。

随着武当武术的不断发展，武当武术的技击价值逐渐减弱，但作为武当武术表层的武当拳、武当武术套路、武当武术服装、器械、影视等却表现出了观赏娱乐的价值，正适应当今社会发展的需要，能满足人们对精神文化生活的需求，这些为武当武术的发展提供了新的发展动力。从武当武术的技术动作中我们可以鲜明地看到"不尚拙力，

---

① 张岱年，方克立.中国文化概论[M].北京：北京师范大学出版社，2004.

顺其自然，注重行圆取像，炼气凝神，尚柔文静，不燥不僵，静若山岳，动若江河，行如蛇，动如羽，沉肩坠肘，虚胸实腹，松而不垮，停而不滞，中心安适"①等特点。一招一式都体现着武当武术真实的技艺美。武当武术太极拳中体现出的"虚领顶劲，气沉丹田，不偏不倚，忽隐忽现。仰之则弥高，俯之则弥深。左重则左虚，右重则右轻。进之则愈长，退之则愈促。一羽不能加，蝇虫不能落"②的思想，不仅具有明显的健身价值，而且也体现出了道家哲学的精神意境美，体现着一种对立统一之美。武当武术通过技术动作，向人们展示了中国传统武术中以柔弱胜刚强的技击之妙，同时体现着天人合一、道法自然的精神意境。这些内涵综合表现出来，便是武当武术文化的艺术观赏价值。

（二）武当武术的中间层价值——制度习俗层价值

武当武术的训练过程充分吸收了道教内丹养生"性命双修"的修炼方法，因此武当武术在训练中讲究内外兼修、用意不用力、顺人之势、借人之力。武当武术融合了身体锻炼和心理训练，蕴含着丰富的道家哲学思想和道教内丹养生健身思想以及特殊的运动形式，这些都为武当武术文化的产业价值开发奠定了基础。

武当山古建筑群和武当武术同属于世界文化遗产的重要内容。武当是太极拳的发源地，拳种繁多，有着深厚的文化底蕴，蕴含着很高的产业价值。武当武术汲取了中国传统道家、儒家、佛家、兵家的优秀文化传统，以武演道，讲求天人合一，以柔克刚。武当武术文化是技击价值、艺术观赏价值、健身养生价值和产业价值的完美结晶。

武当武术蕴含着很高的产业价值，主要表现为以下几点。第一，效益的间接性。武当武术运动可以强身健体，延年益寿，陶冶情操，

---

① 龙行年."史"学视野下的武当武术文化特点解读[J].湖北社会科学，2012（6）.

② 杨群力.武当拳功养生技击原理与特点[J].武当，2003（1）.

促进人的全面发展，丰富文化生活。但是，只有当武当武术运动能促进生产能力的提高时，才能有利于创造更多的物质财富，才表现出投资的效益。第二，收益的特殊性。武当武术投资主要用于满足人们健身和文化生活的需要，其投资的成果产生的体育服务被人们消费后的效果表现为劳动力素质的提高，这个成果的受益者是参加者个人，而不是投资者。第三，潜力的巨大性。武当武术具有广泛的民众基础，为其产业化提供了广大的消费群体。第四，创造的持久性。武当武术能够使参加者在长期的习练后，身体素质得到提高，故能对其生产产生积极作用，使之创造更多的物质财富。第五，突出的思想性。随着人们对生活质量要求的提高，武当武术所表现出来的外在美与内在美能满足人们的感官以及精神的需求，提高人们对现实生活的热爱程度。

但受各种条件的限制，武当武术体系仍然处在自然发展状态，武当武术产业的开发也是"零打碎敲"。从武术产业方面来看，"北崇少林，南尊武当"之说早已过时，无论从世界的影响力、知名度还是从经济效益来看，武当与少林似乎已是不可同日而语。武当武术自身价值和发展状况相差甚远，武当武术的产业价值有待开发。

（三）武当武术的核心层价值——心理层价值

"心理价值层"所体现出来的武当武术深层价值观念、审美趣味、思维方式、道德情操等是武当武术文化的核心。武当武术文化在漫长的发展过程中，深受荆楚文化、道教文化以及道家哲学思想影响，形成了丰富的文化内涵。其中，养生健身价值即是道教文化传承的结果。武当武术的养生健身价值，区别于西方经济体育，独具特色，是武当武术发展的根基。武当武术自张三丰创立之日起，就强调"欲令天下豪杰延年益寿，不图技击之末技"，融技击与养生健身于一体，强调以养生为主，这使武当武术具有修身养性、强身健体、祛病延年的养生价值。改革开放以来，随着物质生活水平的提高，人们对精神文化的需求也越来越强烈，武当武术这一既有套路表演又有养生健身价值的文化越来越受到世界人民的喜爱。

在当今体育界一些过分追求技艺、轻视体育精神的观念的影响下，体育界发生了一些体育伦理缺失、道德沦丧的行为，武术界也存在严重的道德失范现象。重技轻德的观念也许能够使运动成绩得到一时的提升，但却忽略了体育对人格、人文关怀、精神素养的培养。武当武术注重武德修养，凸显了武术内外兼修的运动特点，更关注人的生命。中华武德源远流长，是武当武术教育理论的核心内容，在行为层面上可以调节社会关系和人们的行为，在精神层面上是一种彰显武术核心凝聚力的道德品质。纵向看，自秦汉至今，武德在各个时期都表现出不同的特色；横向看，武德包含军事、民间和教育（学校）三个方面，它包含了对国家的热爱、对事业的忠诚、对先辈的孝敬、对朋友的信义、对百姓的关怀和对自强不息精神的追求，这些都是武术文化精神层面的核心。

武当武术以其博大的精神内涵和完备的价值体系为全人类造福。而其中包含的武德对树立中华民族奋发图强的健康形象，激扬民族努力奋斗的豪情，促进我国社会主义建设的发展，起着积极的作用。

第四节　武当武术文化的保护传承与开发利用

中国传统文化博大精深、源远流长，而武术文化是传统文化中的一部分，也是中国传统文化走向世界的标志之一。2006年，武当武术入选国家第一批非物质文化遗产目录。非物质文化遗产是民族传统文化的延续，而对其的保护则是发展民族精神不可或缺的途径。武当武术是武术中的一个独特的分支，它依据独特的地理环境以及人文环境，将传统武术加以改造和运用，以特殊的方式呈现。从文化学的角度来看，武当武术文化融合了武术文化特色和社会文化影响等方面的因素，最终形成道家文化思想影响下的武当特色武术文化。可以说，武当武术文化是以道家哲学思想、武当道教精神为基础，融入儒家、佛家、中医学、导引、养生等思想，并在中国传统文化和荆楚地域文化的孕育下，经历各个历史时期的演变而沉淀下来的物质和文化的综合体。

近几年来，国家不断加强对非物质文化遗产的保护。本章节尝试探讨作为非物质文化遗产重点项目的武当武术文化的保护与开发问题。

一、武当武术文化的保护与传承

（一）武当武术文化保护现状

1. 武当武术非物质文化遗产的保护

国家对武当武术进行了一定的保护，具体表现为以下两点。一是国家对非物质文化遗产的保护，把武当武术列为国家级非物质文化遗产，认定赵剑英为首批武当武术国家级传承人，推进省市级武当武术传承人的认定工作。同时还开展全国非物质文化遗产监管和普查工作。二是国家武术管理中心对武当武术文化研究非常重视，多次立项国家级重大课题，正本清源、谋求发展。武术管理中心领导多次来武当视察，也体现出对武当武术发展的重视。

2. 非物质文化遗产传承人的保护

传承人是传统武术的重要载体，传承人通过长年的拜师、练习以及自己刻苦的训练和总结积累，博采众长，不论是在身体上还是思想上，都是传统武术精湛技艺、文化传统的巨大宝库。也正是传承人的言传身教，使得传统武术能够代代相传，继承并发展下去。对于传承人的保护是对非物质文化遗产保护非常重要的一个方面，传承人的申报和认定也渐渐成为"非遗"保护的重点工作。

3. 武当武术技艺的保护

在抢救武当武术文化遗产方面，人们主要开展了以下工作：一是进一步抢救挖掘整理武当武术，通过视频、音频以及图文等方式来保存记录，力争从理论、拳械功法等方面恢复再建武当武术体系。同时，推进对古建筑的修复等，从这些方面来强调对武当武术"文化资源"的保护。二是在政府的主导下，加大投入、强化政府扶持力度，引领社会力量来发展武当武术文化产业。三是规范竞赛、教学，向内提升武当武术品牌质量。地方政府组织参加了历届"世界传统武术节"，通过竞赛机制来带动武当武术技术的传播和水平的提升。四是加大宣传力度，向外树立武当武术文化形象。五是培养武当武术文化的传播人，让武当武术积极走进校园，在传承中保护，在保护中传承。

综上所述，现阶段对武当武术的保护，是以进一步挖掘保护武当武术的文化资源和保护传承人为切入点进行的。一是在学术层面上，对武当武术进行进一步的挖掘和梳理，并注重对武当武术及传承人进行"非遗"申报。二是重视和尊重传承人，发挥传承人在武当武术保护过程中的主人翁地位，出台相应的知识产权保护法规对传承人的技艺进行认可并做出强有力的保护。

（二）武当武术文化传承治理现状

1. 强化地方政府责任，保护非物质文化遗产

地方政府的职能转变，在实现国家级非物质文化遗产的可持续发展、提高政府的管理效率等方面已经初现成效，但依然存在一些不足之处。首先，活态流变性是非物质文化遗产的固有属性，决定了它的难剥离性和依赖性。非物质文化遗产在许多情形下，仅仅是作为所属地区景区发展建设的附属物品，并没有突出"非遗"文化的主体地位，缺乏独立保护。其次，地方政府虽然已采取各种手段来调动社会各方力量去参与保护非物质文化遗产，但是这种职能转变还不够。社会协

调职能、市场监管职能、委托管理职能的放权还不够，政府依然存在着过度干预、与民争利的问题。

2. 发挥地方政府职能，推动武当武术传承

在地方政府的主导下，一是对武当武术进行整理，并在此基础上组织专家编创出几套拳械功法向全国甚至全球推广。二是建立了武当武术"非遗"保护基金会，有效运作并将资本运作的资金用于武当武术"非遗"保护的相关项目。三是政府在税收、土地等方面给予武当武术文化传承相关的事业单位、企业、武术馆校等适当的优惠。四是对民间为武当武术传承发展做出突出成绩的个人给予一定的奖励，对民间拳师给予一定的生活补助，帮助投身武当武术传承的年轻人，为其解决相应的生活困难。除了个人之外，给予对武当武术做出突出贡献的社会团体相应的认可和奖励。五是组织参加全国性的武术竞赛和武术表演活动。

3. 武当武术发展与旅游业发展相结合

武当武术发展与经济发展，尤其是旅游业相结合是武当武术可持续发展的关键，要努力实现武当武术对接旅游产业的发展。当前，武当武术及与武当武术文化紧密相关的经济产业基础薄弱，武当武术文化产业市场不够繁荣。武当武术的呈现方式比较单一，经济效益不高。现阶段，需要进一步挖掘武当武术文化中所蕴含的商机，做到武当武术的传承和旅游产业的发展相互促进、相互扶持，尤其是要注意开发好武当武术的表演市场，提高武术经济效益。

综上所述，针对武当武术未来的传承和发展方向，当前主要开展了以下几个方面的工作：一是在政府层面上，加大扶持力度，在加强保护的同时，引导各类市场主体协调发展，促进武当武术非物质文化遗产可持续发展。二是制定了相关的政策，推动武当武术文化的产业化发展，增强自身"造血"功能。三是培育武当武术的竞赛市场，使武当武术朝着规范化和标准化发展，积极推进武当武术进入全国性的

武术竞赛。四是精心设计武当武术旅游项目，提高旅游经济效益。

（三）武当武术文化保护与传承的对策

1. 构建以"传承人为核心"的武当武术文化遗产的保护与传承机制

2006 年武当武术被列入首批国家级非物质文化遗产名录，国家还提出了高标准的保护要求。2007 年在郑州召开的"武术遗产保护与发展学术座谈会"上，与会学者和武术行政管理人员一致认为，武术技艺以传人为载体，以口传身授为传承形式，传人在艺在，传人逝艺失。武术技艺在传人与传人之间的传承是动态的，这些传承人就是"活着的遗产"。因此，保护武当武术文化遗产，首要的任务是重视武当武术传承人，传承者个人是武术文化遗产保护工程中最直接的保护层次。武当山旅游经济特区出台了《武当武术奖励基金》《享受特区政府津贴及突出贡献奖励办法》等政策文件，落实了享受武当旅游经济特区津贴的武当武术传承人的相关待遇，基本形成了以传承人为核心的武当武术文化遗产的保护与传承机制。

首先，要强化武当山旅游经济特区保护武术文化遗产的主体责任，创新保护机制，建立动态呈现、静态陈列和文字立档三大系列保护板块。由于传承人的不断更新，为了更好地保存原汁原味的武当功夫，需要动态性、直观性、真实性地收藏历史遗存的拳种技艺，记录这些拳种传承至今的发展状况，展示出各拳种流传人中较有代表性的技法、技能和风格特点。这也是联系武当武术"过去""现在"和"未来"的最为有效的手段。

其次，武当山旅游经济特区要进一步深化武当武术文化遗产的保护与传承机制，形成配套保护性政策。如长期学习达到一定期限的武当武术优秀习练者会有适当的学费津贴，组织专门的武当武术考核比赛，颁发等级证书等。文化、体育、教育、旅游等相关部门要加强对传承人的宣传，逐步形成直接关系传承人和向传承人学习的学员的切身利益的措施和办法，形成良性的保护和传承机制，为武当武术的真正发展壮大提供有力的保障性平台。

最后，需要进一步明确传承人的责任。传承人的特长是"技艺"，他们的责任应该就是传承技艺，要站在承前启后、传承民族文化的高度去认识传承人的责任。传承者个人应该以主人翁的态度对待自己的文化创造，树立文化主体意识，积极参与武术文化的保护与传承工作，并有意培养新一代传承人，尽可能使文化遗产活态生存。同时，积极配合专业研究人员，全面搜集、整理、记录武当武术以及与之有关的文化活动，达到原样保存的目的。凡是为武当武术遗产的保护、传承和弘扬做出努力、做出贡献的人和机构，都应该受到人们的尊重，得到社会的认可。

2. 进一步抢救挖掘整理武当武术文化遗产

武当武术要发展，目前最重要的任务之一仍然是挖掘整理其文化遗产，用图文及摄像、摄影等形式来抢救它们，力求从理论、功法等方面恢复再建武当武术体系。一是组织专家和武当武术传承人整理出武术功法，向全省乃至全国推广，使武当武术深入千家万户。二是进一步开展武当武术进学校、进机关、进社区活动，在中小学、大中专院校开设武当武术必修课或选修课。三是大力支持武术馆校的发展，抓好人才的选拔、培养和输送，提高武当武术运动的水平。四是深入实施武当武术的各类赛事活动，形成品牌赛事。

3. 强化政府扶持力度，促进武当武术产业发展

武术产业开发表现出社会效益综合化、经济效益间接化的显著特点。产业投资期长，见效慢，做成规模难度大，涉及行业部门多。因此，应该坚持政府主导，各部门通力合作，带动社会力量发展武当武术文化产业。发展武术，既要有阵地意识，更要有经济意识。武术产业的兴起，大大促进了武术事业的发展。当然，体育产业是从计划经

济到市场经济最晚转型的产业之一，所以武术产业基础薄弱，需要合理配置社会资源，完善市场体系，把传统的武术同健康、养生、时尚生活有机结合起来，拓展思路，不断进取。

首先，要成立武当武术发展领导机构。组织体育、文化、旅游、宣传等方面的专家制定发展规划，明确发展方向、发展目标和发展进程，细化工作任务，明确各自职责。

其次，出台扶持政策。应积极争取国家体育总局武术管理中心的关心和支持，鼓励热爱武术的人民群众以及有志于武术事业发展和产业开发的企业、媒体、社会团体参与这一事业。制定政策要以扶持发展武当武术文化产业为立足点，从税收、土地使用等方面给予武当武术文化企事业单位一定的优惠。设立传承人政府津贴，留住和培养人才。加强对武当武术人才的激励、培养，引进理论研究人才、教练人才、运动员人才、管理人才，奖励对挖掘整理、研究宣传普及武当武术作出突出贡献的个人、馆校及社会团体。

4. 规范武当武术竞赛和教学，提升武当武术品牌质量

竞赛是体育项目发展的催化剂，是带动体育项目发展的因素，今后需要逐渐形成较完善的适应武当武术发展的竞赛机制，用竞赛来带动武当武术技术的传播和水平的提升。

一是竞赛要以传统套路为本来挖掘武当武术的内涵，尤其是应当重视以武当太乙五行拳为品牌拳种的武当代表性拳种。

二是要结合社会老龄化的趋势推广武当养身功，利用竞赛进行宣传推广。

三是要以国家规定套路带动地方传统套路。通过竞赛展示武当武术的魅力，发现、培养人才，扩大武当武术的宣传覆盖面。

教学水平的提高是武当武术发展的根基。要加大力度扶持武当山武术学院等武术馆校，规范武术培训市场。武术馆校是改革开放后的新兴事物，对普及和发展武术事业起到一定的促进作用，在今后一个

时期，武术馆校仍然是发展武术的主力军。因此，应辩证地看待武术馆校的发展，要注重办学方向、办学条件、师资队伍、教学设施、后勤保障、育人理念等方面的规范，促进武术教学沿着健康的轨道前进，发挥应有的作用。

5. 加大宣传，对外树立武当武术文化的形象

（1）加强形象推广。首先，要精心组织内容，通过政府网站和微博、微信公众号、抖音等新媒体加强推广。其次，在中央、省、市权威媒体上宣传武当武术，在城区、高铁动车沿线、高速公路沿线、武当山机场等地制作广告宣传广告牌，统一策划、统一宣传武当武术，营造良好形象。最后，加强武当武术理论挖掘，以《武当》杂志为平台，邀请专家学者定期举办武当武术相关的学术研讨会和专题讲座。

（2）以活动为"引擎"，精心组织，进一步加大武当武术价值的宣传推广力度。一是要积极与中央电视台、湖北卫视等强势媒体联手，制作武当武术相关的影视作品，展示武当武术的风采。二是精心组织有影响力的赛事活动。组织武当功夫团到海内外开展经常性的巡回表演活动，加强对外交流。三是要积极邀请国内外武术团队来武当山交流表演，切磋武艺。争取每年举办一次武当拳研究会议，每三年举办一次有影响、有规模的区域性、国际性的武术赛事活动，如武当国际擂台赛、武林大会等。

（3）办好功夫团队，扩大对外交流。一是要精心打造十堰市、丹江口市武当武术功夫团，加大对武当武术代表性传承人所在的剑英国术馆的包装与升级，提升其对外形象和接待、表演能力。二是要加大十堰市武当功夫艺术团的建设，把武当功夫艺术团打造成武当山经济特区对外宣传的一个窗口，高质量、高规格、全方位对外展现其精神风貌。要逐步形成武当功夫艺术团品牌效益，定期或不定期进行国内外巡回表演，把武当武术推向世界。三是在十堰市政府的领导下，大力推行武当武术进学校、进社区、进机关的"三进"工作。

6. 发展武当武术道馆，弘扬道家养生

道家养生功法，历经千百年流传发展，形成了集养生、技击、悟道为一体的内家炼养体系。具有修身、健身、防身等功能。它以人为本，追求人体自身和谐，对疏通周身百脉、宣和气血、强筋壮骨、疗病防病、健身康体、延年益寿以及技击水平的提高都有一定效果，是武当武术文化之精品。要进一步科学地研究和整理武当武术养生的相关遗产，有步骤、有计划地推出一批符合科学原理、适合人体生理机能的养生内容和养生功法。

7. 以打造太极祖庭为中心，全面加快武术基础设施建设步伐

武当山作为太极拳的发祥地，在海内外具有重要的影响力。我们要做大做足太极拳文章，打造太极祖庭。一是力争早日建成张三丰纪念馆、中国内家功法陈列馆、太极功法名家档案馆、武当功夫城，尽快完成武当山体育馆、武当武术国际交流中心的建设，使武当山逐步成为国际武术竞赛中心和国际武术博览中心。二是继续坚持举办"武当拳国际交流大会"，要与海内外承认张三丰为祖师的太极传人及组织加强联系，邀请他们来武当山朝山敬祖，确保武当太极祖山的向心力和影响力。

8. 完善武当武术文化的知识产权保护

国家非物质文化遗产法明确规定，国家对非物质文化遗产采取认定、记录、建档等措施予以保存，对具有历史、文学、艺术、科学价值的非物质文化遗产采取传承、传播等措施予以保护。国家对非物质文化遗产的保护更多的是从整体的、宏观的层面进行立法。但每一个非物质文化遗产都特色鲜明，地域性明显，保护和传承的手段、方法以及目前传承和保护所面临的困难各不相同。所以，国家立法并不代表就可以很好地保护到具体的每一种非物质文化遗产，而应当由负责直接管理非物质文化遗产的相关政府单位根据国家的管理政策出台相关的具体措施，如武当武术非物质文化遗产，就最好由十堰市、丹江

口市以及武当山经济特区等相关部门共同出台有针对性的保护和发展武当武术文化的具体条例和办法。这其中，对武当武术文化的知识产权的保护尤为重要。对民间技艺的保护不是几个人和一两个部门可以做到的，必须通过立法发挥各部门的合力。在引导和扶持方面，当地政府必须有所作为。例如，给传承人颁发确认证书，这不仅是一种荣誉，更是一种肯定和号召，同时也是一种责任，使得传承者及其继承人感受到这种责任带来的权利和义务。同时，政府还可以在资金扶持、市场开放、税费优惠和市场的优先进入等方面给予政策扶持。

非物质文化遗产主要靠传承人的口传身授，靠传承人的天赋、感悟延续下去，这个性质决定了我们要保护的就是人。立法时可规定：政府根据需要可设立非物质文化遗产保护专项资金，用于对具有重要价值的非物质文化遗产传承人传承活动的补助或资助等。在立法中还应规定防止民间技艺的过度开发滥用。有些地方政府为了带动当地的旅游市场，也开发过一些民间技艺，但由于太过商业化，这些民间技艺已经失去了其本身的模样。这些做法表面上看似保护，其实是在滥用民间技艺，把原本原生态的民间技艺变得面目全非。因此，这些做法也应被制止。所以，地方政府和管理职能部门要通过颁布相应管理制度加大保护武当武术文化遗产的力度，捍卫民族文化的独立性和丰富性。

9. 积极推动武当武术进校园，树立体育教育特色品牌

武当武术是中国优秀传统文化的重要组成部分，拥有厚重的文化根基和丰富的功能价值。在学校开设武当武术课程，对培育学生民族感情，树立民族自信心和提高人文素养有着不可替代的作用。

首先，要将武当武术教育提升到传统文化教育的高度，将武当武术列入十堰市中小学校的必修课程。要重点做好以下几个方面的工作：一是抓好科学研究，编制适应中小学生特点的武术教材；二是加强师资队伍培训，加大投入培养一批全心全意为武术事业奋斗的教师或教

练员，提高体育教师的武当武术教学能力；三是落实"一拳""一剑"
"一操"教学内容，开展丰富多彩活动，使学生在武术健身、修身中陶
冶情操，在心理、生理上全面发展。

其次，要将武当武术纳入地方高校体育专业建设。这是武当武术
保护和传承的一条重要途径。高校体育专业的学生经过多年的体育训
练，拥有一定的武术基础，在地方高校体育专业中推广武当武术的各
种拳种，既丰富了体育专业学生的技能，又解决了十堰市地方中小学
的师资问题。地方高校体育专业学生传承武当武术，成为传承武当武
术的中坚力量，毕业后走向中小学等各级各类学校，更好地将武当武
术传承纳入学校教育的体系中。

二、武当武术文化的开发与利用

（一）武当武术文化开发与利用的现状

1. 组织机构重叠，管理体系不顺

十堰市和武当山经济特区已经成立了不少有关武当武术的组织机
构，包括政府管理部门、武术表演团体、高校科研机构等。武术管理
机构重叠，管理条块分割，多头管理、各行其道的现象比较严重。武
当山是武当武术的发源地，武当山经济特区却没有设立分管武术工作
的专门部门，武术的管理职能被归入社会发展局。而道教协会、文化
和旅游局、宗教文物局等管理机构都拥有管理武术工作的职能，这些
在客观上导致了管理体制各自为政，较难形成协同效应。例如十堰市
和武当山经济特区均成立有武术协会，武术协会职能工作的正常展开
迫切需要多个政府职能部门互相配合而非各行其道。

此外，武当武术门派众多，封闭保守，发展相对迟缓。武当武术
在产生发展过程中，形成了许多门派，门派之间互不往来，封闭保守，
缺乏开放意识，这也使武当武术的传播受到很大的局限。

2. 理论研究薄弱，专业人才短缺

20 世纪 80 年代，在丹江口市政府的大力支持下，专门从事武当武术挖掘整理工作的《武当》杂志社成立了。90 年代初，武当山申报世界文化遗产为武当武术的新生带来了机遇，然而，之后的十几年，却少有扩展性挖掘整理成果。随着时间的延续，很多武当武术老拳师相继离世，不少武当国粹精华相继失传，很多技术实质性问题长期无法取得突破性成果，抢救武当武术遗产的工作已十分紧迫。

3. 节事活动效益不高，成效有待提高

近二十年来，十堰市有关部门举办了 2 届武当文化武术节，10 届武当国际旅游节，6 届国际武当拳联谊大会，还有近 10 次不同形式的武当武术比赛。这些活动的开展，宣传了十堰市和武当武术，促进了旅游业和武当山地区的经济发展。但是这些节事活动的举办依旧存在不少问题：首先，组织部门目的不明确，节事活动过后工作就画上了句号，未有进一步挖掘；其次，以武术为宣传噱头，过分注重经济效益；最后，节事活动效益不高，表现为参与人数不多、国际化程度不够、活动内容单一、活动质量欠佳等。

4. 武术馆校竞争无序，群众活动质量不高

武术馆校作为传承武当武术的重要场所，为武当武术的发展和传播做出了一定的贡献，但这些武术馆校自身也存在很多问题。在办学方面，一些学校办学动机不纯，教学缺乏武当武术内容；在招生方面，虚假广告盛行，馆校之间相互拉抢生源，甚至出现打架斗殴等违法乱纪现象，严重破坏了武当山的形象；在教学方面，武术课教师大部分采用"师傅带徒弟，徒弟带学生"的教学模式，文化课教师大都向社会招聘，师资水平参差不齐；在内部管理上，武术馆校内部规章制度不健全，大部分采用"家族式"的管理模式。因此，这些武术馆校不仅难以教出武当功夫弟子，而且还会耽误一批青少年和武当武术爱好者。误人子弟自然会陷入生源困境，传播途径会越来越窄，影响会越

来越坏，所以政府有必要对其进行大力整顿规范。

群众武术活动骨干不多，培训较少，推广计划性不强，加之经费投入等问题，也制约了武当武术的推广。武当山地区的一些学校虽开设有武当武术的教学内容，但任课教师的水平普遍不高，教给学生的动作不规范，也影响了武当武术普及活动的持续发展。

5. 宣传手段不多，宣传推广力度不够

目前介绍武当武术的《武当》杂志虽向国内外公开发行，但发行数量有限，影响面窄。国家、省级媒体对武当山的报道不多，尤其是大众传媒刊有武当武术的文章更少，地方办的《武当武术文化报》也因诸多原因，仅出版了 6 期，现在已经停办。武当武术相关的网站虽然不少，但内容都较凌乱，没有形成对武当武术体系的完整介绍，缺少权威性。武当武术影视的公映，并没有带来如同 20 世纪 80 年代《少林寺》般的轰动效应。综上，武当武术文化的宣传手段和力度还有待改善和加强。

6. 武术产业发展缓慢，产业经济尚未形成气候

武当山是武当武术的发祥地，又是道教文化圣地，武术资源、文化资源、旅游资源极为丰富，开发前景非常可观。然而时至今日，武当山地区的武当武术产业经济并没有形成气候。武当武术光碟的发行大部分是个人行为；武术器械中除了武当剑比较畅销外，其他器械几乎都处于滞销状态；武当武术服饰也没有得到广泛的流传；其他相关产业也未真正兴起。

（二）武当武术文化开发与利用的对策

武当武术是中国传统武术的一个重要组成部分，是中华民族智慧的结晶，其完整的理论体系、丰富多彩的技术资源、深厚的传统文化底蕴，成为武当山丰富的文化内涵中的重要内容之一。因此，我们必须在加强武当武术保护的同时，大力发展武当武术，开发武当武术的

产业价值，创新武当武术文化产业化模式，推动武术文化繁荣和武当山经济的全面发展。借鉴先进地区文化产业发展经验，我们认为应该围绕创新管理体制、整合武当武术资源、打造武当品牌三个重点，从以下七个方面着手。

1. 建立健全武当武术管理体制，明确支柱产业发展战略

武当山旅游经济特区的首要任务是要解放思想，增强创新意识，大力挖掘武当武术和道教文化，明确武当武术和武当道教文化支柱产业的地位。加强武当武术的宣传与推广，开发武当武术旅游产品，打造武当武术世界级品牌形象，扩大武当山在全国甚至全世界的影响力，吸引大量的人才、资源、信息汇入武当山，带动武当山旅游业的发展。

其次，健全组织机构，完善管理制度，从机制上保护和促进武当武术的健康发展。武当山旅游经济特区政府要成立武术管理职能单位，各县市尤其是丹江口市及武当山特区要完善武术协会内部管理制度，加强武术协会管理的组织建设。文物、道教、旅游、外事办、文化、教育等部门要相互协调，共同管理，形成合力。各级政府要重视武当武术的整理和发展工作，要认真履行自己的职责，加强领导，宏观布局，切实推进武当武术的推广和普及。

2. 加强武当武术产业资本运营，创新武当武术产业运作机制

刚刚兴起的武当武术产业要发展壮大，必须创新与完善产业运行机制，按照经济规律运作。因此，要加强武当武术产业运行机制的创新动力，特别是武当武术产业的投资机制以及产业扩大再生产所需的资本扩张能力。同时，武当武术产业组织自身应按照现代企业制度的要求进行管理，逐步形成既有竞争激励机制又有责任约束的管理体制和运行机制，按照市场原则和规律运作，建立多渠道投资体制和筹资机制。充分利用财政、税收、信贷和价格等经济杠杆，在资金投向、产业结构和布局等方面体现政府的政策导向，推动武当武术产业的迅速发展，打造响亮的武当武术品牌，在国际竞争中取得优势地位。

3. 加强武当武术科学研究，培养高素质武当武术人才队伍

武当武术是在几千年中国传统文化滋养下，经过长期的社会生活实践孕育而形成的，在其形成与发展的过程中又不断与道教发生联系，具有极深的文化内涵。我们应深入研究武当武术的理论基础，挖掘其深刻的内涵，用现代科学理论全面、细致地解释古老的拳论，并给予总结、提炼、创新，使之系统化、科学化。进一步加强武当武术的挖掘整理工作，把科研院所、高等院校的有关专家组织起来，深入到民间武术门派中，同民间传人紧密结合，深入挖掘整理各门派文字、图片、音像资料，系统整理武当武术的功理、功法和技术套路，构建完善的武当武术理论和技术体系。

培养高素质的武当武术专业人才队伍，是武当武术发展的根本保证。当前，加强三支队伍的建设是当务之急：一是武当武术研究人才；二是武当武术演艺表演人才；三是武当武术市场营销推广人才。要与设有相关专业的院校联合培养，采取"送出去、引进来"等多种方式、多种渠道，加快专业人才的培养。尽快形成一支具有经营管理能力的专门人才队伍，是推进传统体育产业化进程和产业发展壮大的基本条件。同时，还要提供一个能够吸引人才、留住人才的发展环境。要解决利益机制，创新环境和工作条件三个问题，为此需要建立人才评估机制，并通过提高工资、奖金、福利和给予股权、期权等手段来建立合理的利益机制。

4. 开发武当武术旅游产品，开拓武当武术消费市场

武当山是中国道教第一名山，是世界级的旅游胜地。在武当山提升旅游品质，促进观光旅游向休闲度假养生旅游转型升级，打造世界级的养生旅游目的地的过程中，武当武术大有可为。武当武术蕴含丰富的道教文化内涵，兼顾竞技性和健身性。武当山特区要统筹协调，委托经验丰富的旅游开发团队精心组织开发以武当武术为主题的旅游项目，做大做强武当武术产业：一是引进高水平创编团队，开发武当

武术演艺项目，加强武当武术表演；二是开发武当武术主题旅游项目，加强线上线下推广，拓宽武当武术旅游市场；三是宣传武当武术健身保健功能，加强道教养生产品开发。

5. 搭建武当武术交流平台，举办武当武术竞技活动

举办以武当文化武术节为龙头的高质量、高规格、高水平、适度规模的武当系列活动。武当文化武术节把"武术"与"文化"放到同等的位置，对武当武术的发展有着更大更新的促进作用，能够使单纯的体育活动走上与文化、经济相结合的道路，融文化、武术为一体，推动经贸活动的开展。武当武术交流可以从以下几个方面展开。一是以武会友，武术搭台，经贸唱戏，多举办区域性、国际性的武术赛事活动。可以在一年一度的武当国际旅游节项目中增加武当武术比赛分会场，给武当武术爱好者提供一个技艺交流的平台。二是坚持参加世界传统武术节，扩大武当武术在国际上的知名度。三是应由武当山特区主办武当武术论坛，推广武当武术最新的研究成果。

6. 加强武当武术普及力度，推进武当武术教育战略

湖北省是全国知名的教育大省，因此武当武术产业要想在现有的基础上取得巨大的发展，开发庞大的学校阵地十分重要。将武当武术优秀的拳种纳入湖北省各地中小学的体育教学大纲中，具有重要的战略发展意义。大学也应根据自身情况，针对武术专业的学生，为其编写不同层次和特色的武当武术传统拳种专业教材。作为武术专业必修课，武当武术还需要统一的技术和理论教材。这样建立起的层次不同、内容各异、联系紧密、体系完备的武当武术教育体制，不仅可以繁荣武当武术文化，还能使外来求学的学生学习和了解武当武术。将来，当他们走向全国各地乃至世界各地的时候，都能将武当武术传播出去，这将对武当武术的发展以及武当武术产业与其他产业之间的交流起到不可估量的作用。

7. 加强武当武术对外交流，拓展武当武术国际空间

武当山特区要高度重视武当武术的对外交流。在国际市场，对比现代体育项目，独具道家文化特色的武当武术项目更具竞争优势。首先，我们要积极主动组织或参与国际重大的文化和旅游活动，展示武当武术文化魅力。如继续办好武当国际旅游节、武当太极拳国际交流大会、世界传统武术节等活动。其次，武当山旅游经济特区应组建高水平的专业武术表演团队，组织他们赴港澳台地区及美国、英国、法国、意大利、新加坡、韩国等国家进行表演、交流和教学，促使武当武术在国际上产生广泛而深远的影响。据武当山旅游经济特区武术局的统计资料显示，仅 2018 年，武当武术代表团分别出访美国、俄罗斯、日本、法国、新加坡、德国、南非等 10 个国家和地区，进行了 46 批次的交流活动，交流演出 243 场。再次，要积极参加文化和旅游部组织的国际旅游博览会，开拓国际旅游市场。最后，与世界跨国体育产业集团进行合作，利用他们的市场网络，开拓国际体育市场。这样，既可拓展武当武术产业的市场空间，又可以使武当武术自身在产业实体的支持下在国际上得到广泛传播。

第五章
武当民俗文化研究

著名民俗学家陶立璠《民俗学概论》中说民俗是一种悠久的历史文化传承，是一种相沿成习的东西。简言之，民俗就是民间风俗。

武当民俗是武当山地区人民在历史的发展及生产实践和社会生活中逐渐形成的相沿成习的东西，它在广泛而富有情趣的社会生产和社会领域中呈现为一种模式化的行为程式和生活惯制，是一种集体性的文化积淀。武当民俗是武当山地区人民物质文化和精神文化的一个最基本的组成部分。

武当民俗文化主要包括武当进香民俗和武当道教音乐与民歌文化。简而言之，武当进香民俗是以朝拜玄武——真武神为主要特征的朝山进香活动；武当道教音乐是武当山道教斋醮科仪的背景音乐；武当民歌是明初大修武当时从全国各地调来的30万军民所带来的风格各异的音乐在武当山交流融合流传至今的歌谣。

第一节　武当进香民俗

道教是中华民族土生土长的宗教，它深深扎根于古代中国普通民众心里，形成风俗习惯，演化为文化潜意识，影响着他们的思想和行为。武当道教崇奉的主神真武大帝，在中国民间具有广泛的群众信仰基础。早在唐代以前，玄武已具有司北方、司水、司命、司生殖等神性特征，在民间有很大影响。道教在吸收改造玄武神时，既继承了它原有的神性特征，又赋予它更多的神职功能。宋代流行的有关真武的道经先称它为太玄元帅、荡魔天尊，认为它具有御灾捍患、降妖除魔的本领，后来又尊它为玄天上帝、治世福神，宣扬它能"周行六合，威慑万灵，无幽不察，无愿不成"，具有察人间善恶功过、司寿命长短、阴间超生，保佑商贾发财致富，保佑将士杀敌立功等职能。这些神性特征符合广大民众的求神心理。所以，宋元以降，凡到武当山朝山进香的信士，无不虔诚奉祀真武大帝。他们称朝武当为"朝爷"，即朝拜武当山真武祖师爷。[①]

以朝拜玄武——真武神为主要特征的武当山进香民俗已传承了上千年，至今香火不衰。据史料记载，该民俗兴起于宋代，展开于元代，明清二代香火鼎盛。近百年来，朝山活动曾因政治军事等原因一度沉寂，但自 1978 年以来，朝武当民俗又得以恢复，并有了新的发展。

一、武当山进香民俗的地域分布

由于交通和地理上的关系，数千里乃至上万里之外的香客一生中只能到武当山进香一次或数次，而能经常上武当进香的信士除湖北人外，多是河南、陕西、湖南和四川人。一般来说，湖北郧阳、襄阳、荆州、孝感、宜昌、黄冈等地区及河南南阳、许昌、洛阳、开封，陕西安康、商洛、西安等地区的信士约占每年朝武当香客人数的百分之六十。

二、进香方式和进香禁忌

到武当山进香的信士，或称"斋公"，古均州的谣谚中有"上山的斋公，下山的猴子"之说。有时人们也称进香的信士为"孝子"，统称为香客。对于香客来说，朝武当是一件重大而神圣的事情，必须遵守一定规矩和程序，保持一份虔敬神明的诚心。

---

① 杨立志．武当文化概论[M]．北京：社会科学文献出版社，2008．

1. 进散香

进散香是指以家庭为单位的个体朝山进香的活动，各个进香者或以个人代表全家，或带领家眷朝山进香，朝山时间也不统一。这种进香方式称为进散香。进香者视朝武当为一件重大而神圣的事情。进香前，一般要斋戒沐浴，穿着应干净素雅，还要到祖坟前烧香叩头，以示孝心。进山沿途须多做好事，广结善缘，并向神灵默祷，祈福禳灾。香客进入玄岳门后，须神情肃穆，言语谨慎，到庙烧香，见神叩头。上山行至陡险处，要无怯意，奋勇而上，不要落后，以取神悦。与行人相互见面时，不论相识与否，均祝贺道"欢上！欢修！""修福修寿！""恭喜见爷！"等。到金殿后，燃放鞭炮，将香表投入焚香炉，献清油、水果、袍幢等供品或功德钱，然后向金殿内的真武坐像叩头祷告。敬香以后，有香袋的信士到殿右印房加盖神印，印文为"诸天大法之宝"，袋上有几个印迹就说明进了几次香。还愿抽签者到殿左签房抽签，以占吉凶祸福。香客进香毕，心情轻松，言笑回家。

2. 苦行进香

苦行进香是指虔诚的信士为了自己或父母亲人大病痊愈、老年安康等，许下大愿，采用苦行进香的方式还愿。所谓苦行，指拒绝物质利益和感官享受，故意用一般人难以忍受的种种痛苦来折磨自己，以求得神的怜悯和保佑。在文献记载和口头传说中，朝武当山香客的苦行进香方式主要有以下几种。

（1）磕头进香。信士从玄岳门进入神路开始便禁食，赤膊负荆，手持砖头，三步一揖，磕一个响头；进入金顶灵官殿后，要一步一揖，磕一个响头，直到在金殿进完香后，才在磕破的额头上抹上点香灰止血。

（2）贡米进香。发愿者每天用双手剥稻谷 100 粒，不能多，不能少，天天如此，坚持一年，最后将亲手剥出的大米送到武当山金殿，贡献在真武祖师神像前。这种剥贡米的方式既是信士信女们培养自己耐心的修持法，也是他们磨练自己毅力的苦行法。

（3）龙首进香。龙首进香俗称"烧龙头香"。南岩天乙真庆宫两仪殿前有一个石雕龙首石，悬于岩外 2 米多，宽仅 0.3 米左右，前端龙首之上置一小香炉。由于该龙头正对武当山金殿，故古代一些香客常冒险登上龙首石，遥对金殿磕头烧香。龙首进香极具危险性，烧香者稍有不慎就可能被摔死，因此，清康熙十二年（1673），四川湖广总督蔡毓荣撰《南岩禁止龙头香碑》，刻石立于龙首石后栏杆旁。

3. 香会进香

香会是指居住在同一地区的信士为朝拜真武而结成的进香组织。这种民间香会具有自发性、临时性、地域性等特点。其生命力极强，从香会组织的形成和发展中我们可以看出中国民众的宗教意识、社交能力、互助观念及团队精神等。

朝武当的香会虽是临时性的民间宗教团体，但由于每年（或隔数年）都举办一次进香活动，故其组织形式也颇为严密。根据山中所存金石铭文及对现代香会的调查可知，朝山香会的主要组织者及参与管理者的职名有香首、副香、纠首、道官、响手、厨子、运香、信女。

香会朝山进香的程序仪式各地并不一致，各有特点。总体而言，进香的仪程可分为准备、起程、沿途、进山、朝顶、建醮、游宫、返程等项。

香会朝山进香的准备阶段要择定吉日，通知会众，收取会费。起程时，要集合会众诵读《发马经》和"祝词"，祈求各路神仙保佑进香平安。有些香会起程前还要到附近的道观里请道士建醮祈祷。进香队伍在前进时必须排列有序，前有会旗，后有尾旗。会旗正中绣着"朝山进香"四个大字，下面写上某省某县某香会。会旗前有四名穿金铠金甲、身高相同的少年手执仪仗开道。会旗后设一绣幡，挂满写有会众姓名的小布条，俗称"万民伞"。伞内放着香炉，炉内有一个真武小铜像，沿途焚香不停。绣幡后是供品和乐队及男女朝山信士。香会人数多的有数百人，少的也有数十人，一路遇庙焚香奏乐，浩浩荡荡直上金殿。快到太和宫时，锣鼓笙笛箫齐鸣，鞭炮及三眼铳燃放不停，众人齐声呼喊神号，奋力攀登。到达金顶后，献上供品，叩头朝拜。

4. 进香禁忌

信士视朝山敬香为祀神大事，必须虔诚祀事，遵守一定的宗教禁忌。

（1）语言禁忌：进香者要绝对虔诚，不能因朝山劳累而生懊恼怨悔之心，叫苦叫累，也不能在进香沿途说污秽不净、亵渎神明或不吉利的话，诸如"贼""瞎"等。

（2）行为禁忌：进香者行走坐立必须端庄规矩，不许采摘"圣山"的树木花卉，不许触摸亵渎神像，不许偷盗损坏供器、法器。从进香前三天斋戒开始到进香结束，夫妻禁止同房。

（3）饮食禁忌：进香者忌食雁、鳗、龟、鳖、黑鲤、蛇、黄鳝、牛、犬、猪肉以及生葱、韭、蒜、荽等荤腥刺激食物，不许饮酒。

（4）供品禁忌：禁石榴、李子、荷花、莲藕、红艳花、鸡犬等不洁之物。

三、许愿还愿的信仰习俗

1. 许愿

许愿，又称许赛，意思是"祈福于神，许以物报"。即指信神者对神有所祈求，许下某种酬谢。信士许愿的方式有许多种，如平时在家中遇到危急灾难时祷告神灵，或在庙观烧香时祈祷神灵帮助，解脱困厄。道教有"许愿香"之科仪，指向神焚香祈祷，求其帮助的仪式。许愿的内容无所不包，大到祈求国泰民安、风调雨顺，小到祈求功名显达、失物复得，所谓"凡间千般事，皆需神照应"。概括而言，民间信士祈求武当山真武神保佑的主要事项有以下几种。

（1）祈求真武神保佑国泰民安、风调雨顺。许多进香信士许愿时都把"皇图巩固""国泰民安""风调雨顺""万姓咸康"等放在首位。

（2）祈祷真武神保佑全家长寿，吉祥平安。在金殿周围的铜栏杆上刻写着许多表现捐造者的心愿的铭文，如"信士王良佐室人罗氏同父王言母陈氏发心铸造金殿前栏杆一柱，祈保寿年延永"。

（3）祈祷真武神保佑家人病体康复，灾障消除。历代以来因家人得病而许愿求神保佑者很多。金殿外铜栏杆上有铭文云："云南儒学生员高如玉、高如岳敬造栏杆一柱，奉上祖师圣前，祈保母王氏增福延寿；亡父高清超生净界……山氏、张氏身躬清吉，子嗣绵绵；花男、喜哥灾障消除，愿赐吉祥如意。"

（4）恳求真武神保佑家人早生贵子，儿孙满堂。明代陆粲（1494—1551）《庚巳编》卷八云："松江富人丁生者，壮年无子，其妾有妊，丁祷于所事真武之神云：'如生男，长当亲携上太岳烧香，以谢神贶。'已而果得男……"

（5）祈求真武神保佑家庭发财致富，生意兴旺。真武神是"治世福神"，著名财神赵公明元帅是其部将，故宋代以来经商务农以求致富者多供奉真武和赵公明。《真武启圣记》记载了许多北宋商人因奉祀真武神而发财的传说，如卷二"唐宪宝像"条中的唐宪，是宣州开杂货铺的商人，因奉真武而致大富；卷八"圣井辨异"条中的谢景修，是怀州开胭脂铺的商人，因奉真武圣像而致"家业大盛"等。

（6）希望真武神保佑自己或家人升学顺遂，功名显达，明代铸造的金殿四周栏杆上就有祈求神保佑自己"功名显达"的字样。

（7）祈求真武神平息风浪，拯救海难船只。由于真武神是壬癸水神，故航海人士在遇到风暴大浪时常求真武保佑。《玄天上帝启圣录》卷六"现海救危"条云：前宰相陈侍中知广州，泛海归泉州，忽遇逆风飘荡。侍中乃焚香祷告真武并许愿，风涛顿息。《重印玄妙观志》卷九《玄妙观真武殿重修六亭记》载：万历乙未正月三日，"吴县清信士钱溥惠将朝武当，在殿焚香欲祈途路平康，始许修理，行迫未遑也。二月二十四日回舟黄石矶，风涛大作。惠复告天指誓，不复初盟，遂得元贶昭彰，归棹无虞云"。

（8）恳求真武神驱邪治魔，保佑家人亡灵超生净界。道教称真武神为"万法教主""荡魔天尊"，具有驱散邪祟、惩治妖魔之职能，因此，凡市井乡民居有邪魔妨害生人，信士常许愿求真武显灵施治。

许愿的事项包罗致广，无法一一列举。若从信士个人的角度看，敬神许愿无非是求福、求富、求子、求贵、求平安、求荣达、求长寿、求吉祥等。这种心愿与现实幸福有关，也是鼓励信士努力实践道教伦理的动力。

2. 还愿

还愿，指信士所许的愿望实现后，实践对神灵许下的报酬。道教中有"还愿香"之科仪，凡信徒祈神保得平安后，须到庙观去焚香还愿，还愿时所烧香俗称"还愿香"。还愿的方式主要根据许愿时许给神的某种酬谢来定，常用的还愿方式有以下几种。

（1）供献物品还愿：如供献锦幛、神袍、匾额、抱联、灯油、香烛、供器等酬谢神恩。

（2）重修神殿还愿：有财力的信士常用施财重修殿宇的方式还愿；普通信士亦用施数十百元的方式助修神殿。道教称信士所施银钱为"功德钱"。

（3）定期进香还愿：如果信士许了三年一朝山的愿，那么他每隔三年必须到武当山进香一次，一生不得中断。若年老无力朝山，也要让儿孙代其朝山，直到许愿者去世方止。

（4）长期吃斋还愿：有些信士许下终身吃斋的愿，那么许愿者一生将坚持吃素，不沾荤腥。

此外，修桥补路、悯穷恤孤、植树放生、延道建醮等等行为都是还愿方式。

四、进香节日和进香仪式

（一）春香、秋香

元明清时期，武当山一年四季都有香客朝山进香。但武当山进香活动也有旺季、淡季之分。旺季有"春香""秋香"之说。"春香"指每年正月到四月的进香旺季。元代进香信士多于春秋二季朝武当，三月三日、九月九日已成为朝山进香的盛大节日。《武当福地总真集》称："每岁上巳、重九，行缘受供，遏者辐辏，潇洒清绝。"秋香，指每年九月九前后的进香旺季。《续辑均州志》云：当地民俗"秋成后，村民率熙熙相约谒武当山，建斋醮以答神庥"。应城县民众也是在九月"相约朝山进香，以祈福佑"。

（二）进香节日

道教提倡顺应自然，"天人合一"，所以其宗教节日的确定与农业社会的生产节奏相一致，这无疑给广大农民群众朝山进香活动带来了便利。由于香客多为农民，故农忙时香客较少，家闲时香客较多。相约朝山进香，较为盛大的进香节日有正月初一、三月初三、七月十五、九月初九等。

1. 正月初一

中国民间信士有到名山宫观烧头炷香的习俗。因此，每年腊月二十三，小年一过，远路的客人就踏上了朝武当的行程。到腊月三十的晚上，各地香客汇聚在武当山太和宫，等候新年初一清晨上金顶，争烧头炷香。据武当山道教协会近几年统计，每年正月初一到武当山金顶进香的香客达近万人。

2. 三月三前后

三月初三日为道经中所说的玄帝圣诞日，此时武当山区新草初萌，夭桃始华，景色迷人。时值农闲，各地信士进香游春者不计其数。元代《大天一真庆万寿宫碑》云："三月三日，相传神始降之辰，士女会者数万。"《武当纪胜集》中《圣诞朝贺》一诗云："一万诚心万圣真，祝香何处不身亲。年年春月如朝市，海角天涯也有人。"《敕建大岳太和山志》卷八载：元和观"其地拥接崇山，萦带流水，四方居民，每遇春三趋谒而徼福者，莫不骈肩接踵不数百里欢呼而至"。元和观在遇真宫、仙关之西，回龙观之下，是武当山东神道上的重要道观，每逢春天的三月初三，各地到武当山进香的香客多汇聚于此。

3. 七月十五前后

七月十五是地官节，民间俗称"鬼节"，武当山道士在这一天要举办超度孤鬼亡魂的斋醮法事，俗称"放施食"。明代每逢七月十五，玉虚宫、紫霄宫、南岩宫、静乐宫、太和宫、五龙宫、遇真宫等各大宫观均有斋醮活动，同时伴有放河灯的仪式。道教认为，在宫观附近的河流举行放河灯的仪式，有照耀水府、济度亡灵之意。所以，有不少信士选择七月十五到武当山朝山进香，顺便为亡灵祈祷。

4. 九月初九前后

道经称九月初九是玄天上帝飞升之日，又恰逢重阳登高节，武当各宫观要举行大型道场。此时农作物收获已毕，获得好收成的农民怀着对神的尊敬和感激，背着祭礼朝山敬香。《武当纪胜集》中《上升朝贺》诗云："武当如布满乾坤，冲举皆亲见帝尊。大顶根头高第一，登高雷拜谒天阍。"此日各地信士云集，武当各宫观香火旺盛。

进香香客

第二节　武当道教音乐与民歌文化

一、武当山道教音乐

（一）韵腔

武当道教音乐中的韵腔亦称韵子，指在道教法事活动中由讽、念咒、诵诰、咏唱发展形成的歌腔，由道众一代接一代口传心授保存下来，并在各种法事实践中加以发展。因道教法事过程中的宗教内容、目的、性质的差异，在唱法上亦有区别，是武当道教音乐的主体。

韵腔的唱法大致有以下四种。

1. 咏唱式唱法

特点：旋律优美，唱腔动听，细腻悠扬、抒情表意，是武当道乐的精华所在，有仙音妙乐韵味。

曲目：各种韵（《澄清韵》《幽冥韵》等）、赞（《大赞》《小赞》等）、引（《幽魂引》《梅花引》等）、偈（《大偈子》《小偈子》《步虚》《吊挂》等）。

法器：笙、管、笛、箫及其他弹拨拉弦乐器。

2. 念唱式唱法

特点：旋律简练，不用衬字、衬词，没有施腔，起伏曲折不大，音调平衡规整，呈一种似念似唱、非唱非念的形态。

曲目：道士早晚功课习诵神训诫文诰的"宝诰腔"。

3. 诵念式唱法

特点：字数规范，音律音调稳定，一字一音、上下两句无限反复至咒语唱完。

曲目：咒语，一种宗教法术语句，武当山道士多称其为"棒棒经"。

4. 韵腔中间杂以道白唱法

特点：讽经韵腔。若干段韵腔唱完后，插入一段带有一定韵律的经文道白或咒语，然后接唱下面的韵腔。

曲目：《上祖师表》《萨祖铁罐施食》《赈济》等斋醮科仪。

（二）武当山道教音乐中的法器

法器，是道教在举行宗教仪式、演法行道时显示法力的各种演奏乐器的总称。诵唱经文时辅以诸多法器按不同组合进行演奏与鸣响，能够使诵唱者的表演更为有声有色，也能烘托醮坛气氛、表述法事情节。

法器的种类和功能有以下几种：

仰启天帝、朝敬祖师神仙及驱魔镇邪的器物：如朝简（笏板）、如意、玉册、玉印、宝剑、令牌、令旗、令箭、法绳（净鞭）、法尺（天蓬尺）、镇坛木等。

打击法器：如金钟、玉磬、大铙、小铙、大钹、小钹、镲、手铃、大木鱼、小木鱼、铛子、堂鼓、小鼓等。

管弦乐器：如笙、管、笛、箫、古琴、二胡等。

信众认为，法器具有召神灵、通天地、驱魔辟邪等神秘寓意和特殊功能，能够辅助宗教氛围的形成，似传统戏曲中"主胡"的伴奏功能作用，如京剧中的京胡、梆子戏中的梆胡一样，有特殊的风格和色彩。具体而言：

鼓：道坛启建斋醮之始，必先擂鼓三通，名曰"起鼓"，用以通报鬼神，祛除邪氛，敬戒法众，整肃秩序。

钟磬：能通神灵、驱邪魔。磬口向上，声音能直上九霄，通达天庭，而钟口向下，则能召唤地府神灵。

铙钹：能惊退恶鬼。

手铃（法铃、帝钟）：有召集鬼神之功效。

木鱼（木鼓）："木鱼清磬，振醒尘寰。"内坛法事大小木鱼兼用，外坛法事常用手执的小型木鱼。在道教音乐中，它能调整节拍、支配速度。念咒腔的诵持则以此为唯一的伴奏乐器。

二、武当山民歌文化

武当山地区的吕家河地区，由于地形闭塞而留存了大量的原生态的民歌曲目和民歌歌手。吕家河民歌村入选第二批国家级非物质文化遗产名录，也被誉为湖北省民歌村、中国民歌第一村。吕家河民歌数量非常多，而且风格独特，按内容可分三类：阴歌、阳歌和长篇叙事诗。现在搜集整理出的吕家河民歌达 5 000 多首，记录的曲调也有 79 种。吕家河民歌有着悠久的传统，目前很少有汉语地区能够完整而且大量地保存如此之多的民族歌曲。吕家河民歌堪称独一无二。①

（一）历史渊源

吕家河民歌源远流长。《诗经》是中国第一部诗歌总集。《关雎》为《诗经》的开篇，其内容有"关关雎鸠，在河之洲。窈窕淑女，君子好逑"之句。而至今流传在吕家河一带的民歌《年年难为姐做鞋》的唱词是："关关雎鸠一双鞋，在河之洲送过来。窈窕淑女难为你，年年为姐来做鞋。"这首民歌的歌词与《关雎》的诗句非常相似，无论《关雎》是由采风者在《年年难为姐做鞋》的基础上加工而成的民歌，还是《年年难为姐做鞋》是《关雎》在民间的流传变异，都说明二者有一定的渊源关系。据史书记载，周宣王时太师尹吉甫，既是《诗经》的采风者之一，又是《诗经》中被歌颂的人之一。他是房陵人，《房县志》载："周，尹吉甫，房陵人，宣王时采于房，诗人为之赋。六月卒，葬房之青峰山。"武当山距古房陵不过 5 千米，说明在春秋以前的西周，这里就保存着大量优秀的歌谣，采诗之风盛行。

---

① 熊金波. 吕家河民歌初探[J]. 商业文化，2014（12）.

武当道教宫观从唐朝贞观年间开始修建，到宋代已有相当的规模。明代大修武当山，在全国范围内调集了30万军民，历时14年之久。30万军民来自大江南北，也带来了中国各地的歌谣。而吕家河村所在的官山镇，是当年修武当山时专门供给武当山军民吃粮食的粮庄。这些军民从自己家乡带来了家乡独有的民歌、小曲，这些歌曲既保留了原有的特点，又适当地改变了一些内容或形式以适应当地人的演唱需要。此外，吕家河靠近武当山道教圣地，来自全国各地的观赏群众也对吕家河民歌的发展与改变做出了重大贡献。各种民歌在吕家河地区集聚，千百年来不断变化、传承，形成了吕家河民歌的独特风格。所以吕家河民歌内容之丰富、曲调之广、歌手之众也就不足为奇了。①

（二）吕家河村的民歌艺术特色

吕家河村民歌在结合各家所长的同时又颇具创新意识，大胆地创造出自己的曲调。吕家河民歌的曲调十分优美，既有江南小调的缠绵，又有北方民歌的豪放；既有中原曲调的圆润，又有西北民歌的高亢。其内容涵盖了日常生活、衣食住行的方方面面。

从21世纪初已整理的吕家河民歌中，我们可以看出其内容丰富、曲调优美、演唱形式活泼多样。比如"阳歌"，主要是以男女的情爱为主，涉及日常生活的方方面面，大都诙谐风趣。婚嫁时要唱"迎亲歌""陪嫁歌""哭嫁歌"，过年时唱"闹年歌"，住新房要唱"暖房歌"，喝酒时要唱"劝酒歌"。例如《洞房歌》中所唱："妹妹相中哥一人，雷劈地裂不变心。盼就盼哥吱一声，妹妹就是你的人。高山流水用心听，哥是妹妹的知音。待到月亮东山起，笙箫合奏到天明。"

吕家河的阳歌与人们的生活习俗紧密相连，歌声伴随人们生活的方方面面。村民们将歌声当作交往的第二语言，只要是生活中的美好事物，在歌声中都能找到，阳歌就如同阳光一样是村民们生活中必不

---

① 熊金波. 吕家河民歌现存状况探究[J]. 商业文化，2014（7）.

可少的。

阴歌是在葬礼上唱的民歌，数量极大，几乎占吕家河民歌总数的70%。阴歌又称"孝歌""丧歌""待尸歌"，可以分为歌头、劝善歌、翻田埂、还阳歌四大部分，它专用于丧事，一般在夜间演唱，所以也叫"夜锣鼓"。与"曲目腔调兼容东西南北中"的特点相对，阴歌曲调及其歌词内容则代表了武当山民歌地方性特点，是孕育武当山民歌历史的古老基因。

（三）吕家河村的民歌分类

吕家河村的民歌内容和形式非常多样，根据不同的分类方式可以分为不同的类别。这里我们主要按照内容方面进行分类和说明。初步的整理资料显示，吕家河村的民歌共有4000余首，主要分为阴歌、阳歌和长篇叙事诗三种。

1. 阴歌

阴歌，顾名思义也就是在葬礼上抒发情感时唱的歌曲，数量占了吕家河民歌的绝大部分。这些歌曲正满足了人们发泄情感的需求。阴歌主要包括歌头、劝善歌、翻田埂和还阳歌几个部分。在向死者拜祭后，歌手边唱一句"歌头"边向丧家走一步，360句"歌头"唱完，正好进入丧家。接下来是第二部分"劝善歌"，先唱子女应当孝敬父母，再唱家庭要和睦相处、朋友要真诚相待以及劳动致富、勤俭持家等做人道理。例如讲述母亲养育婴儿的辛苦："娘睡湿、儿睡干，左边尿湿睡右边，右边尿湿睡左边，若还两边都尿湿，娘叫儿子睡胸前……"第三部分叫"翻田埂"，歌手们开始对歌、斗歌，双方用歌声比知识、比智慧、比人品。你能从开天辟地一朝一代往下唱，他就从明、元、宋、唐一朝一代往上唱。唱到半夜，大家都兴致高昂，毫无倦意。天亮了，要抬死者上山掩埋，歌手们在山上唱起"还阳歌"，送走死者，迎来阳光灿烂的新一天。吟唱这些歌的情绪是由悲痛欲绝一步步升华的，从痛苦到逐渐接受事实再到对明天和未来抱有希望，情感层次非常丰富。

2．阳歌

阳歌是与阴歌相对而言的，包含的内容也很广泛，多是取材于生活，运用在生活之中。如喜庆歌、祝寿歌等等。阳歌主要反映了人民的日常生活和风俗习惯，唱歌的人可以根据不同的人群、不同的场面、不同的气氛唱不同的歌，以达到提高人们兴致和情感的目的。在现实生活和人际交往中，阳歌起到了很大的作用，与人们生活紧密连接。

3．长篇叙事诗

长篇叙事诗的唱法较为灵活，在不同的场合下歌唱者可以根据气氛唱出不同的曲调，不同的曲调也会使听众的心情随之发生改变。

（四）吕家河民歌风俗

1．吕家河民歌无事不歌

无事不歌是吕家河人的天生本领，歌声仿佛是他们相互交流的"第二语言"。只要是生活中的美好事物，几乎都能在他们的歌词中找到。"战歌"是牧童们专有的民歌，在放牧时，牧童们各占一个山头，先扯响鞭，告诉对方他在这里。对方回应呼鞭后，便打号子向对方挑战，对方也打号子响应。于是对唱战便开始了。

吕家河村民风淳朴。谁劳动不积极，谁不孝顺老人，谁虐待儿媳妇，锣鼓和歌声就会提醒他。当地人为琐事吵架了，一般只要一方到另一方门前唱一下表示和好的歌，双方就会和好如初。

当地民歌也在宣传国家政策上有贡献。青年们为计划生育没少编新歌："人口多，资源贫，国家办事为国情；湖北省，人口密，人均耕地九分一；各位乡亲听仔细，计划生育要牢记……"

2. 吕家河民歌对歌游戏

吕家河的民歌中最能体现歌手智慧的是对歌游戏。这类歌曲被研究者视为民歌精品。"招驸马"要求歌手用古人古事将自己和对方相比，唱来唱去，自己总能娶到对方女儿。例如甲唱自己是玉皇大帝，多么神圣威武，乙就唱自己是董永，娶了玉帝女儿七仙女，成了对方的女婿。

另一形式为"装葫芦"，要求甲巧妙地为乙设一圈套，乙破解后，再设难题将甲困住，双方兵来将挡，乐此不疲。唱词中，歌手善于运用各种历史传说，引经据典，为自己解围。这样的对歌是一种在熟悉传统民间文艺基础上的即兴创作，表现出歌手丰富的生活经验与艺术智慧，以竞赛的方式充分激活了歌手的积极性和创造力，使演唱生动有趣，使听众获得娱乐，吸引了广大村民积极参与。

第六章
武当山水文化研究

第一节　武当山水文化地理概述

道教宫观的选址特别重视与自然环境的融合，幽静的山林历来是方士、术士们隐居修炼之处。在道家"无为、无我、清虚、自然"思想的引导下，道教崇尚自然无为、主张"道法自然"。所以，道教宫观在选址时追求天人合一、注重以自然为本、融于自然、返璞归真。清幽的山林是道教修炼的理想场所，因此，道教宫观的选址多是在人烟稀少、环境优美的山林之中，风景秀丽的名山大川就成为道教宫观首选的宝地。

武当山重峦叠嶂的七十二峰，沙石清奇的二十四涧，玄幻神奇的三十六岩，瞬息万变的风雷雨雪……构成了一幅瑰丽多彩的丹青长卷，是为天下奇观。武当山特殊的地形地貌及气候条件，形成了武当山天然的如仙境般的空间。这一特质为之后的武当风光提供了必要条件，也为武当山跃升为"大岳武当"奠定了基础。

一、武当山水文化的自然基础

（一）自然地理条件

1. 地理位置优越

武当山位于湖北省西北部，十堰市境内，居鄂渝陕豫之交，在中国南北方的交界带。武当山山脉主要向东西方向延展，长约二百六十多千米。武当山的西部山脉分别为秦岭山脉支脉及大巴山东部山脉。西北方向起自鄂陕相交地带，东南方向由襄樊南部发端，汉水谷地位于秦巴山脉之间，整体呈自西往东方向展布。武当山恰位于汉水出水口，且此处正是江汉平原与南阳盆地之交界地带。明朝时，武当山大致位于其版图的中央地带，明代皇帝选择武当山作为皇室家庙正切合了中国传统伦理中的"尊者居中"思想。《续修大岳太和山志》将此处称之为"下蟠地轴，上贯天枢"，可谓神州之腹地。

2. 山势奇特

武当山山体四周低下，中央呈块状突起，多由古生代千枚岩、板岩和片岩构成，局部有花岗岩。岩层节理发育，并有沿旧断层线不断上升的迹象，形成许多悬崖峭壁的断层崖地貌。山地两侧多陷落盆地，如房县盆地、郧县盆地等。群峰嵯峨，重峦叠嶂，兼具雄、奇、险、秀之魅力，给人以气势磅礴之感。武当山主峰——天柱峰海拔约1612米，素有"一柱擎天"之称。环顾四周，七十二峰群峰林立，争雄斗奇，峰峰俯身颔首向主峰。古人云：武当山"七十二峰凌耸九霄，气吞太华，应七十二候"，可见七十二峰深受古人重视，古人用五行思想来解释这种地理现象。元刘道明所撰《武当福地总真集》中，对七十二峰的方位及其名称来源都做了相关记录，并对每处景色都加以润色描述。

3. 水系发达

武当山与汉水相邻，距汉水30千米左右。张良皋先生曾指出："不能小看汉水对武当山景观的陪衬作用。很难再找一座国内名山能有一条头等大河绕行半匝……这'带砺山河'的伟观，足以打动古人。当年锁定武当山脉寻觅圣山，山河相配必曾是重要理由。汉水对武当山的实用功能更非同小可。武当山历代大规模建设，都曾仰赖汉水提供方便的运输通道，不亚于埃及尼罗河对金字塔建设。"[①]

---

① 张良皋. 武当山古建筑[M]. 北京：中国地图出版社，2006：6.

（二）武当山气候特征

武当山处于亚热带季风气候区，气候温和，湿润多雨，土壤肥沃，具有南北过渡属性，从丹江水库沿岸至天柱峰顶，气候的垂直层带明显，兼有丰富多彩的局部小气候，大体可分三层气候区。高层：即朝天宫至金顶，海拔 1 200～1 612 米，年平均气温 7.7～10.0°C，无霜期 163～194 天。中层：即紫霄宫至朝天宫一带，海拔 750～1200 米，年平均气温 10.0～12.0°C，无霜期 194～222 天，降水量 995～1106 毫米。在海拔 750 米以下的太子坡、武当山城区一带，年平均气温 12.8～16.0°C，无霜期 222～254 天，降雨量 843～995 毫米。

因南有大巴山脉为屏障，阻碍了夏季南来的热流，北有伏牛山作屏障，阻挡了冬季北来的寒风，武当山终年温差变化较小，气候宜人，古人称其"冬寒而不寒，夏热而不热"。由于降雨量大，沟壑纵横，夏秋多云海，冬春多雾气。这种独特的自然地理特征为实现仙境氛围提供了很好的条件，是武当山景观格局形成的基础。

武当山常年云气氤氲，风云变化莫测，四季景致各异。春天，青峰滴翠，繁花似锦；夏天，飞瀑高悬，清凉一片；秋天，天高气爽，红林满目；冬天，冰峰雪树，银装素裹。不管何时游览武当山，都能享受到武当山神秘空灵的自然美景。

二、武当山水景点的分布

大自然的鬼斧神工，形成了武当山的奇峰异谷，七十二峰、三十六岩、二十四涧、十一洞、三潭、九泉、十石、九井、十池、九台等成为武当山胜景。古人或以地貌特征，或以道教信仰予以命名，编织出无数美丽动人的神话传说，使其更加神奇可爱。

主峰天柱峰，犹如金铸玉琢的宝柱雄峙苍穹，素有"一柱擎天"之誉。环绕主峰的众峰千奇百怪、争雄斗奇，但又朝向主峰，形成天造地设的"万山来朝"奇观。金童、玉女峰，婀娜多姿，亭亭秀立；

大笔、中笔峰，如铺展云笺，挥毫生辉；天马峰飞鬃扬鬃，昂首霄汉；狮子峰摇身舞爪，戏耍绣球于云端；南岩，峰岭奇峭，上传碧霄，下临虎涧，高明豁敞，似鸾凤展翅于苍穹；玉虚岩壁立涧旁，水石交融。遥看诸峰，有的似青莲绽花，流香荡翠；有的似旌旗招展，击风搏雨；有的美似珠，有的奇似猴……种种景致，美不胜收。加上主峰周围扬波溅珠的溪涧、珍禽异兽出没的悬崖、吞云吐雾的山洞、孕月育日的潭池等，构成一幅瑰丽无比的丹青长卷，蔚为天下奇观。

据不完全统计，武当山曾有宫、观、庵、堂、祠、庙、亭、台、桥、坛等 500 多处。其中，宫 23 处，观 37 处，庵 39 处，庙院、楼阁 98 处，祠 25 处，岩庙 72 处，亭 26 座，坊 27 处。其余为仓、厂、桥、坛、城、府等。这些规模宏伟的建筑群，大部分都已坍塌毁废。今仅存的较为完好的古建筑 129 处，庙房 1182 间，建筑面积 43 332 平方米。①

宋代以前已有"武当山环列七十二峰，三十六岩，二十四涧"的说法，此种说法在一定程度上概括了武当山的峰岩溪涧等自然景色。

（一）七十二峰

古人云：武当山"七十二峰凌耸九霄，气吞太华，应七十二候"。古人以五日为一候，三候为一节气，一年七十二候、二十四节气。七十二这个数字的流行，大致说来，发轫于六国，大盛于西汉，这也是五行思想发展的年代，故七十二峰之说，实际上是五行思想附会于自然景物的反映。

现代所见最早提到武当七十二峰的书籍，是宋代王象之编撰的《舆地纪胜》。全面记载七十二峰名称方位和景色的文献是元代刘道明所撰的《武当福地总真集》。下面以《武当福地总真集》为主要依据，罗列七十二峰如下：

---

① 武当山志编纂委员会. 武当山志[M]. 北京：新华出版社，1994.

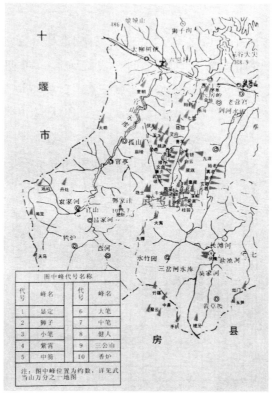

七十二峰分布图[①]

（1）大顶天柱峰。一名参岭。海拔1612米，居七十二峰之中，上应三天，当翼轸之次。俯眺均州、邓州、襄阳、房州千里之地。晨夕见日月之降升，常有彩云密覆其岭。峰顶东西长七丈，南北阔九尺，四围皆石脊，如金银之色。《武当山赋》云："大顶居中，众山来宗。屹若长人，抚摩诸峰。"

（2）显定峰。在大顶之北，一名副顶。上应显定极风天。翠巘倚空，人迹不及，祥云瑞气，弥漫其间。

（3）万丈峰。在大顶之东北，海拔1448米。峭壁万丈，高耸入云。

（4）狮子峰。在大顶之北，一天门之上。苍峦突出，踞镇云端，

① 张华鹏，张富清.武当山早期文明.武当山特区地方志办公室（内部印刷），2007.

155

俨然狮子之形。

（5）皇崖峰。在大顶之北，上应太安皇崖天。金碧障空，瑞光交映，夕阳回景，辉射九霄，雨霁之间，飞虹绚彩，可仰而不可及。

（6）小笔峰。在大顶东，海拔1458米。孤岭卓立如毫端。

（7）紫霄峰。在大顶东北，峭拔端立，影入霄汉。石作金星银星之色，竹木交翠，紫云缭绕。

（8）雷石峰。在大顶之西北，山南路经此登大顶。叠石架空，献瑰纳奇，跧伏拱立，如虎如神，杂以烟云林木，可敬可玩。

（9）贪狼峰。

（10）巨门峰。

（11）禄存峰。

（12）文曲峰。

（13）廉贞峰。

（14）武曲峰。

（15）破军峰。

以上七峰在天柱峰之北。势如北斗拱极之象，昂霄耸汉，左参右立，云开雾幕，绰约璇枢。

（16）中笏峰。在大顶之北。石如圭瓒，鞠躬朝顶，类进趋之势。

（17）千丈峰。在大顶之西。群山之中，超然独出。

（18）大莲峰。

（19）小莲峰。大莲、小莲二峰在大顶之西南，相望并秀。棱层崔嵬，婷婷然如隐清波，春夏之时，明媚尤绝。

（20）大笔峰。

（21）中笔峰。大笔、中笔二峰相峙于莲峰之间，千仞石笋，直插云天，犹如双管齐挥，云黄雾蓝。

（22）紫气峰。

（23）落帽峰。在中笔峰之北，巨灵镇应，险绝难攀。

（24）白云峰。在大顶之西。紫盖皇崖，东西互拱。

（25）紫盖峰。在大顶之西。五龙宫之南二十里，横立太空，若牙蠹森列，清晓紫气腾覆，夜间频见"仙灯"往来。

（26）松萝峰。在紫盖峰西。下有松萝垭，盛产松萝。

（27）桃源峰。在紫盖峰之北。地势阔远，峰峦叠翠。其西曰桃源洞。

（28）迭字峰。在五龙顶南。三山迭映如字，石蹬攀缘，松竹苍翠。

（29）金鼎峰。在迭字峰西。山形类鼎，时喷云烟。

（30）伏龙峰。在五龙峰西。山势屈伏，瞻望西表，龙湫密迩，人迹少到。

（31）五龙峰。一名五龙顶。上应龙变梵度天。五峰分列。

（32）灵应峰。在五龙宫后。松杉接翠，上凌星斗。

（33）隐仙峰。在龙顶之北。其下曰隐仙岩，前曰竹关，即五龙宫第二门。

（34）阳鹤峰。在龙顶西北。连峰叠嶂，修竹茂林，寿杉数株。昔有瑞鹤宿于上，庵宇亦以此名。中有药圃、莲池。

（35）健人峰。在大顶东北，三公山之右。上控云霄，仰冲斗牛，堂堂如天丁拱立之状。

（36）太师峰。

（37）太傅峰。

（38）太保峰。太师、太傅、太保三峰在大顶之东，又曰三公山。《武当山赋》："前向而三，若视品同秩者，槐府之公侍侧。"紫霄宫之前，如玉笋分班，鸾停鹄立，曳紫拖蓝。巫峡华顶，似难并肩，极天下俊秀，无以加此。

（39）始老峰。

（40）真老峰。

（41）黄老峰。

（42）玄老峰。

（43）元老峰。

以上五峰在大顶东南，又名五老峰。五峰列居，跂连巅岐，错列如笔架。

（44）仙人峰。

（45）隐士峰。仙人、隐士二峰在大顶之南。大岭高山，仅能企仰。

（46）大明峰。在大顶之西矗立。正处阳明，竹木泉石，森天荫日，山深路僻，畲原沃壤，学道者多卜居之。

（47）中鼻峰。

（48）聚云峰。

（49）手扒峰。

（50）竹筱峰。

（51）槎牙峰。

以上五峰在大顶之东南。一岭南飞，五峰分布，高岗深壑，迢遥数里，中有山径，名曰主簿垭，当均、房往来之道。

（52）灶门峰。在大顶东南，云岭横铺，怪石巩竖，岚烟瘴雾，清晨如炊。

（53）九卿峰。在大顶之南。《武当山赋》说："傍立而九，若分职佐理者，曰卿寺之列。"峰峦秀丽，葱倩奇特，松篁花卉，分置内外。

（54）伏魔峰。在大顶之南。接来龙之脉，山势威雄，林木挺秀。

（55）玉笋峰。在大顶之南，亦名石人山。峰形如人似笋，故名。北有鸡冠岭。

（56）拄笏峰。

（57）大夷峰。拄笏、大夷二峰在大顶之西。南望天柱嵩副之巅，岗领平夷，其横如带。一峰回仰如揖玉笏，一峰坦然如掌托天，皆猛兽所栖之地。

（58）把针峰。在大顶之西。一峰尖小而高耸，颖秀可爱。

（59）丹灶峰。在大顶之西。其山类偃月之体，昏晓之交，间有青烟紫雾，人谓之丹灶凝烟。足迹不可及。

（60）天马峰。在大顶之西百里，一名马嘶山，一名西望峰，即武当来山之正脉。当均、房官道中，有龙井深不可测，泉清而美，商旅莫不饮爨于此。

（61）鸡鸣峰。

（62）鸡笼峰。鸡鸣、鸡笼二峰在大顶之西，天马峰北，当均、房官道。昔有丹凤集于山巅，鸣及上下，人莫之识，指之曰天鸡。俗呼山曰大鸡鸣、小鸡鸣。

（63）眉棱峰。在五龙顶之西，房陵登山之路。高低昂藏，萦迂盘曲三十余里而至五龙宫，两涧列乎左右，群山连峰接岫，耸其高低。石脊连蜷，如眉棱生紫。

（64）复朝峰。即外朝山也，当均、房官道。七十峰峦俱拱天柱，独此一山飘然外居，谓去有可复之理，故名。其北平田敞豁，桑麻蔽野，鸡犬之声相闻。

（65）香炉峰。在大顶之东北，海拔1255米，仙关之南。峣岩磊落，浮岚掩霭，千态万状。取香炉近于帝座而名。下有紫霄涧，即登山道路。

（66）九渡峰。一名仙关，在上十八盘，大顶之东。峭峰屹巀，上摩青苍，石径湾还，白云来去。游人到此，万虑豁然。

（67）展旗峰。在大顶之东，海拔1015米。一柱擎天，千仞如削，东铺翠嶂，如帜飞空，宛然皂纛之形。烟霭岚横，人间紫府。

（68）金锁峰。在展旗峰之北。地形类阁，上倚苍穹，下临青涧，石如刀剑，藤若网罗，凛凛有不可近之势。

（69）青羊峰。在金锁峰之北。高耸突兀，林木蔚畅，《传》云太上驾青牛，常游于此。其下即青泉，名曰青羊涧。

（70）七里峰。在隐仙岩北，竹关之下。一径七里，百步九折，越山度岭，即钻天，五里下即五龙接待庵。土花盈砌，山桂飘香。

（71）系马峰。在接待庵西北。当登山正路，一峰突起，即天马台。

（72）会仙峰。在登山大道间。仙木铺地，橡木映天。

除七十二峰之外，尚有茅阜峰、蓬莱第一峰、大小宝珠二峰、逍遥峰、金童峰、玉女峰、天门峰、望州峰、聚云峰、望顶峰等著名山峰，或峰同而名异，此不一一列举。

（二）三十六岩

"三十六岩"之说，始见于《舆地纪胜》引《武当山记》："山有三十六岩。"这表明在唐、宋之际，民间已有"三十六岩"之说。元初成书的《武当福地总真集》对"三十六岩"的记载非常具体，后世山志皆转载其说。清代山志增记八岩云"四十四岩"，但人们习惯上仍称"三十六岩"。

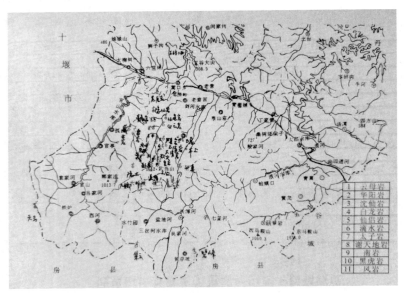

三十六岩分布图①

（1）紫霄岩。一名南岩，一名独阳岩。岩在大顶之北，更衣台之东。当阳虚寂，上依云霄，下临虎涧，高明豁敞，石精玉莹，形似鸾

---

① 张华鹏，张富清.武当山早期文明.武当山特区地方志办公室（内部印刷），2007.

凤。万壑松风，千岩浩气，齐收眼底。幽人达士多居之，为三十六岩之第一。

（2）隐仙岩。一名尹仙岩，一名北岩。在竹关之上，高耸入云，俯视汉水。石如玉璧，呈瑰纳奇，相传系神仙尹喜、尹轨所居，历代方士多炼大丹于此，丹室炉灶存焉。岩周围土地肥沃，遍布竹木花卉。

（3）仙侣岩。在大顶之北，青羊涧之上，白云岩之左。面朝天门，山畲平坦，一泉自岩而出，有鸣金漱玉之声。

（4）卧龙岩。在松萝峰下，面向东北，豁达高洁。霜天雪夜，鹤唳猿啼，清幽无比。云霭雾霾，隐现南阳气象。

（5）尹喜岩。一名隐仙岩。在展旗峰北，翠峦耸立，玉涧调琴。昔文始先生即隐此。

（6）玉虚岩。一名俞公岩。在仙关之东，九渡涧之上。石壁半空，岩高万仞，岩上藤萝下垂，如帘高悬；岩下涧声雷震，万壑风烟。历代多隐居者。

（7）五龙岩。一名灵应岩。在五龙峰顶，石径崎岖，草木茂密。岩内有泉水，每遇天旱，山民祈祷如响答。下临深壑，云雾弥漫。

（8）玉清岩。

（9）太清岩。太清岩，原名修道岩，昔黄太清得道于此，因名之。

（10）太子岩。

以上三岩在展旗峰下，又名三清岩。

（11）皇后岩。在皇崖峰下。峭壁陡立，鸟栖猱息之地。

（12）白云岩。在白云峰下。岩石悬空，势极险峻。岩旁有石穴，名星牖。

（13）三公岩。在三公峰下。自朝天宫东出三公岩，是上岩也。路险绝，难以容足。其下又有岩，亦名三公。二岩相距三舍。岩南向爽垲，幽静可居。

（14）天马岩。在天马峰下。西涧自西来过岩下，路当均、房官道，岩石嵌空，可避风雨，昔日途经此地的商旅常宿于此，俗称岩屋。

（15）藏云岩。在金鼎峰下。地近风岩、雷岩，雨则云起，雨后云归，其气清蒙，故名。

（16）隐士岩。在仙人峰、隐士峰之阴。相传古时常有隐士出没其间，故名。

（17）云母岩。

（18）杨仙岩。即唐代道士杨华阳隐居处，故又名华阳岩。云母、杨仙二岩在五龙宫东二百步。二岩对立，桃花夹径，云龛月席，面对群山。

（19）沈仙岩。在飞升台之西。石室偃仰，泉溜清幽，昔有沈仙成道于此，故名。

（20）滴水岩。在仙侣岩之南。岩如大厦，裂石出泉，因以名之。

（21）常春岩。一名长春岩，在七星峰下。南向，高爽敞阔，终年气候温和，犹如阳春，故名。

（22）集云岩。在聚云峰之间。五峰相蔽，岩壑如齿，宿云常堆于其间。

（23）谢天地岩。在南岩梳妆台下。壁临深涧，如悬空中。宋代道士谢天地在此隐居修炼，故名。

（24）北斗岩。在七星峰下。北向，上纳太虚，清寒碧峭。仰望七峰，如在斗口之魁柄中，故云北斗岩。

（25）歘火岩。在紫霄岩之北，一名雷洞。岩呈红色，犹如火焰。周围树如龙爪，高深皆丈余。

（26）黑龙岩。在仙关、九渡峰南，龙潭之上。

（27）白龙岩。在飞升台下，龙潭之南。

（28）黑虎岩。在黑虎涧下。大林巨石之中，黑虎所栖之地。

（29）升真岩。在五老峰下。拔空腾起，其势如飞。

（30）碧峰岩。在玉笋峰下。远望峰秀似碧纱，岩地敞垲，水土甘美，隐居者便之。

（31）仙龟岩。在金锁锋下。石如神龟，含烟喷雾，岩居其中。

（32）雷岩。在迭字峰下。岩下有石洞，深不知底，雷声每起于中，故名。

（33）风岩。在大顶之下，万虎涧滨。石穴噫气，震响林壑。

（34）九卿岩。在九卿峰下。岚气清回，犹远隔尘世。岩下有潭，深不可测。

（35）凌虚岩，又名灵虚岩。在五龙宫西南二里许，松竹掩映，下眺皆巨杉，蓊偃阴深。

（36）太上岩。在老君堂上。山峰围绕，地势高耸，上接紫霄，下瞰碧涧，陈柯不剪，最为幽翳。

除了上述三十六岩外，尚有法华岩、青岩、独阳岩、崇福岩、虎耳岩、悟真岩、罗公岩、清微妙华岩、簸箩岩、磨子岩、观音岩、九室岩等。

（三）二十四涧

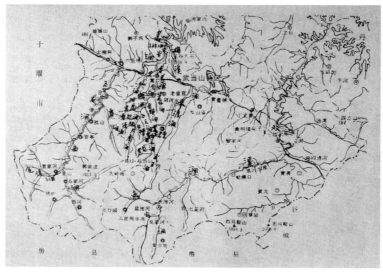

二十四涧分布图[①]

---

① 张华鹏，张富清.武当山早期文明.武当山特区地方志办公室（内部印刷），2007.

武当山天柱峰周围，山高谷深，溪涧纵横。整个武当山区雨量充沛，河流众多，但由于谷狭坡陡，大部分河流的季节性变化比较显著：夏秋季节暴雨时，河水猛涨，激流奔突，雨后河水骤退；冬春两季水流清浅舒缓，澄溪浅渚，细鱼轻翔，泉水甘冽，沙石清奇。一般溪涧都有深潭石泓，碧若翡翠，竹木掩映，杂花缀岸，清奇幽丽。人临其境，尘氛皆去，俗念顿消，恍惚有出世之感。明代公安派文学家袁中道在《游太和记》一文中说："游人乃云：'此山诎水，殊可笑。'"宋代《舆地纪胜》称武当山有"二十四涧"。元代编辑的《玄天上帝启圣录》（以下简称《启圣录》）卷一中有"七十二峰接天青，二十四涧水长鸣"之诗句。《武当福地总真集》载有二十四涧名目、方位及流向等。

（1）大青羊涧。一名青羊涧，今俗称为东河。在大顶之北，汇诸涧而出瀍河。蛟室龙宫，分列上下。春夏水泛，喷雪轰雷。夕现虹霓，朝腾烟雾。石鱼金鲤，神兽幽禽，仿佛在桃源之境。

（2）万虎涧。在大顶之北。因水流湍急，好似风雷震怒、万虎咆哮而得名。汇入青羊涧。

（3）牛漕涧。在尹喜岩下。飞湍而入青羊涧。

（4）桃源涧。发源于紫盖峰，流经桃源峰下，瀑声喧于翠林花丛中。由龙潭东入青羊涧。

（5）黑虎涧。

（6）磨针涧。

黑虎、磨针二涧起自龙顶，汇于白龙潭。

（7）小青羊涧。一名阳鹤涧。起自阳鹤峰下，东入青羊涧。

（8）金锁涧。

（9）飞云涧。

（10）瀑布涧。起于金锁、青羊二峰之左右，俱入青羊涧。

（11）会仙涧。在五龙顶之北。诸峰之水汇入，北出蒿口，入蒿谷涧。

（12）蒿谷涧。梅溪之东，诸山之水汇集而成，西入青羊涧，汇入淄河。

（13）武当涧。在大顶之东。皇崖诸峰之水汇集而成，北入紫霄涧。

（14）紫霄涧。三公峰之水转入紫霄宫，南迤北汇入诸涧，入九渡涧。

（15）黑龙涧。香炉诸峰之水汇前二涧，自龙潭飞流，东入九渡涧。

（16）白云涧。在白云峰白云岩下。自五老峰出，入九渡涧。

（17）九渡涧。汇诸涧而出为梅溪涧。

（18）梅溪涧。因近榔梅而得名。汇武当以下诸涧，出梅溪庄，而为淄河。

（19）西涧。自马嘶山龙井出而北，总汇西山诸涧。其河道弯曲，水流湍急，夏秋涨水，环山襄陵，商旅经月不得渡。民谚云："上得马嘶山，四十九渡不曾干。"

（20）金鸡涧。在大小金鸡峰之间，其水入西涧。

（21）雷涧。自选字峰雷洞之水由南入五龙涧。

（22）五龙涧。自伏老诸峰之水，由雷涧出西涧，自蒿口汇入青羊涧，再入梅溪涧，合为淄河，东北入汉水。

（23）鬼谷涧。自大顶之南出，汇山南诸峰之水，东入双溪涧。

（24）双溪涧。自大顶东南诸峰之水交汇鬼谷涧，由浪河西北入汉水。

第二节　武当山水文学概述

武当山的山水文学自汉朝以来数量巨大，内容丰富，包括诗词歌赋、游记散文等，是武当文化的重要组成部分。

一、辞赋

辞赋是盛行于汉魏六朝的一种文体，是韵文和散文的综合体，讲求声调，长于抒情，注重排比铺陈，适用于写景叙事。自宋代以来，文人对武当山多有赞颂。歌咏武当山的代表辞赋有以下九篇。

（1）《武当山赋并序》，北宋李廌（苏门六君子之一）著。《武当山赋并序》是现存最早的有关武当山的辞赋，文学价值很高。李廌于宋哲宗元符庚辰年（1100）正月初一至正月初十登临武当山，于赋中假设"太华逸民"和"平陵丈人"，用两人一问一答的形式写作，叙述了武当山的神话故事和山水奇观。

（2）元朱思本《武当山赋有序》。朱思本是元代著名道士、地理学家。他以朝山神道为写作路线，描绘了武当胜景。

（3）明杨瑄《大岳太和山赋》。杨瑄为明景泰年间进士，初授兵部主事，累至郎中。他在此赋中记叙了武当山的地理位置、胜景、物产、道观修筑等。

（4）明顾璘《登天柱峰谒玄帝金殿赋》。顾璘，弘治进士，后仕至刑部尚书。该赋描绘了天柱峰雄奇险峻的景色与超绝的地位。

（5）明马一龙《太和山赋》。马一龙，嘉靖二十六年进士，官至国子监司业。此篇赋描写了武当山历史，八宫十观的景观、物产，武当山历代高道，神话传说，七十二峰胜景等。

（6）明王世贞《玄岳太和山赋（有序）》。王世贞为明代著名文学家。此赋记述了武当山的地理方位和历史沿革、明成祖修建武当以报答神贶、朝山进香民俗、武当山胜景、武当山丰饶的物产、历代武当山高道等。

（7）清钟岳灵《参山赋》。钟岳灵为明崇祯年间贡生，长居武当山脚下。此文记述了武当山的地位和影响、武当山自然风貌、主要宫观等内容。

（8）清沈冠《参山赋》。作者多次上武当山，所做《参山赋》文辞清丽，气势恢宏。此文叙述了武当山地理位置、物产、主要宫观胜景、朝山进香民俗等内容。

（9）清张开东《大岳赋并序》。

二、诗歌

（一）唐宋时期

题咏武当山的诗歌，据现有文献记载，最早见于唐代。

唐戴叔伦《题武当逸禅师兰若》：

> 我身本是远行客，况是乱世多病身。经山涉水向何处，羞见竹林禅定人。

唐李德裕《步虚词》：

> 仙女侍，董双成，桂殿夜寒吹玉笙。曲终却从仙宫去，万户千门空月明。河汉女，玉炼颜，云輧往往到人间。九霄有路去无迹，褭褭天风吹珮环。

唐代道士吕洞宾《题太和山》：

> 混沌初分有此岩，此岩高耸太和山。面朝大顶峰千丈，背涌甘泉水一湾。石缕状成飞凤势，禽纹绾就碧螺鬟。灵源仙涧三方绕，古桧苍松四面环。雨滴琼珠敲石栈，风吹玉笛响松关。角鸡报晓东方曙，晚鹤归来月半湾。谷口仙禽常唤语，山巅神兽任跻攀。个中自是乾坤别，就里原来日月闲。此是高真成道处，故留踪迹在人间。古来多少神仙侣，为爱名山去复还。

北宋陈抟《落帽峰》：

> 我爱武当好，将军曾得道。升举入云霄，高岭名落帽。

又《题武当俞公岩》：

> 万事若在乎，百年聊称情。他年南面去，记得此山名。

范仲淹《和太傅邓公归游武当见寄》：

> 三提相印代天工，邓国归来耀本封。此日神仙丁令鹤，几年霖雨武侯龙。酬恩定得祠黄石，谈道须期会赤松。莫虑故乡陵谷变，武当依旧碧重重。

宋庠《谷城主簿王崇者，少得养生禅寂之道，中年弃官入》：

> 余本丘壑人，失计蹈尘网。……闻君集汉阴，遁世久忘象。因溜为鸣琴，凭岩作烟幌。复有延陵季，亦善南越养。筑宇近亲仁，耕田或歌壤。且言挂瓢处，一径扪萝上。杳若御风游，萧萧骨毛爽。芝术纷异苗，麏麚结幽响。老木森千寻，丹藤垂百丈。洞谷答啸歌，云霞代邻党。……时从渔父鱼，聊植仙人杖。渐脱区中缘，永托无生奖。

梅尧臣《送李康伯赴武当都监》：

> 城下汉江流，沧波照襄秋。山川包楚塞，风物似荆州……

邹浩《将到均州》：

> 武当孤垒插天西，一见都忘渴与饥。倦客惟贪早休歇，不知鞄系未成归。

南宋诗人张嵲《崇山图七贤诗》：

> 负郭幽涯石武当，襄江前占水云长。四时景趣无穷尽，俱向公家静隐堂。

俞德邻《赠武当山孙道士二首》其一：

> 云龙风虎正经纶，长啸归山作道人。千古武当丘壑在，纷纷商住几全身。

其二：

> 汉祚虽开四百基，韩彭诸将意何之？谁如四皓商山志，明月一天餐紫芝。

（二）元朝时期

南宋末年，武当山是兵家必争之地。受到当时兵灾的影响，武当道教损失严重，许多当地民众和武当道士成了军队的俘虏。

宋衜《己巳春往均州》：

> 武当却立翠屏新，碧玉溶溶汉水奔。如画江山千古在，城南几度战尘昏。

郝经《陵川集》卷十有《武当道士歌》：

> 武当道士数十百，乱兵驱来不动色。就中一人尤瑰奇，两颊红润须发白。怪目深涵汉江水，仙骨迥立秋山石。肘后高悬绿玉符，簪头倒挂丹砂笔。傍人为说不记年，上圣亲传官斗极。掌上曾教起风雨，袖中倾下生霹雳。玉肥咽嗽身体轻，居无匕箸不火食。深岩绾缚龙几潭，远岫逍遥鹤一只。燕香重与扣玄关，为说天道方在北。敛藏形气更不语，我亦无言两寥间。

刘因《武当野老歌》：

> 南阳武当天下稀，峰峦巧避山自迷。春天飞鸟不可度，

但见万壑空烟霏。山不知人从太古，白云飞来天作主。旌旗明灭汉阳津，几阅东西互夷虏。老人住此今百年，自言三世绝人烟。往事不闻宣政后，初心欲返羲皇前。脯鹿为粮豹为席，竹树苍苍岁寒园。天分地析保无忧，怪见北凤山鬼泣。一声白雁已成擒，回望丹梯泪满襟。传语桃源休避世，武陵不似武当深。

元代武当道教出现空前发展的局面，武当道士常奉诏赴阙，祷雨祛疾，颇为灵验，受到元代皇帝的器重。《正统道藏》所收元代人罗霆震的《武当纪胜集》，保存了他创作的二百多首山水诗。武当张守清、华道士、祝丹阳、徐中孚等道士道行高深，曾多次奉诏祈雨，皆有应验。当时名士文人多有诗相赠。

程钜夫《送武当张真人赴召祈雨南归》：

圣主忧凶岁，真人下碧岭。云辞武当黑，雨入蓟门深。独抱回天力，常存济物心。两宫宣赐罢，归鹤杳沉沉。

赵世延《赠张洞渊祈雨诗》：

京师大旱连三年，地蒸热气如云烟。林林佳木尽槁死，毋论黍稷生秋田。武当真人张洞渊，为道有心如铁坚。食粗衣恶夜不眠，两眸奕奕光射天。天子有诏承相宣，诏君祷雨纾烦煎。君不默不语，奏达虚皇前。将吏驱蛟龙，雷电相后先。垂垂雨脚昼夜喧，平地涌水如通川。稚禾出吐芃芃然，小草大草争芳妍。都人士女喜欢颜，谓君有道真神仙。我今为赋喜雨篇，勒之金石传千年。

袁桷《武当张道士京师祷雨回山中》：

古有岩居子，抱朴尸玄冥。被发空洞游，苍茫穷帝青。

手执九九文，蜿蜒合扬灵。维斗司其纽，习坎鞭流霆。良畴已怀新，燥露滋明星。涤涤原野焰，回风转尘腥。无律夜下令，瞬息不得停。兹人秘玄化，长跪耳默聆。昆仑挟潢汉，紫霄嘘青萍。玄鹤淬以凄，百谷奔零零。浮侈不足慕，趣使归岩扃。天地古橐籥，铄一清且庭。诡幻岁已暮，愿言养修龄。

杨载《寄武当山张真人》二首：

> 山走西南气势尊，大神遗迹至今存。冰横洞下千年冻，云起岩前万里昏。既有严威彰奕奕，讵无厚福护元元。真人制行通天地，日日飞仙降殿门。

又

> 张公披发下山来，欲为神州救旱灾。感召上帝垂雨露，指挥平地超风雷。槁苗再发还堪刈，枯木重逢不假栽。受诏即思归旧隐，琼楼玉殿绕崔嵬。

范梈《送张炼师归武当山》：

> 张君瀛洲人，来作武当客。……昨得山中书，至自青溪宅。向来百弟子，迟归在朝夕。瞰时冬序半，霜下木叶积。明当课斩伐，结构西岩壁。山田晚极熟，艺术及采摘。猕猿长如人，夜夜盗柿栗。堤防苟不豫，六气尽蟊贼。公家事既已，私事容弃掷。方知用世士，遗世等糠秕。所过如虚空，焉知去留迹。我持一瓢酒，欲以赠远色。岁暮不见君，怅然空中翻。

袁桷《送华道士赴武当山》：

> 神君寿与玉皇同，岁岁香传第一峰。龙虎使来红日拥，

龟蛇灵在碧苔封。万年松子天风奏，九节蒲根涧底春。博士文工成故事，石床为采玉芙蓉。

揭傒斯《送华尊师以天寿节奉诏礼武当》：

灵畴严汉祠，神峰标楚甸。羽人丹丘伯，承诏驰嘉荐。华渚曜玉虹，条风舞玄燕……祈祷无岁年，会节方纷衍。既协时君降，又乐明祀遍。圣历齐堪舆，丰泽周宇县。还归极天子，独往奚所美。

柳贯《送道士祝丹阳祠武当山》：

双童白鹤导锋车，上到天池楚望舒。崇祀第从方士法，宝慈无有道家书。山形赑屃知巫负，剑气峥嵘应嗋嘘。上帝居歆亲锡美，归来犹及荐厘初。

胡助《送祝丹阳师祠武当山三首》：
其一

仙宫通籍奉天香，万寿贞符应武当。绛节玄旂春婀娜，木精山鬼□兔轻，瑶岛琼枝入眼明。欲觅还丹延短景，道人拊掌授长生。断崖苍树水洞洞，鹤迹年年印古苔。玉磬风微清醮罢，天池日静碧桃开。

马祖常《祝丹阳祠武当》：

东窥禹穴西龙门，搏虎豹兮观鱼龙。中有武当神所宫，扪摩光景凭云风。磅礴颓入厚地裂，环视百镇真丛丛……

王沂《送道士徐中孚之武当》：

桃花流水绝尘嚣，绛节霓旌到沕寥。天姥峰高先见日，龙池波动暗通潮。芝田自全仙人种，琪树那容野客樵。后会

172

皇帝祝禧事，为君骑鹤过山椒。

胡助《送徐中孚祠武当归桃源》：

> 白日飞光急景催，秦人避世古岩隈。霓旌绛节穿云去，春水桃花出洞来。朝罢玉晨吹风管，读残黄老坐莓苔。长松树下逢真逸，笑说求仙海上回。

袁桷《白云闲斋》：

> 武当灵峰通廊寥，下有白云护山腰。朝入寝扉结翠被，暮宿丹井腾金瓢。神君握机不盈寸，顷刻倒影旌旗飘。道人凤昔惯所见，更上岩峣扶斗杓。

揭傒斯《题太子岩》：

> 太子岩吞狮子峰，洞深雷响半虚空。黑龙去作人间雨，白鹤来栖涧上松。日吐金芒朝五老，烟横玉带绕三公。七星旗展飙轮降，时有天香下九重。

乃贤《赠空谷山人徐君归武当》：

> 五更钟鸣天未曙，六街马蹄声似雨。露华满屦霜满衣，束带争趋丞相府……谁念幽人在空谷，癭木为冠草为服。小瓷春风紫术香，长馋落日黄精熟。行歌偶到黄金台，坐睨世事如浮埃。长衢甲第换新主，旧时燕子愁归来，忽忆紫霄峰下路，倒跨青鸾独归去。松华酿酒一千石，结庐招我南山住。

吴澄《延祐三年丙辰十有一月甲子，诗赠武当山月梅道士二首》：

> 显德年间旧丙辰，武当旧隐有高人。高人一去睡未觉，丁巳重来第七春。

又：

> 武当道士能风鉴，定量希夷身后身。遍阅王门厮役了，尘中还见出尘人。

丁鹤年为武当道士郭复渊作四字铭《复渊》：

> 沈沈止水，如大圆镜。一波不生，万象交映。彼美外史，知止有定。观水之渊，复我之性。湛然虚明，犹水之莹。寂然不动，犹水之静。众理具存，四端随应。操之者仙，念之者圣。至道不烦，主一持敬。

元代因公事到武当山游览过的诗人也有几位，如宋褧（1294—1346）曾任山南湖北道廉访司金事，经常到均、房诸州巡视。他在武当山写的诗有《山中逢武当冯尹景仲入京以诗送之》：

> 卓午山头树影高，岂期多幸此相遭。久嗟寒雁迷书向，共讶秋霜点秋毛。

> 张绪犹如少年柳，刘郎重看旧时桃。故人侍直金銮密，应向明时诵拔茅。

另有《过马嘶山留题寺中》：

> 鸡鸣山接马嘶山，万壑晴云井底看。湍涧萦纡五十度，石梯荦确百千盘。光华固有周原重，险阴云如蜀道难……

元代武当山道士李明良（1286—？）有《浩然子自赞》：

> 假合身躯用墨图，性天朗朗笔难模。上天之载无声臭，此个清光何处无。

道士邓青阳《述怀》：

> 道人不作槐根梦，一片虚顽太古心。无雪可催苍桧老，有家无住白云深。

山头月落虎长啸，海底风生龙自吟。世上几人明此理，野花啼鸟却知音。

《随所寓》：

人生天地如寄客，何独乡关定是家。争似区区随所寓，年所处处看梅花。

《畅情》：

花无常在树，人无长在世。有花须当赏，有酒须当醉。秋霜上鬓来，春风吹不去。

《正统道藏·洞神部·记传类》有《武当纪胜集》一卷。《武当纪胜集》系对武当山名胜及道教生活的题咏，除卷首二章及卷末一章为七律外，其余均为七言绝句，共 209 首诗。举凡武当山之宫观祠庙、楼台殿阁、峰岩涧谷、潭泉溪池以及奇草灵木、仙禽神兽等，皆一一为之题咏。

诗的编排次序以元代朝山神路——五龙宫西神道为线索，按景点排列。又以宫观为中心咏颂武当诸名胜，故可称之为导游诗。有些诗较为平淡，难称上品，但从中可以了解元代中期以前武当山的山水景观、宫观建筑、神迹传说、民间信仰等情况。

《樵歌首章》：

采樵远到太和山，山在神仙洞府间。风露九霄丹阙近，乾坤万古白云间。

吟情月胁边消遣，步武天心处往还。乐地更多天更阔，不知身外有尘寰。

又如《尘劳道侣》：

野马尘埃扰俗缘，贱中只有贵神仙。香泉万斗云千顷，昼日耕耘晚汲泉。

（三）明朝时期

武当山在明代大受尊崇，地位超绝，是明朝的皇室家庙。被皇室尊称为"大岳""玄岳"，地位高于五岳等名山。明代文人登临武当者极多，题咏武当之诗赋多达一千余首。较著名的作者有刘三吾、张来仪、胡俨、李仲训、史谨、王英、胡濙、李东阳、邹守益、顾瑞、沈钟、许宗鲁、崔桐、龚秉德、欧阳必进、章焕、孙应鳌、汪道昆、王世贞、徐中行、吴国伦、徐学谟、袁宏道、袁中道、雷思霈、谭元春、杨鹤等数百人。

明朝歌咏武当山之诗词众多。李东阳写过《送韩贯道湖广参议提督武当诸宫观》《灵寿杖歌》等，方豪写过《飞升台》《仙侣岩》等绝句二十首，许宗鲁写过《紫霄洞歌》《山中晓起》等十余首，方九功写过《玄岳道中》《宿五龙宫》等八首，袁宏道写过《游玉虚岩》《入琼台观》等十余首，袁中道写过《将往太和由草市发舟》《太和山中杂咏》等十余首，谭元春写过《恭谒七章礼玄岳》《将至仁威观复过观十余里作》等二十余首。由于明代文人骚客登临武当者接踵而至，咏颂之篇章不胜枚举，故本书选择性地略述明代著名文人与武当道教的来往及其带有道教色彩的山水文学作品。

明朝初年，丘玄清、孙碧云、任自垣等武当道士声名日隆，圣眷素厚，当朝文人士大夫与之多有交往并为他们写了不少诗文。

洪武年间，武当道士丘玄清超擢太常寺卿，深得明太祖信任。洪武十八年（1385），张宇初写《云谷图》赠予他，并作《云谷诗赠丘太卿》二首。

翰林学士刘三吾有《云谷诗并序》《武当五龙灵应宫碑》，王佐理有《题云谷图古诗一首并序》，张来仪有《丘大卿画像赞》《山水图为丘上卿赋》《云谷记》等。刘三吾《云谷诗并序》：

> ……盖玄清学道，始武当之五龙宫，其地多深林穹谷，嵯玲岩珑，有夹其涧，潆湾曲折，触激而声，锵鸣珮环。燕

坐之余，角巾鹿裘，登是谷顶，但见身世在上，白云在下，一色海涛，平铺无际，樵歌互答，心领神会……言之不足，复系以诗，诗曰：

吾闻王官谷，隐者司空图。又闻武当山，隐者神仙徒。太常太卿丘玄清，夙有仙骨世华腴。……地直星虚，秀钟扶舆，谷则深峻，云所依于。上摩云霄之高回，下盘溪涧之萦纡。当其云来时，正是雨晴初。但见触石而起，肤寸而合，顷刻谷口满，如绵之开，如练之抹，一色雪白铺。树林参差迷远近，人家隐映疑有无……

永乐年间大修武当宫观之后，总提调官张信、沐昕等曾经邀请当时文化名人为武当山八景赋诗，诗人史谨文集中有《武当八景》诗八首。如：

天柱凌云

诸峰罗立翠莲开，天柱当中冠五台。势插银河逾万仞，顶摩黄鹄倚三台。丹光夜向琳宫出，云气朝从华岳来。知有仙宫烟雾里，樵歌长答步虚声。

五龙披雾

万壑千崖晓雾消，琳宫弘敞映仙桃。路通绝顶青冥阔，凤哕朝阳紫殿高。林下每看羊化石，松间时见鹤归巢。我今欲借登山屐，来访安期不惮劳。

明朝武当山声名远播，文人士大夫游之者众多，也留下来很多不朽诗篇。如沈钟《登大顶》：

千峰并让一峰尊，鸟道垂萝手费扪。壁立半空鹤缥缈，根盘万里自昆仑。上真台殿金银结，下界烟霞紫翠屯。宇宙大观奇怪甚，不知五岳可同伦。

顾璘《太和宫》：

> 天柱峰高白日晴，华嵩相对最分明。扶桑倒射东溟景，银汉平留上界声。空里金宫陈帝座，云边铁锁度行人。不缘旌节巡方岳，孤负尘埃过此生。

许宗鲁《步虚词》其一：

> 空山秋夜月华明，独上瑶台望玉京。三十六宫河汉杪，云璈仙磬步虚声。

其二：

> 猎猎玄风吹羽衣，紫坛瑶草露华肥。道人无限清虚乐，高唱云谣人翠微。

方豪《元和观》：

> 才入仙关便不同，元和校府茂林中，此山滋味甘如蔗，尽笑馋人口易充。

崔桐《清微宫》：

> 传闻天柱下，幽胜更清微。峰合天长隔，溪寒云不飞。花岩悬乳石，竹坞对琼扉。未有凌云翼，空成怅望归。

章焕《紫霄宫》：

> 行尽青山入紫霄，函关紫气郁岧峣。乍看云雾生巾舃，转觉檐栊隔绛绡。池上七星低可掬，峰前五老坐相邀。空中冉冉闻清乐，指引鸾骖路渐遥。

王世贞（1526—1590），字元美，号凤洲，又号弇州山人，江苏太仓人。明代著名文学家，"后七子"之主将。他在任郧阳抚治的近两年时间里，共创作《静乐宫》《谒太和宫》《武当歌》等诗歌，约一百二十篇。这些诗文多收入卢重华编纂的《大岳太和山志》卷九中。他在《诗并序》中说："武当名胜甲天下，其宫观之壮丽而皆以奉真武。又其峰、岩、涧、泉、桥、榭之类，皆晚出，而后人附会名之，不能尽雅训。余以游稍间，因纪其胜为诸体，会得孙司徒山甫五、六、七言杂咏，因次第和之，共得百首……"

叶九经《雪天同林梅窗登太和》四首，其四云：

> 直上天门景更幽，金城台殿甲中州。丹梯万丈云霞杳，白浪千层雪雾收。点点秦山横地出，悠悠汉水接天流。银河夜色清如许，蓬岛何须海上求。

袁宏道《侍家大人游太和发郡城，偕游者僧宝方、冷云、尹生也》其二云：

> 全家都爱踏云烟，过去青山香火缘。扶着白头拜真武，被人呼作地行仙。

《游玉虚岩》：

> 一壁绣烟霜，石老崎嵚露。蜕骨留空岩，青山也仙去。或纤削而清，或高古而怒。瘦过必成妍，喜极多由怖。咽者为奔泉，古者为杉树。种种出天成，幽奇互遭遇。翘首告仙真，此地好流寓。未必三神仙，有此奇绝处。

《入琼台观》其一：

> 涧路曲盘盘，闻香又隔滩。岩歇天古拙，石瘦月高寒。屡共云封事，曾闻乌纪官。人间三万日，洞里不相干。

其二：

> 一帕覆长眉，深衣大带垂。无通名姓地，有驾鹄鸾时。

为客烹乌药，教人悟白髭。声名与荣利，膏火露花儿。

《七真洞赠道者》：

> 云烟四合蔽仙关，万仞斜通一发山。事往已述新甲子，
> 洞深忘却旧人间。橘皮鹤下遗雏去，萼绿花朱采药还。白日
> 饵将三五斗，方瞳如水照丹颜。

（四）清朝时期

清代武当山的地位下降，加上战乱的原因，到武当山的文人明显少于明代，题咏武当山的诗歌也没有明代那么多。清代王概的《大岳太和山纪略》及民国时期熊宾的《续修大岳太和山全志》收录了一些清代诗歌，府志、州志及清人文集中也保存有不少与武当山有关的清代诗歌。

清初，题咏武当山的诗人多为到武当山地区视察拜谒的官员和本地士绅，如李炳、钟岳灵、沈冠、党居易、王钦命、杨素蕴、葛如竹、江闿、聂玠、潘宗洛、鲁之裕等。

李炳《天柱峰》：

> 高峻开千古，惟武可以当。上天尊北极，绝顶映东阳。
> 五岳群为吏，一峰独自王。帝真应坐此，我亦到青苍。

钟岳灵《雨中立万虎涧旁看水下》：

> 来去看山景任逢，声光异处且停筇。日前鸟道空悬石，
> 雨后龙湫飞过松。老洞出云拦客路，新林入夏改天容。平台
> 伫立心神爽，未识银河落几重。

杨素蕴《宿周府庵》：

> 亭亭门前柏，青青林中竹。灼灼涧底花，呦呦山下鹿。

此地是幽栖，豁达开心目。近阁树乍明，远峰月渐伏。徙倚引芳柯，夜凉风出谷。更有桂八株，丛生香馥馥。名境如高人，作意在严肃。我来宿其中，尘襟资盥沐。弹棋香可分，挥琴茶正熟。安得素心人，共抱道经读。

王钦命《净乐宫》：

参峰百里俯城东，琳宇遥开帝制同。云隐碧霄丹阙壮，烟凝彤阁紫霞通。鸾笙声放千门月，鹤驭影回五夜风。共敛心魂肃拜舞，依稀长乐听呼嵩。

乐醒，清代道士，有《登太和山诗》：

嵯峨众派独崆嵷，应是昆仑第一峰。四大名山皆拱极，五方仙岳共朝宗。鸟啼隐隐闻天语，鹤影翩翩度晚钟。我正欲寻招隐地，桃源洞口白云封。

江闿《登武当山》：

文皇欺世世宗愚，靖难是非仙有无。直四三山六五岳，广辇黄金填清都。中宫朝贵御命至，紫府靡丽阿房俱。贱子无书请封禅，性耽岳壑探盘纡。天柱孤撑邈难匹，岸然不屈谁为扶。绝顶空阔宇宙窄，峨冠舞袖连衡巫。二华松叶疑可摘，钧天妙乐闻重湖。汉江如发细且甚，若木崦嵫排坐隅。潮声不作海势翻，大荒浩浩层云铺。天鸡未鸣海日吐，川原错缪阴晴殊。南岩嵌空包巨壑，深林杂树分笙竽。神工鬼斧辟台榭，胆骇魄怵心踟蹰。檐楹萧爽数中观。幽蹊兰麝饶清娱，斗觉泉绅挂飞玉。危崖中断悬冰壶。寒潭倒弄高楼影。岩转玉虚深崎岖。众峰嶒崒那胜纪，芙蓉过目生模糊。琳馆绮殿围山谷，不道何宫名蕊珠。向平莫待婚嫁毕，种粳种秫充田夫……

清朝中期，武当山地区曾发生过白莲教起义等农民运动。战乱使一些人对武当山望而却步，所以此时期留下的诗歌为数不多，主要有周凯、王和斋、王丽川、沈吉庵、贾品三、叶雪斋、张印槎、周莲斋、徐辉山等人的诗作。

周凯（1779—1837），字云皋，浙江富阳人。道光二年（1822）任襄阳府知府。绘有《武当纪游二十四图》，内题有《和周府庵叶道人诗》（三首）、《饭鸦台》（三首）、《玉虚宫》《过太子坡》等诗三十八首。

杜大宾《武当山道中》：

> 亿万金钱耗费时，人间构出洞天奇。而今半付颓垣草，空使苍荒永乐碑。

沈吉庵的《净乐宫》序云："均阳八景暨太和八景诗，前人之作备矣。而净乐宫亦胜概也，近之作者寥寥。余初通音韵，敢云媲美前徽？亦仅以志阙疑云尔。"诗云：

> 壮哉麇子城，宫殿威且武。畴纪此庙名，净乐称自古。此宫创何年，大明重葺补。碧瓦覆丹楹，阁轩不可数。东峄紫云亭，更衣立西户。御书楼中藏，砌楞石如堵。曲径幽且深，步趋不着土。洞门豁三三，华表镂怪貐。松柏色苍苍，数围荫园圃。六龙飞屋角，中有神人处。蓬首厂圆光，跣足着敝履。此神亦何名，说是真武祖。护法领群真，威灵谁敢侮。君不见，东建忠勇祠，祀典几与伍。又不见，年年来朝人如云，熙穰不记秦晋鲁。朝罢归来欢复欢，逢人道是神仙府。神仙之名不可名，伊谁适游伊谁睹。

唐棣《香炉峰》：

> 亭亭直上邈难寻，绝顶孤圆似博山。我欲置身香案侧，随君日觐至尊颜。

贾笃本《榔梅》：

> 策杖陟南岩，古木翳幽壑。中有榔梅祠，门榜存约略。闻道真武初，与梅会订约。折枝插榔间，灵根于焉托。结实如可期，道成吾亦乐。天果鉴精诚，花实何灼烁。火枣与交梨，仙品宁兹若。昔明张司李，收采犹盈橐。持以赠商邱，筠廊供著作。我今访居人，此种已寥落。桃核杏实间，杳焉不可索。惆怅倚荒崖，斜阳下林薄。

（五）民国时期

民国初期，一些均县地方官员曾登临武当山，留下了一些诗作。

谢炳朴，字虎文。沱潜（今湖北潜江）人。民国初年任均县知事，廉洁奉公，推行新政。办学校，重农桑，兴利除弊，颇有政绩。1914年离任。《续修大岳太和山全志》卷八收有他作的七言绝句二十八首。诗前小序云："甲寅仲春，卸均邑篆务，偕幕中赵君松雪、朱君品逸、程君眉山游太和山，得诗若干首。"其诗有《过闽兵营》《过浩瀚坡小憩回龙观》《老君堂远眺》《紫霄寒夜》《过黄龙洞》《天乙楼晚眺》《重登天柱峰望初日》《过遇真宫》《返游南岩宫》等。其中《明代专使致祭碑迹最多》诗云："黄金为屋玉为栏，太息当年民力殚。古佛名山自千古，登封遗碣忍终看！"

赵司至，字松雪，号开明山人。清末民初人。民国初年为均县知事谢炳朴幕僚，曾随谢炳朴游武当山，作五言古诗《雪霁登天柱峰》，七绝《过老君堂望隔涧群山》《赠天乙楼郭道士虚炼》《下乌鸦岭望南岩》《南岩小憩》等。

程仁寿，字眉山，白洑（今湖北潜江）人。民国初年为均县知事谢炳朴幕僚，随谢炳朴游武当山，作有七绝《雪后登天柱峰》《宿天乙楼》《南岩小憩》等。

朱灼方，字品逸，竟陵（今湖北天门）人。民国初年为均县知事谢炳朴幕僚，随谢炳朴游武当山，作有七绝《宿老君殿》《登南岩》《回龙观小憩》等。

万剑民（生平事迹不详）诗云："谢履登临景物妍，闲来啸傲武当巅。晴峦俯瞰群峰小，金阙胜辉霄汉连。气壮山河钦伟略，诗成珠玉倍新鲜。从游我愧牛车后，一读高吟一憬然。"

王理学，号白衣道人，河南人。幼读儒书，好老庄，精通医理，擅周易，无意仕途，学道于武当山朝阳洞三清殿。民国 36 年（1947）编成《武当风景记》一书，其中收录了他个人所作的《天柱峰》《黄后岩》《九渡涧》《朝阳洞》《禹迹池》《滴泪池》《磨针石》《龙首石》《灵官石》《飞升台》等诗数十首。其中，《龙首石》云："玉龙非佛亦非仙，头炷香炉万古悬。最是令人惊心处，摇摇欲上九重天。"《迎恩宫》云："壮严宫殿傍虹桥，望阙迎恩事已遥。门外桑麻千顷绿，农村烟景洗尘嚣。"

抗日战争时期，国民革命军第五战区抗日军队驻扎在武当山下，著名抗日将领张任民、梁寿笙、李品仙、方振武等都曾以武当山为题写过诗。

张任民，广西柳江人。历任广西绥靖公署中将参谋长、第五战区中将军法执行总监、广西绥靖公署参谋长、国民党第四届、第五届、第六届中央监察委员等职。其诗云："雨后青峰天际间，武当峻秀绝尘寰。遥思帝子铭功绩，剩有仙人独往还。五百年来留胜迹，数千里外想名山。休云五岳归来晚，仰止心仪愧未闲。"

梁寿笙，原名春华，广西南宁人。曾任第五战区长官司令部少将高级参谋、作战处长，国民政府军事委员会中将高级参谋等职。其诗云："五岳嵯峨孰并妍，振衣直上太和巅。岚开蜀楚荆吴壮，云罩岷嶓汉沔连。拂面夕阳多闪烁，修眉皓月总新鲜。霓裳欲按难为谱，未扫欃枪一黯然。"

李品仙，字鹤龄，广西苍梧人。曾任第五战区副司令长官兼第二十一集团军总司令、安徽省政府主席、第十战区司令长官等高级职务。他写《登武当》诗至今仍镌刻在小莲峰的石壁上。诗云："为寻胜境武当游，步步崎岖兴不休。四面烟峦归眼底，疏疏林叶万山秋。"

方振武，字叔平，安徽寿县人。曾任国民党第四军团指挥、安徽省政府主席、济南卫成司令等。他的《登天柱峰》诗云："万丈雄山势欲奔，峰高五岳接天门。秦皇汉武封禅日，不受虚荣亦自尊。"

三、游记①

古代游记文学肇始于魏晋，成熟于唐宋，大盛于明清。古代武当山游记文学与此在某些阶段有一致性，亦发端于魏晋，成熟于宋元，大盛于明代，清代渐衰。古代武当山游记文学作品的数量较多，有些刊行于《古今图书集成》《湖广通志》《襄阳府志》《太和山志》等专书中，也有一些散见于历代文人的个人文集当中。就现在我们手头所能搜集到的作品而言，大多为明代文人所作，其他朝代的作品较少。在古代武当山游记文学作品的搜集和整理方面，汉江师范学院的程明安、饶春球、罗耀松等三位先生用力甚勤，整理出版了《武当山游记校译》一书。

古代武当山游记文学肇始于魏晋。南朝刘宋郭仲产所著的《南雍州记》对武当山有如下描述："武当山……山高陇峻，若博山香炉，岩亭峻极，干霄出雾。学道者常数百，相继不绝。若有于此山学者，心有隆替，辄为兽所逐。"北魏郦道元在《水经注·沔水注》中也有类似的描写："武当山一曰太和山，亦曰参上山，又曰仙室山。山形特秀，异于众岳，峰首状博山香炉，亭亭远出，药食延年者萃焉。晋咸和中，历阳谢允舍罗邑宰，隐遁斯山，故亦曰谢罗山。"上述两则记录，虽不一定是作者所亲历，且文字简约，但对武当山的描摹也颇有文采。即使算不上是真正的游记文学作品，也可视为古代武当山游记文学的滥觞。

宋元是古代武当山游记文学的成熟期。北宋李昉（925—996）主

---

① 杨立志．武当文化概论[M]．北京：社会科学文献出版社，2008．

编的《太平御览》引用的《武当山记》，是目前所知最早的武当山游记，可惜作者及成文的具体年代已不可考。《太平御览》卷七百一十引《武当山记》云："山有石室，有板床，铜杖长七尺三分。"同书卷七百五十七云："殷斌《武当山记》曰：魏兴反照山上有三公铁镂，常有数十斛，虽大旱而不减。"元代道士、地理学家朱思本的《登武当大顶记》堪称古代武当山游记文学的扛鼎之作。该文明确记载了他登临武当山的时间，详细记录了游山的行走路线，且对武当山的山水和动植物都描摹得绘声绘色，极具神韵。同时，文中对武当山大顶的风景和建筑也记叙得极为详备，是我们了解元代武当山建筑不可多得的第一手资料。这篇文章不仅具有审美情趣，更具有地理研究价值。

明代是古代武当山游记文学的鼎盛期。明成祖大兴土木之后，武当山名声之大甚至超过了五岳，各路文人纷纷登临武当山游览，游记文学作品数量骤增，且内容更为丰富，写作技法和行文风格也各有千秋，呈现出百花齐放、万紫千红的盛大气象。这个时期的主要游记作品有：陆铨的《武当游记》、顾璘的《游太和山记》、徐学谟的《游大岳记》、陈文烛的《游太和山记》、汪道昆的《太和山记》和《太和山后记》、王世贞的《自均州由玉虚宿紫霄宫记》等四篇、王在晋的《游太和山记》、袁中道的《玄岳记》、雷思霈的《太和山记》、谭元春的《游玄岳记》、徐宏祖的《游太和山日记》、杨鹤的《参话》、尹伸的《参游记》等。

清代是古代武当山游记文学的衰落期。这个时期的作品较少，主要有：王永祁的《太和山记》、蔡毓荣的《登太和山记》、钟岳灵的《太和山记》、马如麟的《八宫纪胜》等。清代统治者并不提倡道教，再加之道教自身的衰颓之势，武当山的名气在人们的心中也大大减弱。因此，游人数量大减，游记文学作品无论是数量还是质量较之明代也大为减少和降低了[①]。

---

① 田雨泽. 古代武当山游记文学研究大有可为[J]. 十堰职业技术学院学报，
2007（4）.

下面选取具有代表性的游记加以概述：

1. 《武当山记》

《武当山记》是目前所知最早的武当山游记。北宋李昉（925—996）主编的《太平御览》卷四十三引《武当山记》，该文是这样描述武当山秀美景色的："武当山区域周回四五百里，中央有一峰，名曰参岭，高二十余里，望之秀绝，出于云表。清朗之日，然后见峰；一月之间，不见四五。轻霄盖于上，白云带其前。旦必西行，夕而东返。常谓之朝山，盖以众山朝揖之主也。"这段文字，系远眺武当山主峰所见的神奇而壮美的景色。虽文字也不算太长，然而用词精炼，文质优美，某些文句对仗也极工整，对武当山景色的动态描绘也恰到好处。

2. 元朱思本《登武当大顶记》

《登武当大顶记》是目前所见的第一篇完整的武当山游记。朱思本登大顶天柱峰的时间是延佑四年（1317）四月，游记写道：初穿林莽，"万木交错，叶或大如箕，或小如蒙茸；或直上数十百尺，或朴樕扶疏，皆昔所未见"。"又七里所，缘青壁藤蔓而匍匐登，返顾嵌岩幽深，草木葱蒨。惟闻水声淙淙，莫能窥其底也。咳唾笑语，山谷响应。怪禽飞翔，大如鸡鹜，小如雀鸽，光彩绚烂，鸣声清越，非所尝闻。"作者登上大顶，"四望豁然，汉水环均州若衣带，其余数百里间，山川城郭，皆仿佛可辨。俯视群山，尽鳞比在山足，千态万状，如赴如挹，如听命待役焉者。天宇晃朗，风景凌厉……"

3. 明陆铨《武当游记》

陆铨，字选之。鄞县（今属浙江宁波）人。他于嘉靖十四年（1535）夏五月登武当山，作《武当游记》。该游记描述了登武当山之艰难，最险陡处既不能坐轿子，也不能坐滑竿，而是用长布兜着臀部，前有人拉，后有人推，"力挽而上"。"舆人曰：'紫霄以上，山势陡峻，非推挽不可行。'乃命四人挽以长继，复命四人以手推之。"

4. 明顾璘《游太和山记》

顾璘于嘉靖十七年（1538）十月游武当山，他在《游太和山记》中写道："山行凡五日，历宫九，皆绝，工丽坚壮，而南岩、五龙多石为幽。观凡十一，多居岩阿。仁威观前有白石，特奇，余题曰'玉璘'。"这是一篇短小凝练、情景交融、首尾呼应、议论精当的游记作品。

5. 明徐学谟《游大岳记》

徐学谟多次在湖广地区为官，曾三度游览武当山。《游大岳记》是隆庆三年（1569）夏四月三游武当山后写的。这篇游记是古代武当山游记中篇幅最长的。作者饱游武当，记述游踪十分详细。他在文末总结游览武当山的诀窍时说："兹山自南岩迤北及西，多清幽深邃之景观，自南岩迤南及东，多高远辽阔之景观。"游览武当山应"自奥抵旷""纤巨毕至"。

6. 明陈文烛《游太和山记》

陈文烛于隆庆四年（1570）六月登武当山。他游览的路线是：第一天，由襄阳至谷城；第二天，由谷城至界山；第三天，从界山出发，历遇真宫、太子坡、晚宿玉虚宫；第四天，从玉虚宫出发，历龙泉观、天津桥、桥门岩，晚宿紫霄宫；第五天，游览紫霄宫附近禹迹池、万松亭等；第六天，酌上善泉，继续在紫霄宫徘徊；第七天，由紫霄经乌鸦岭、黑虎庙、榔梅祠、清微观、金顶，晚宿太和宫；第八天，再登金顶，拜谒玄天上帝，并继续在太和宫观光；第九天，由太和宫至南岩宫，晚宿南岩宫；第十天，过虎耳岩、滴水岩，晚宿五龙宫；第十一天，游五龙宫，历迎恩宫，晚宿静乐宫。

7. 明汪道昆《太和山记》《太和山后记》

汪道昆（1525—1593），字伯玉，号南溟、太函，歙县（今安徽歙县）人，官至兵部侍郎。他曾三次登临武当山，饱游武当，并作有两篇游记，详尽记述了武当山的自然风貌、地理特征、宫观建筑和当时的著名佛道人物，感情真挚，清新自然，是不可多得的文学佳作。

8. 明王世贞《游太和山记》

王世贞于万历三年（1575）三月，游览武当山，写过《自均州由玉虚宿紫霄宫记》《由紫霄登太和绝顶记》《由太和下宿南岩记》《自南岩历五龙出玉虚记》四篇游记，合称《游太和山记》。王世贞的游山线路及日程安排：第一天，游净乐宫、迎恩宫、"治世玄岳"石坊、遇真宫、元和观、玉虚宫、龙泉观、天津桥，晚宿紫霄宫；第二天，游紫霄宫、榔梅祠、太和宫、金殿，晚宿金顶道房中；第三天，游朝圣门、三天门、二天门、摘星桥、文昌祠、一天门、南岩宫、佛子岩（又名虎耳岩），晚宿南岩宫客房；第四天，游滴水岩、竹笆桥、仙龟岩、青羊涧、青羊桥、五龙宫、仁威观、五龙行宫、玉虚宫，晚宿迎恩宫。作者时而描山摹水，时而抒写人情，时而酌山泉畅饮，时而听林中鸟鸣……通篇表现出一个"乐"字：表现山水之乐，传达人情之乐，显示禽兽之乐，给我们留下了一幅名副其实、经久难忘的乐山乐水长卷。

9. 明王士性《太和山游记》

王士性（1546—1598），字恒叔，号太初。明临海（今属浙江）人。万历进士，授礼科给事中，官终鸿胪卿。于万历十六年（1588）写过《太和山游记》。王士性的游山线路及日程安排是：第一天，由襄阳至谷城；第二天，由谷城至界山；第三天，游草店、玄岳门、遇真宫、元和观、回龙观，晚宿太子坡；第四天，游龙泉观、天津桥、紫霄宫、太子岩、榔梅祠、朝圣门、太和宫、金殿，晚宿南岩宫；第五天，游青羊涧、五龙宫、自然庵、老姥祠、隐仙岩、玉虚宫，晚宿遇真宫；第六天，游迎恩宫、静乐宫。

10. 明王在晋《游太和山记》

王在晋，字明初，太仓（今属江苏）人，明万历二十二年（1594）

进士，授中书舍人，历任江西布政使、巡抚山东右副都御史、南京兵部尚书等。他于万历三十四年（1606）秋游览武当山。其行程为：第一天，游静乐官、迎恩官、"治世玄岳"石坊、遇真宫、太子坡、十八盘，晚宿紫霄宫；第二天，由紫霄宫出发，历榔梅祠、欢喜坡、太和宫、金顶，晚宿太和宫；第三天，复上金顶观日出，下朝圣门、三天门、乌鸦庙、雷神洞，游南岩宫，过紫霄宫、回龙观、玉虚宫。该游记条理井然，语言典雅，描写细腻，对了解当时朝山进香等习俗有重要的参考价值。

11. 明袁中道《玄岳记》

袁中道于万历四十一年（1613）写过《玄岳记》。袁中道的游山线路及日程安排：第一天，从楚府庵出发，游草店、冲虚庵（又名金花树）、玄岳门、元和观、回龙观、关公庙、老君堂、太子坡、下十八盘、龙泉观、天津桥、九渡涧、玉虚岩、中琼台观，晚宿上琼台观；第二天，游天柱峰、金殿、三天门神道、南岩宫、舍身岩、紫霄宫，夜宿紫霄宫；第三天，游元和观、遇真桥、五龙行宫、仁威观、五龙宫、自然庵、长生岩，晚宿五龙宫；第四天，返回五龙行宫、游玉虚宫、遇真宫等处。袁中道《书太和记后》：

> 太和之山，无所不有，分之为洞天福地者，当不知其几。今欲一览而穷其胜，此其神情，何关山水？夫欲尽其要妙，虽山中黄冠，有不及至者。要以涉其梗概，太淹或不能留，太速又有不惬。觉日来游展，尚有所遗，都由山径不熟，故耳。令予再至，则知游矣。请以八日为期：朝从迎恩宫发，徐行于龙泉、九渡之间，日中而止紫霄，览紫霄毕，以其余力及七星、宝珠诸处，而胜可穷也；朝从紫霄发，徐行于摘星、天门之间，日中而止太和，谒帝、览太和毕，以其余及清微、朝圣诸处，而胜可穷也；朝从天柱发，徐行于天门、摘星之间，日中而止南岩，览南岩毕，以余力及歘火、不二

诸处，而胜可穷也；朝从南岩发，徐行于仙侣、青羊之间，日中而止五龙，览五龙毕，以余力及自然、长生诸处，而胜可穷也；朝从五龙发，徐行磨针、仁威之间，日中而止玉虚宫，览玉虚毕，以余力及仙衣、钵堂诸处，而胜可穷也；朝从玉虚宫发，折而右，徐行九渡、渊默之间，日中而止玉虚岩，览玉虚岩毕，以其余力溯蜡烛涧诸处，而胜可穷也；朝从玉虚岩发，徐行于中、下琼台之间，日中而止上琼台，览上琼台毕，以其余力及外朝峰诸处，而胜可穷也；朝从上琼台发，徐行于太上、八仙间，日中而止遇真，览遇真毕，以其余力及冲虚、元和诸处，而胜可穷也。竭此八日之力，即不必尽发其隐伏，而亦可以无遗憾矣……

12. 明雷思霈《太和山记》

雷思霈在万历年间登武当山。他的游山线路及日程安排：第一天宿谷城；第二天宿界山；第三天，经清微宫、太子岩，晚宿南岩宫；第四天，上太和宫，下三天门，过文昌祠、虎耳岩，晚宿南岩宫；第五天，游紫霄宫、玉虚宫，晚宿玉虚宫。

13. 明谭元春《游玄岳记》

谭元春的游山线路及日程安排：第一天，游迎恩宫、沐浴堂、遇真宫，晚宿玉虚宫；第二天，游金沙坪、系马峰、仁威观、老姥祠、五龙宫，晚宿五龙宫方丈；第三天，游青羊桥、青羊涧、仙龟岩、百花泉、滴水岩、过南岩，游紫霄宫、太子岩、虎耳岩；第四天，游南岩宫、飞升台、晒谷岭、铜殿垭、太和宫、金殿、上琼台观、中琼台观，晚宿中琼台观；第五天，游下琼台、蜡烛涧、玉虚岩、九渡涧等处。这篇游记，是谭元春游记中的代表作。

14. 明徐霞客《游太和山日记》

徐霞客（1584—1641），名弘祖，字振之，号霞客。江阴（今江苏）

人。他于天启三年（1623）写过《游太和山日记》。徐霞客的游山线路及日程安排：第一天，游迎恩宫，过草店，游遇真宫、太子坡、天津桥、九渡涧、十八盘、紫霄宫、榔梅祠、朝天宫、三天门、太和宫、金殿，晚宿太和宫；第二天，再游金顶、蜡烛峰、上琼台观、中琼台，出朝天宫右，游南岩宫南天门、正殿、石殿、飞升台，晚宿南岩宫；第三天，从北天门下，游滴水岩、仙侣岩、竹笆桥、青羊涧、青羊桥、五龙宫、自然庵、凌虚岩、榔梅台诸名胜，即下山至草店。该游记以纪实的手法，记录他游览武当山的所见所闻，可谓是一篇景点明确、路线清晰的导游手册。尤为可贵的是，他对武当山的自然环境、生态植被等均做了详尽的记录。如走到回龙观时，他描写道："满山乔木夹道，密布上下，如行绿幕中。"走到南岩时，但见"数抱松杉，连阴挺秀"。游记结尾处，他还将武当山与华山的植被状况进行了对比："华山四面皆石壁，故峰麓无乔枝异干……太和则四山环抱，百里内密树森罗，蔽日参天。至近山数十里内，则异杉老柏合三人抱者，连络山坞。盖国禁也。"

15. 明杨鹤《参话》

杨鹤（？—1635），字修龄。明武陵（今湖南常德）人。万历三十二年（1604）进士，累拜兵部右侍郎。他于天启三年（1623）游武当山，游山线路及日程是：第一天，从界山出发，历草店、"治世玄岳"石牌坊，晚宿遇真宫；第二天，历好汉坡、回龙观、太子坡、紫霄宫，晚宿紫霄宫；第三天，历南岩，游五龙宫等处，晚宿五龙宫；第四天，返南岩，历晒谷岭、榔梅祠、文昌祠、三天门、登天柱峰，晚宿太和宫；第五天，游蜡烛涧、琼台观，游玉虚宫。他在《参话》中写道："是役也，山行五日，一日晴，四日雨。雨后千山飞瀑，万流俱响，耳中如闻三峡流泉，可补山灵缺陷。"

16. 清钟岳灵《太和山记》

钟岳灵（1594—1674）均州人，对武当山尤为熟悉，所记登山路径颇详。西神道"从玉虚宫入，行山之腹，洪敞逸岩，起伏险远。松杉之木，一望数里，叠叠而上，回环于青映之中，大木过十围者奇且众"。途经遇仙坪（即金沙坪）、仁威观、五龙宫、南岩。东神道"从好汉坡入者，行山之脊，一往景物较玉虚又异，大率宫殿庵观因境著名者最多"，途经太子坡、天津桥、紫霄宫、南岩。自南岩上金顶，沿途经过斜桥、黄龙峰、显定峰、三天门等景点。从金顶下山之路"则入蜡烛涧，涧之幽清深秀，另一乾坤……群崖夹出，天如云汉昭回；一水百盘，人疑鸟虫之跳越。涧行三十里而还集于天津桥。此往返之大概也"。

17. 清王永祀《太和山记》

王永祀（1615—？），生平不详。明崇祯四年（1631），他 16 岁时曾游览过武当山。清康熙八年（1669）再游武当，作《太和山记》。虽然武当山经历了明末清初的战乱，但就王永祀游记中描写的情况来看，清初武当山九宫八观及庵、庙等建筑依然完好，并未有大规模被人为毁坏的痕迹。植被状况也保护甚好，如周府庵中"有桂八株，匝荫布地，时才吐蕚"，遇真宫至元和观间"万木扶疏，夹道而峙"，"从元和造岭，树尤奇，千寻百抱，郁盘蓼虬，鹊渡成桥，见树而不见山。山下草木掩暖，望莫穷极"。紫霄宫周围"杉桧参天，株可十围，曲如幢，立如人，不可胜数。而七星尤称最，使分其一二，植于通都，当亦与虞山之桧、慈仁之松争雄"。

18. 清蔡毓荣《登太和山记》

蔡毓荣（1633—1699），字仁庵。祖籍锦州。康熙年间任四川湖广总督。于康熙癸丑（1673）作《登太和山记》。此文虽然不长，但写出了作者登武当山的真切感受。记云："五岳并峙海内尚矣。太和山以崇祀真武上帝，特称大岳，又尊之曰'治世元岳'。虽昉于前朝永、嘉之代，而其兆灵北极，符协徽名，实维我国家肇基王迹，皇上诞膺景命之祥也。毓荣持节入楚，礼得祀其封内名山大川，瘝寐参上，四载于兹矣。癸丑之春，皇上特遣近臣，驰视绘图以进，此《诗》所谓'怀柔百神，及河乔岳'者也。毓荣縻于官守，未获对扬休命，窃怦怦焉。未几，有郧襄之役。由襄入郧，兹山为孔道云。"

19. 民国秦学圣《武当琐话》

秦学圣的《武当琐话》，记述了 1943 年 8 月 7 日他乘滑竿游览武当山的经历。他从草店出发，历老营宫、磨针井、太子坡、紫霄宫、太和宫，下山时遇到暴风骤雨，晚宿七星树小店；第二天游览南天门、南岩宫。

20. 民国峒星《武当山巡礼》

峒星于 1944 年作《武当山巡礼》，记述了中秋前到武当山旅游的经历：

财神庙附近有古迹名"夜宿岩"，其实只是"真武祖师"留宿一宵的所在地，正像一些现代大人物们在某地曾经驻足或题了字迹，除徒负虚名而外，别无胜景可寻。不过群岩之中夹以木屋数间，却也自有它的景趣。这里是十八盘道的止点，当从树木参差的围抱中，透露出一簇琉璃瓦的屋角时，那便是武当山中心的紫霄宫，我们四十里山路的步行在这里作为结束了。

这是座藏在深山中难得的建筑，和其他著名寺院一样，有着高阔壮巍的外貌和内容。从明永乐十三年起，便开始它所存在的年代，岁月已经在这里画上了年老的皱纹，可是紫霄殿上的雕梁画栋和双手合抱的庭柱，仍值得为后来的瞻仰者们所称颂。

回到紫霄宫，玉盘似的银月已经涌过东边的山峰，高悬在蔚蓝如泥的云际里；莹洁的光芒照遍整个山野，武当山的景物这时都在她的下面受着光明的洗礼。为了赏月，我们团坐在殿前的平台上，嚼着食盘里的山果，品茗清谈，这种环境极其优美，明月在前，我们自己也像清心涤虑忘记了尘世中的烦俗。名山中度佳节，每个人都该感到无限的兴奋。

作者走到金顶时，见到了久负盛名的金殿。

金顶的形状，颇如西式大厦中的露台，中间便是最负盛名的"金殿"——一座精美的宫殿式建筑。广阔各约丈余，它底每一部分，甚至瓦片和檐角上各种形物的装饰，都是用灿然光滑的铜质镂刻成功的。金殿外围是一百三十八根铜质的圆柱……这些铜像的铸造，从清晰可辨的鬓发和冠带中，可以想见他们的精细，虽然岁月深长已经褪去他们金装的外衣，然而像这些具有历史价值的伟大作品，实在是我国艺术史上值得留下的一页。

21. 臧克家《朝武当》

臧克家于 1946 年写的《朝武当》，记载了民国 29 年（1940）秋，他到武当山"朝圣"的见闻。在经过废弃的玉虚宫（老营宫）时，他写道："这一个废墟里埋着一个故事：当年建筑工人，成千累万，终年不停地工作，怕他们捞到了钱动了归思，便在这儿设了一个'翠花巷'，里面全是一些擦粉黛绿的卖笑人，工人在这儿享乐一时，把腰包倒完，不得不再回头去受那长年的辛苦。她们，这些可怜的女子，像花一样，吸引着那些劳苦工蜂。"他走到乌鸦岭时，见过乌鸦接食的奇观，他又写道："游过'武当'的人，过乌鸦岭不会忘买两个馒头，站在岭头上，叫几声'老鸦、老鸦'，老鸦便哑哑的不知从什么地方来到半空里捉住，有的随着它坠到山谷里。"

22. 纪乘之《武当纪游》

纪乘之于 1947 年写《武当纪游》。

　　民国时期的游记多为白话文，通俗易懂，如峒星和纪乘之的作品里记载了"朝武当"的民俗："每年来拜山的香客颇多，大约二三月间来者为河南人民，四五月间为四川人，九十月间者本省人，尤其是汉阳府一带的香客，络绎不绝。"

　　1949年以后创作的武当山游记主要有：碧野的《武当山记》《武当春暖》，王维州的《武当山日出记》，沐溢的《一柱擎天话武当》等。

第七章
武当山旅游发展研究

第一节　武当山旅游发展概述

一、武当山旅游特色分析

武当山最大的资源优势是道教文化。道教文化内容广泛，包括道教建筑、道教武术、道教音乐、道教法事、道教药膳、道教经典、道教传说等。武当山处于南北文化交汇处，"朝为秦、暮为楚"，除道教文化外，南北文化交融和荆楚文化积淀在此非常突出，这也是武当山的一大文化内涵。[①]

（一）武当山道教

道教是我国土生土长的宗教。它在中国文明史中起着重要的作用。武当山道教是中国道教的一个重要组成部分，其发展得到历代统治者的扶持和推崇。武当山的地位在明朝时达到高峰：先后被皇帝封为"大岳"（明成祖），"治世玄岳"（明世宗），其地位高于五岳，被尊为"四大名山皆拱揖，五方仙岳共朝宗"的"五岳之冠"，"雄镇五岳而祀超百代"。武当道观成为专为朝廷祈福禳灾的"皇室家庙"，在道教领域

---

① 廖兆光．加快发展武当山旅游业的思路及对策[J]．湖北社会科学，2002（12）．

中取得了独尊的地位，成为全国最大的道场和全国的道教活动中心，影响深远，在中国道教史上写下了辉煌的篇章。

（二）武当山道教古建筑群

武当山道教建筑群是中国现存规模最大、等级最高、保存最为完好的道教古建筑群，是武当山世界文化遗产的核心，被喻为"峭壁上的悬宫"。其特色价值主要体现在以下几个方面。

规模宏伟，工程浩大。明朝政府"南修武当，北修故宫"，大兴土木，先后动用了 30 万工匠，历时 14 年来修建武当宫观，建成包括九宫、八观、三十六庵堂、七十二岩庙的大规模的道教建筑群，成为皇室利用宗教思想加强统治的重要场所。经过后来的不断扩展，武当山共有 2 万多间庙宇，总占地面积 160 万平方米，超过故宫一倍以上，形成了"五里一庵十里宫，丹墙翠瓦望玲珑"的宏伟场面。

紫霄宫

选址独特，布局巧妙。武当山建筑选址融合"阴阳典术"的道家思想、中国古代"风水术"及真武修仙的神话，并严格按照政权和神权相结合的意图营建。布局方面，武当山整个建筑群依山就势，处处结合自然环境，巧妙利用峰峦岩涧和奇峭幽壑，建设时最大限度地保留了山体的原始风貌。武当建筑群的中心位于天柱峰顶的金殿，处于全山各悬崖绝壁的八大宫是其主体，众多的庵堂神祠自成体系分布在主体建筑的周围，庞大建筑群与群山和谐地融为一体，完美地体现了"天人合一"的道教理念。

太和宫

　　总体规划严密，建筑技艺高超，工艺精湛。规模宏大的武当建筑群采取了皇家建筑法式，统一设计布局，其总体规划十分严密，在建筑技艺和建筑美学上均达到了很高的成就，体现出我国古代科技的伟大成就。这里有中国现存最大的铜铸鎏金大殿——"金殿"，被喻为"中国古代建筑和铸造工艺中的一颗明珠"，其焊接和铸造技术已达到相当高的水平。此外如"九曲黄河墙""一柱十二梁""转身殿"等也都体现出古代建筑技艺的高超，是我国宝贵的文化遗产。武当道教建筑被誉为"补秦皇汉武之遗，历朝罕有，张金阙琳宫之胜，亦寰宇所无"（见清代张开东《大岳赋并序》）。1982 年武当山被国务院列为全国重点风景名胜区，称武当山古建筑群"工程浩大，工艺精湛，成功地体现了'仙山琼阁'的意境，犹如我国古建筑成就的展览"。

南岩宫

（三）武当武术

中国武术界素有"南崇武当，北尊少林"之说，武当武术乃中华武术一大名宗，源于著名道士张三丰。武当武术深受道教思想影响，融入道家高深的哲学智慧，集阴阳理法和中医经络学说，故能刚柔相济，动静结合，达到阴阳平衡，区别于注重外在功夫的少林拳。武当武术是中华民族文化的宝贵遗产，在国际上也颇有影响。如今，武当拳、太极拳、太极剑已是闻名天下，深受民众的喜爱。

武当武术

（四）武当道教音乐

武当道教音乐又称武当道乐，是中国道教音乐文化的重要组成部分。道教音乐是道士们念经和进行法事活动时表演的乐曲。道教音乐、道教法事不仅是一种礼仪，还是一种健身方法和精神娱乐。明代大兴土木营建武当道场，从全国选出 400 名高道来武当山办道，还抽调宫廷雅乐来壮大声威。由此武当道乐具有丰富的内涵和鲜明的特征：

一是受宫廷雅乐影响，武当道乐有谨严典雅的气质。

二是元明两代全真、正一两大派道士长期同室咏诵经乐，相互吸收，形成丰富多彩、协调一致的武当仙乐神韵。

三是武当道乐一方面承袭了远古巫觋乐舞传统及先秦的民俗祭神音乐，另一方面又吸纳了大量地方民间音乐元素。除本地音乐外，周边地域的音乐也对武当道乐产生着影响，如"秦音楚声""秦腔豫调""楚韵汉调"等。

四是明皇室从各地抽调 400 名高道来武当山，带来了风格各异的音乐，最终形成武当道乐南北交融的地方特色。

五是南北朝至清代，道教吸收了相当数量的佛教文化因素，因而武当道乐有佛、道融合的宗教音乐风采。

武当道乐在长期历史传承发展中不断创新，最终形成南北交融、以道为主、同时兼有佛教音乐和民间音乐旋律的道教音乐，被称为武当仙乐神韵。武当道教音乐，悦耳动听，是武当山宗教文化遗产中极富特色的一部分。

（五）绮丽的自然风光

武当山虽以"文化遗产"被列入世界遗产目录，但武当山的自然风光也毫不逊色于其人文资源。武当山自然景观有七十二峰、三十六岩、二十四涧、十一洞、三潭、九泉、十石、九台等，风光优美，各具特色。自古以来，武当山优美的自然风光就一直吸引着无数的道教修仙者、帝王将相、文人墨客和隐士们。明代地理学家徐霞客盛赞武当山"山峦清秀、风景幽奇",认为"玄岳出五岳上"。这里还有着"顶镇乾坤举世无双胜境,峰凌霄汉天下第一仙山"的美誉。最著名的自然景观为"七十二峰朝大顶,二十四涧水长流"。海拔1612米的主峰天柱峰,如擎天一柱,拔地冲霄,周围有七十二峰拱立,二十四涧环流,天柱峰坐落在群山之中,其余诸峰均俯身颔首朝向主峰,构成了"万山来朝"奇观。联合国赴武当山专家考察组官员们也盛赞武当山美丽的自然风貌。

(六)丰富的历史文化遗存

武当山地区历史悠久,蕴藏着丰富的史前文物。目前已出土恐龙蛋化石、海洋无脊椎动物化石、古猿颅骨化石、猿人牙齿化石等丰富遗存。这里曾是人类祖先的栖息地之一,也是中国文明的重要发源地。武当山地区曾是楚国早年国都所在地,秦汉以来历朝历代均有建制及发展,悠久的历史为本地留下了大量珍贵的文化遗存。其中道教文物极为丰富,有我国道教文物宝库之誉。

(七)丰富的药用植物资源

武当山植物资源特别是中药材资源十分丰富,是我国现存野生药材最集中的区域之一。初步确定武当山现有野生药材617种。早在魏晋南北朝即有隐士在此采药修炼,唐宋以后更是络绎不绝。明代著名医学家李时珍,长期在武当采药。据统计,《本草纲目》中有400余种药材取自武当山。俗话说"十道九医",道教素有重视医药学研究的传统,博大精深的道教养生文化与现代旅游开发的健康理念相一致,药用植物资源是武当山开发养生旅游产业得天独厚的特色资源。

(八)多彩的民俗文化

武当山地区深厚的历史文化底蕴为本地留下了丰富的民俗文化资源,道教气息浓郁的民俗文化是其中的一部分,如武当真武信仰民俗、大法会、罗天大醮、进香、斋膳、禁忌等习俗以及三月三、九月九等与道教信仰密切相关的游艺节日民俗。另外，武当山还留存有许多历代高道、帝王将相、社会名人等的传说故事，如著名的"铁杵磨针""太子读书"等，以及大量描绘武当山的诗、词、歌、赋、游记、小说等文学资源。此外，由于唐宋以来历代朝廷的扶持及明代大修武当，部分宫廷文化与来自全国不同源流的民俗文化同聚于武当，与本地民俗文化碰撞、融合。南北文化交融和荆楚文化积淀在武当山地区表现得非常突出，所以武当民俗文化还表现出来源广泛、南北相融、多姿多彩的显著特点。

武当大兴 600 年庆典开幕式

综上所述，世界文化遗产地武当山旅游资源特色在于道教文化，道教古建筑、武当武术是其核心。此外，武当山自然景观、民俗文化等旅游资源的特色也十分鲜明，极具开发价值。从旅游业发展趋势来看，能吸引世界各地大量游客的是武当武术和道教养生。

二、武当山旅游发展成就

武当山是世界文化遗产，道教第一名山，以神秘的道教文化、玄妙的武当武术、绝奇的古建筑、绮丽的自然风光闻名天下，蜚声中外。20 世纪 80 年代初以来，武当山励精图治，旅游产业从无到有，取得了举世瞩目的成就。①

（一）武当山旅游发展现状

第一，稳固的旅游客源市场。港、澳、台成为武当山最大的境外旅游市场。河南、陕西、湖北、广东等周边省份构成了武当山主要的境内旅游市场。

第二，旅游接待规模稳步增长。统计资料显示：近10年来，武当山旅游人数年增长率为17%，旅游收入每年以近20%的速度持续增长。

第三，稳定的旅游产品体系。武当山旅游立足于道教，开发了太子坡、紫霄宫、南岩、金顶4个景区，形成了武当风景名胜游览观光产品和武当朝圣专项旅游产品。同时加大了武当武术的开发力度，举办了以弘扬武当武术文化为宗旨的武当国际旅游节，推出了《天下太极出武当》《梦幻武当》等大型武术演艺节目，为深度开发武当武术专项旅游产品打下基础。当前，武当山大力开发太极湖生态度假旅游区，修复五龙宫生态旅游区和玉虚宫遗址公园，着力优化观光、度假、休闲、文化旅游产品结构，形成以观光旅游、特种旅游、专题旅游、休闲和度假旅游为主体的旅游产品体系，以从根本上改变武当山旅游产品单一的格局。

第四，鲜明的旅游目的地形象。武当山推出了"问道武当山、养生太极湖"的宣传口号，通过宣传推广和市场开发，围绕"问道"和"养生"开发了一系列产品，打造集道文化深度体验、山水观光、养生度假于一体的国际知名旅游目的地、世界一流山水养生旅游区和国家生态文化示范区，实现了从观光旅游地向休闲旅游地的转变。

第五，完善的旅游公共服务体系。近几年，智慧旅游和旅游物联网开始兴起，推进旅游业由"信息化"时代和"数字化"时代大步迈进"智慧化"时代。近年来，武当山围绕智慧旅游，重点加大对基础

---

① 廖兆光. 供给侧改革视域下武当山旅游业突破性发展研究[J]. 湖北文理学院学报，2018（2）.

设施的投入，形成了全域旅游发展的新格局。

一是加强智慧旅游基础建设。武当山在游客相对集中的武当山机场、火车站、游客中心、太极湖码头、宾馆酒店等场所完善旅游信息查询触摸屏布点。增设自助取票设备和智能门禁系统，使游客能利用电子门票或扫码自助验证便捷进入景区。试点建设"无线景区"，为进入景区的游客和商务人士提供免费便捷的网络服务。开发完善智慧终端应用，加强智慧旅游服务平台建设，主要包括与携程、美团、途牛、飞猪、百度地图、高德地图等旅游电子商务平台合作，建设区域旅游信息资源库。开发完善手机 App、"微商城"等，实现线上线下互动。完善手机接收视频、音频等移动互联网资源功能，通过官方微博、微信公众号等新媒体对目标市场进行精准推送。武当山通过开发完善智慧终端应用，优化旅游环境，提升了城市旅游公共服务和景区解说服务水平。

二是形成了立体化的交通网络。在省市各级政府的大力投资下，武当山交通区位不断优化，机场、码头、高速铁路、高速公路等基础设施得到了不断完善。

三是加强了必要的基础设施和公共服务项目的投资。旅游目的地的竞争说到底是城市经济社会发展水平和综合实力的竞争。近几年，武当山机场增加了与北京、上海、广州、西安、武汉、重庆等主要客源地之间航线和航班；改造了武当山火车站，提高武当山旅游列车档次；建设了旅游车队，改造升级了琼台索道，彻底解决游客进出武当山难的问题。加大对现有宾馆饭店的改造，全面提高宾馆饭店档次；兴建了一座四星级饭店和一批特色民宿，解决了武当山宾馆饭店结构不合理的局面，满足不同层次游客的需求。兴建了太极广场和武当大剧院，增加演艺娱乐项目，彻底改变"白天看庙，晚上睡觉"的局面；推出有特色的武当道教饮食和地方风味菜肴，增加饮食文化内涵。逐步做到旅游业六大要素协调发展，扩大武当旅游容量，壮大武当旅游产业集群。

（二）武当山旅游发展重大进程

回顾改革开放四十年以来的发展进程，武当山一直都没有停止过因地制宜、因时制宜的实践探索，也一直都没有停止过总揽全局的理论探讨和战略设计。总的来说，改革开放以来，武当山旅游成功地实现了四次大的飞跃：

一是 1980 年设立"武当山风景筹备处"，这是武当山旅游业发轫的标志。

二是成功申报世界文化遗产。1994 年，武当山被列入世界文化遗产名录，这是武当山旅游业腾飞的起点，从此武当山旅游发展驶入快车道。

三是理顺了行政建制和管理体制。改革开放以来，武当山经历了近 10 次行政建制调整和管理体制变更。2003 年，湖北省委省政府创造性地构建了"旅游经济特区"，将武当山旅游发展的落脚点从风景区经济提升到区域经济层面，实现了从山区小镇到旅游经济特区的历史性跨越。

四是推进全域旅游目的地建设。2016 年以来，武当山特区大力推进旅游业转型升级，加强全域旅游目的地建设。以人文环境和旅游氛围为特色，使武当山镇城市功能旅游化，突破传统景区的单一管辖范围，以旅游业统筹社会经济发展，旅游业的经济引擎功能、文化扩散作用、环境改善质量和社会协调效应日益显著，初步实现了景区与城市之间的有效融合。

三、武当山旅游市场特征

根据武当山旅游经济特区公布的统计数据，2017 年武当山接待中外旅游者 760 万人次，同比增长 15%，实现旅游总收入 43 亿元，同比增长 18%，接待境外游客 19 万人次，同比增长 3.5%，实现创汇 6000 万美元，同比增长 6%，占据鄂西圈旅游业半壁"江山"，是湖北省旅游业最发达的地区之一。然而，武当山旅游市场的持续高速增长并不能掩盖武当山旅游供给和需求之间的结构性矛盾。了解旅游者需求和期望、掌握客源市场特征，对制定供给侧结构性改革战略至关重要。为获取丰富的第一手资料，我们对武当山的客源市场进行了专题调查。调查地点选择游客相对集中的游客中心、玉虚宫、太子坡、紫霄宫、南岩宫、金顶、琼台索道、太极湖码头。调查共发放问卷 1262 份，100%收回，其中有效问卷 1137 份。本次调查由汉江师范学院旅游管理专业 28 名在武当山导游服务中心实习的学生历时 20 天完成。调查结果表明，武当山旺盛的旅游市场需求与旅游有效供给不足之间的矛盾比较尖锐，主要表现在以下 5 个方面。

1. 旅游组织方式：传统团队组织方式不适应互联网时代旅游潮流

从旅游组织方式上看，团队旅游是在导游的带领下按照旅行社规定的路线完成旅游的过程。散客按照个性化需求自由选择交通方式、自行确定行程和自我定制旅游路线。调查显示，在出游方式上，武当山国内游客中团散比约为 2∶8，散客中自驾游占 35.33%，高铁动车占 51.85%。海外游客中团队比例占 80.12%。从组织方式来说，以旅行社为主体的团队旅游组织方式受到较大冲击，以平台经济和网络经济为主体的散客和代理旅游组织方式已成为最主要的旅游组织方式。

2. 旅游市场结构：旅游市场集中度高、地域空间分异明显

首先，从游客层次结构来看，游客年龄较年轻，18～45 岁的占 82.32%；学历程度偏高，本科及以上学历的占 50.84%；收入水平为每月 2 500～4 000 元的占 76.87%。调查显示，香港、澳门、台湾构成武当山境外旅游市场的主体，占 61.57%。经济发达的欧美市场开发不足。国内市场以湖北、河南、陕西、广东、四川等周边省份为主，800 千米范围内客源占 80.04%，上海、江苏、山东、浙江等远程市场开发不足。调查发现，随着南水北调中线工程正式通水，北京、天津等受

水区游客对水源区感知形象大幅度提高，游客数量增长迅速。

其次，从客源区域集聚度看，地域空间分异表现为对铁路枢纽干线和高速公路干线具有较强的依赖性。武当山已经形成航空、高铁、港口、高速公路等多种交通方式有效衔接的立体化快速交通网络。武当山客源中沿京广高铁分布的占 60.25%，沿汉十高铁分布的占省内客源的 65.61%，沿福银（汉十）高速公路线分布的占湖北省内客源的 80.65%和国内客源的 37.29%，沿十（堰）天（水）高速、麻（城）安（康）高速分布的较少。调查中发现，选择航空方式出行的游客数量较少，主要原因是武当山机场通航时间较短，航线航班较少。

3. 旅游产品结构：基本层次比重过大，发展层次和专项层次
   发展缓慢

从旅游产品结构来看，基本层次的观光旅游仍然占据主流，体验性、参与性强的文化、宗教、武术、娱乐和度假产品发展缓慢。总体而言，武当山仍然需要改变以观光旅游为主体的旅游产品供给体系，大力加强旅游产品开发，围绕"景城合一、山水一体"，着力延伸旅游产业链，优化观光、度假、休闲、文化旅游产品结构，形成以观光旅游、特种旅游、专题旅游、休闲和度假旅游为主体的旅游产品体系，有效匹配旅游市场需求。

4. 旅游产业结构：旅游产业六大环节有待进一步优化

一般而言，旅游经济效益主要体现在吃、住、行、游、购、娱六大旅游环节。其中，"吃、住、行"三个环节是旅游的基本消费环节，"游、购、娱"是消费弹性较高的环节。调查客源中，人均消费为 500～800 元的占 70.36%，35.62%的游客停留时间为 2 天，旅游购物花费 200 元以内的占 87.34%。旅游门票支出（含索道、景区换乘交通费）、旅游住宿、旅游餐饮支出是游客在武当山期间的主要消费支出，旅游娱乐、旅游购物支出较少。量化分析表明，武当山旅游产业结构不合理，基本消费比重过高，尤其高度依赖门票经济，旅游纪念品（工艺品）开

发严重不足，尚未形成匹配大众旅游消费的品牌旅游纪念品（工艺品）。

5. 旅游要素结构：技术、服务、人力要素效益有待提高

从信息获取渠道看，游客更重视旅游预订平台和旅游信息服务平台，其次是口碑，同时注重多重信息渠道的互相印证和信息强化。调查客源中，游客通过携程、同程、美团等预订平台和武当山旅游网获取武当山旅游资讯的占 95.87%，从微信、微博等社交媒体处获得信息的占 38.79%，从朋友或同事处获得武当山信息的占 28.67%，具有双重信息渠道的占 70.36%。调查表明，武当山在线旅游渗透率不高，通过网络购票的游客占 13.18%，在线旅游仍拥有巨大的发展空间。游客对武当山智慧旅游信息化水平及景区解说系统满意度较低，满意比例仅占 10.55%；对游客中心、换乘中心等重点区域新技术普及，如电子门票、自助设备、移动设备、掌上武当 App 等评价较低，满意比例仅占 15.39%。

第二节 武当山旅游管理模式研究

自 1980 年开始，三十多年来，武当山风景区管理体制历经多次变更。在过去的一段时期，武当山政企不分，责权不明，条块分割，各自为政，诸事无序。武当山管理上条块分割的主要表现有：武当山长期接受多头管理，与十堰市、丹江口市的关系不明晰，十堰市政府、丹江口市政府及旅游、文物、教育、宗教等部门都对武当山拥有或多或少的行政权力，都在武当山设置了管理机构，实行不同程度的管理，形成管理体制上各自为政、政出多门的现状，给实际的行政管理和协调工作带来诸多不便，造成了有权管理的无力开发、有力开发的无权管理的现象。

一、我国旅游管理体制的典型模式

改革开放以来，中国旅游景区管理体制不断改革和创新，许多著名的景区和景点根据发展需要因地制宜，形成了独具特色的管理模式。为此，我们从行政建制、经营体制、旅游管理方针、内部能力建设等几个方面，对国内成功的案例进行理论梳理，简要总结出一些成功的做法和经验，以黄山模式、九华山模式、泰山模式、武陵源模式为例，进行横向比较研究，见表 7-1。

表 7-1　国内景区管理模式比较

典型模式	行 政 建 制	经 营 体 制	旅游管理方针	内部能力建设
黄山模式	隶属黄山市黄山区，黄山管委会主要领导由黄山市主要领导兼任	黄山旅游集团和黄山旅游发展有限公司与黄山管委会是一套人马，两块牌子	遵循"严格保护、统一管理、合理开发、永续利用"的方针，坚持"山上游，山下住"的管理方针	采取了一系列工程、技术、管理、行政等措施，强化自身建设能力
九华山模式	九华山管理委员会属于池州市政府派出机构，九华山风景区工作委员会属于池州市委的派出机关。没有人大和政协，管委会和党委是一套班子，两块牌子	集团公司是管委会下面直属机构，由原来的国资委演化而来，股份公司是集团公司下面的一个二级公司，主要是集团公司控股	遵循"科学规划、统一管理、严格保护、永续利用"的发展方针，使山上常住人口逐渐减少，让景区的文化旅游功能更突出	采取了分区建设、功能整合、竞争联动的发展建设模式
泰山模式	泰山旅游管理委员会管理景区旅游相关业务，同时泰山旅游管理委员会又隶属于泰安市泰山区旅游局，形成双头管理	泰山旅游管理会具体负责旅游管理、运营、服务等方面的工作	实现了对泰山森林、植被及旅游景点的 24 小时全方位监控，在景区资源监测、森林防火、游人安全管理方面进展很大，能够科学合理地保护、管理好泰山	在极力保护核心景区的文化、自然遗产资源的同时，加强招商引资和配套项目建设的力度

典型模式	行政建制	经营体制	旅游管理方针	内部能力建设
武陵源模式	武陵源管理体制比较复杂,一方面涉及的利益主体比较多,另一方面,行政主导的方向不尽相同,但是均以旅游管理委员会为主,不设行政职能	武陵源的管理运营形成了张家界、索溪峪、天子山三个景区"三足鼎立"的格局,张家界国家森林公园处于龙头地位	有利于武陵源的规划建设和管理是武陵源的管理方针	在规划、设计、建设等方面强调各方利益的均衡,加强内部协调工作力度

二、武当山管理体制的探索与嬗变

武当山从 20 世纪 80 年代初开始,就致力于管理体制的探索,到现在已经历经七次大的变革。每次变革,不管在形式上还是内容上都具有高度的前瞻性和引领性,值得我们细细品味和总结。

(一)几度分合:局镇合一管理体制的曲折走向

武当山风景区开发建设始于 1980 年。1980 年 7 月成立"武当山风景区筹备处",省委、省政府还专门成立了"武当山风景区建设领导小组"。1982 年 4 月成立了"武当山风景管理处",1984 年 12 月,"武当山风景管理处"和"武当山镇"合并为"武当山管理局(镇)",实行局镇合一管理体制。1986 年 12 月,武当山管理局更名为"武当山风景管理局",为县级机构,隶属原郧阳地委、行署领导。1987 年 4 月,局、镇分设,武当山风景区管理局仍为正县级机构,由丹江口市代管。1993 年 12 月,武当山风景区管理局与武当山镇又一次合并,成立"武当山风景区管理局(镇)",实行一套班子、两块牌子体制,由丹江口市代管。此体制改革历程如表 7-2 所示。

表 7-2　武当山管理体制变动一览表

时　间	管理机构	组织结构或行政隶属关系
1980 年 7 月	武当山风景区筹备处	——
1982 年 4 月	武当山风景管理处	——
1984 年 12 月	武当山风景管理处和武当山镇合并为武当山管理局（镇）	实行局（镇）合一管理体制
1986 年 12 月	武当山管理局更名为武当山风景管理局	为县级机构，隶属原郧阳地委、行署领导
1987 年 4 月	局镇分设	武当山风景区管理局仍为正县级机构，由丹江口市代管
1993 年 12 月	武当山风景区管理局与武当山镇又一次合并，成立武当山风景区管理局（镇）	实行一套班子、两块牌子体制，由丹江口市代管
1997 年 8 月	武当山风景区管理局（镇）与省级武当山旅游经济开发区合并成立武当山旅游经济特区	实行一套班子、三块牌子，即湖北省武当山旅游经济特区、湖北省武当山风景管理局、湖北省武当山旅游局，仍为正县级机构，由丹江口市代管
2003 年 6 月	武当山旅游经济特区工作委员会、武当山旅游经济特区管理委员会	分别为十堰市委、市政府的派出机构，与武当山风景区管理局实行一个机构、两块牌子

　　第一，武当山管理体制的变迁是多种力量长期发展和博弈的过程，当武当山因旅游而成为一项重要财源时，行政建制便成为有关部分争夺武当山管辖权的通道，这种争夺既是变革的动力，又是变革的阻力。

第二，在武当山管理体制的变迁中，政府创新性地构建了局镇合一的管理体制，较早地关注到了景区发展与当地社区的互动关系，但这种关注仍然停留在行政管辖层面，表现为局镇合一体制的形成、分解与再次重构。

第三，行政建制的不合理使武当山在谋求自身发展的过程中始终处于被动服从的尴尬局面，而这正是武当山"守着金山讨饭吃"以及2003年遇真宫失火的深层次原因。

（二）有名无实：旅游经济特区新体制引发的成长阵痛

武当山保护与旅游经营均需要适当的行政建制来支持。1997年7月，武当山风景区管理局（镇）与省级武当山旅游经济开发区合并成为湖北武当山旅游经济特区，实行三块牌子、一套班子，即湖北省武当山旅游经济特区、湖北省武当山风景管理局、湖北省武当山旅游局仍为正县级机构，由丹江口市代管。这样，就出现了一个世界级风景名胜区却以乡、镇级政府的职能模式和工作方式运行的局面。"管景区的管不了景点，管建设的管不了规划，管山的管不了林，管庙的管不了人"，这曾是武当山管理面对的尴尬和困境。

这次体制改革，表面上扩大了武当山的管理权限，但由于没有理顺与丹江口市之间错综复杂的关系，景区发展仍然困难重重。旅游经济特区有名无实，条条框框的制约以及由此产生的行政摩擦时有发生，"特区不特、封闭不封、上下左右走不通"，造成丹江口市与武当山旅游经济特区之间的芥蒂和隔阂。可以这样说，从20世纪80年代初到2003年的二十多年中，因体制、交通、管理等因素的制约，武当山旅游经济发展举步维艰，其旅游发展状况与武当山所具有的品牌价值相差甚远。这一阶段，景区最好的年份旅游人数仅20余万人，财政收入仅2000余万元，"守着金山讨饭吃"是当时武当山旅游业发展情况的真实写照。

（三）凤凰涅槃：特区体制在烈火中新生

2003 年 1 月，武当山遇真宫荷叶殿在一场大火中化成了一片废墟，引起了国内外的广泛关注，武当山的发展问题开始摆上省委、省政府的重要议事日程，体制改革最先发力。当年 6 月 17 日，省委、省政府在武当山召开建设发展现场办公会，决定在武当山设立真正意义上的旅游经济特区，实施"主权不变、治权独立、事权下放"的管理体制。

会议决定赋予武当山独立行使县一级政府职能的权力，实行封闭管理，让武当山旅游经济特区全面负责武当山风景区的保护、管理、开发、利用、规划和建设。同时，十堰市委对武当山的领导班子予以改组和调换，将原来管理武当山的两个县级单位、一个科级单位进行整合，撤销武当山旅游经济特区党委，设立武当山旅游经济特区工委，为十堰市委的派出机构；设立武当山旅游经济特区管委会，为十堰市政府的派出机构（正县级），与武当山风景管理局实行一个机构、两块牌子。这一决策，使武当山实现了从山区小镇到旅游经济特区的历史性跨越（见图 7-1）。

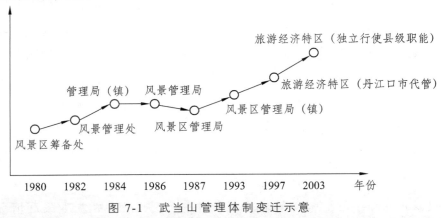

图 7-1　武当山管理体制变迁示意

以此次会议为标志，武当山开始进入快速发展时期。2008 年，旅游接待人次 122 万人次，实现门票收入 5200 万元，旅游总收入 5.6 亿元，财政收入 1.5 亿元，较 2002 年分别增长 213%、333%、1120%、522%。2009 年，旅游接待人次 160 万人次，实现门票收入 7000 万元，旅游总收入 6.6 亿元，财政收入 1.8 亿元，同比分别增长 31%、34%、18%、19%。武当山古建群全部被列为"全国重点文物保护单位"，武当武术、武当山宫观道乐、武当山庙会被列入"国家非物质文化遗产名录"。武当山风景区被建设部授予"全国风景名胜区综合治理先进单位"，被中央文明办、建设部、国家旅游局授予"全国文明风景旅游区创建工作先进单位""国家级风景名胜区综合整治工作优秀单位"，被中华人民共和国人事部、国家旅游局授予"全国旅游系统先进集体"，被国际旅游联合会评为"欧洲人最喜爱的中国十大景区"，被建设部评为"最受群众喜爱的中国十大风景名胜区"，被中国自驾车协会评为"首届中国自驾车旅游品牌十佳目的地"，被中国城市竞争力研究会评为"中国十大避暑名山"，在"中国最美旅游胜地排行榜"评选活动中被评为中国最美的十大宗教名山之首。

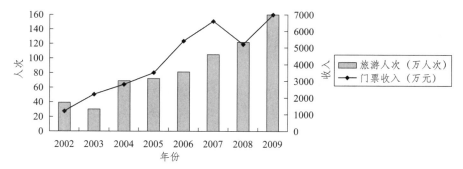

图 7-2 体制变革前后武当山旅游经济发展相关数据

三、武当山管理模式的建构与解读

武当山现行的管理体制，就其系统性、可操作性、创新性、有效性而言，在我国景区中有其独特之处。因此，对这样一种全新模式的梳理，既可以填补学术空白，为更好地理解"政府在旅游资源保护、开发和社会调控中的作用"提供一个有力的分析工具，又能引导实践，为今后景区管理体制的改革提供可资借鉴的方向，从政府发力的高度进行一场助推旅游产业与社会经济迅速腾飞的理念创新。该模式最大的贡献是用武当山旅游经济特区这样一个强力组织统领整个区域的所有事务，破解了传统景区发展管理模式的制约性瓶颈因素，符合社会经济发展规律。

（一）主权不变、治权独立、事权下放

对景区管理者而言，景区的行政建制意味着其行政地位，意味着其可获得的行政授权与制度保障。而 2003 年的体制改革，确定了武当山旅游经济特区实行"主权不变、治权独立、事权下放"的管理体制。

主权不变：保持现有行政区划不变。这种做法减少了体制改革的阻力和成本，便于特区与十堰市、丹江口市之间的事务协调。

治权独立：赋予武当山旅游经济特区独立行使县一级政府的管理职能和权限，实行封闭管理，武当山特区政府全面负责武当山风景区的保护、管理、开发、利用、规划和建设。

事权下放：除检察院、法院、人大、政协等权力部门外，税收、公安、工商、规划、建设、土地、宗教事务处理等县级行政权力，都由武当山特区独立行使。

上述体制真正理顺了武当山与十堰市、丹江口市及当地社区之间的关系，有效消除了部门之间的利益冲突，按旅游发展规律办事，由此拉开了武当山经济社会协调发展的新一幕。

（二）景政合一

武当山旅游经济特区管委会与武当山风景管理局一个机构、两块

牌子，实现了"景政合一"。

"景政合一"的模式需要建立高效精干的管理机构。要加快武当山发展，只有轻装前进。在这样的需求下，特区决定恢复湖北省武当山风景名胜区建设领导小组，由一位副省长任组长，按照"小政府，大社会"的管理模式，实行武当山政企分开、政事分开，实现管理经营分离，切实加大依法保护力度。核心景区管理要高效、精干，研究解决部门分割执法的问题，实行综合执法。同时要在管理机构内部引入竞争机制，积极推进人事制度改革，大力压缩机构和精简人员，实行定编定岗，竞争上岗。

（三）党政合一

为了减少行政扯皮和部门制约，武当山旅游经济特区开创性地实行了"党政合一"，破解了同心圆模式下"多头管理、相互推诿、效率低下"的怪圈。

第一，对职能部门进行合并精简，特区下设纪律检查委员会、组织人事部、宣传部、文物宗教局、旅游发展局、景区管理局、国土资源局、规划建设局、发展改革与经济局、公安局、财政局、人口与计划生育局、农村工作局、社会事务局、武装部、工会、团委、妇联、武当山道教协会、税务局、工商局、街道办事处、地方志办公室、中国武当功夫团 24 个职能部门。

第二，不设人大和政协。

第三，只设一个一把手，工委书记、管委会主任由一人担任，主持和统筹全面工作。其他班子成员按职责分工分设，分管领导相互不交叉，大事党委会讨论，小事直接通过。现场发现问题、现场拍板和落实。权力充分下放，调动中层领导干部的主观能动性和积极性。

第四，特别需要指出的是，与其他景区设立的、只被赋予政府部分职能的管委会或管理局不同，武当山特区政府含有税务局等一级政府职能，其有财力自主进行景区开发和建设。

（四）景城合一

世界遗产地风景区的行政建制需要从"确定风景名胜区的土地空间、确定风景名胜区的行政级别、确定用于支持风景名胜区保护与旅游经营的外围土地空间、确定风景名胜区与外围社区的行政关系"四个方面着手考虑。除以上我们提到的武当山旅游经济特区为正县级行政级别、封闭管理以外，该体制还明确了武当山风景名胜区的土地范围以及其与外围社区的行政关系。

20世纪八九十年代，武当山就已经实施了局镇合一的管理体制，武当山风景区管理局与武当山镇合二为一。随后武当山旅游经济开发区又被纳入武当山体制中。到2003年，武当山特区区域总面积312平方千米，其中城区规划区面积6.8平方千米，建成区面积2.8平方千米，辖1个街道办事处、29个行政村、2个居委会，总人口达到5万人，已是一个旅游城市的微缩体。从这个意义上看，武当山旅游经济特区已完全突破传统景区的单一管辖范围，以统筹社会经济发展为切入点，实现了景城之间的有效融合。

第三节　武当山全域旅游发展对策

一、全域旅游发展的时代背景

根据近几年国家旅游局发布的统计数据，随着互联网尤其是移动互联网的快速发展，旅游者的旅游消费需求发生了显著变化，高度定制化的自由行取代标准化的团队游成为旅游者最主要的旅游方式，散客化取代跟团游导致旅游组织方式发生重大变革。游客旅游需求多样化、个性化和旅游行为由传统单一型观光游览向休闲娱乐度假多元复合型转变对旅游目的地产生着一系列持续影响：推动旅游产业结构转型升级、推动景区供给向旅游目的地供给转变、推动城市空间功能旅游化。

二、全域旅游的内涵分析

厉新建（2013）首次提出"全域旅游"概念以及全新资源观、全新产品观、全新产业观和全新市场观。李金早（2016）认为，全域旅游是指在一定区域内，通过对区域内经济社会资源、相关产业、生态环境、公共服务、体制和政策等要素整合、优化和提升，实现区域内旅游与社会经济融合发展，创建社会共建共享的旅游环境，带动和促进经济社会协调发展的一种新的发展理念和模式。

基于以上研究成果，笔者认为，全域旅游目的地是指以全域旅游为发展理念，通过全面动员资源（物质资源和非物质资源），立足全面创新产品（实物产品和服务产品），全面整合旅游相关要素（旅游产业要素和关联产业要素），全面满足游客需求（多样化和个性化）的综合性、开放式旅游目的地。就空间尺度而言，从旅游发展实践的角度来看，城市（镇）是发展全域旅游目的地的最佳载体。

全域旅游是一种新型旅游目的地发展形态，要求实现旅游目的地由旅游资源、旅游景区、宾馆饭店等单纯性资源要素向旅游空间全景化、旅游要素配置全域化、旅游城市功能旅游化、旅游公共服务系统配套化、生态环境和社会文化环境整体优化的转变。其内涵主要表现在六个方面（见表7-3）。

表 7-3 全域旅游目的地内涵分析

要素	发展要求
旅游空间	① 不是全面开发，到处建设景区景点，而是要更加关注建设适应自助旅游的公共服务体系； ② 按景区标准规划建设，整体优化环境，优美景观，推进全域景区化； ③ 依赖完善的交通体系，打造各具特色的主体功能区
旅游要素	① 要求旅游要素和旅游服务全域覆盖，构建随处可及的温馨便捷服务； ② 全域旅游要求统筹建设旅游目的地，旅游要素配置全域化，更加注重公共服务的系统配套； ③ 以游客体验为中心，以提高游客满意度为目标，整体优化旅游服务的全过程
城市功能	① 以旅游产业统筹城市经济社会发展，实现景区供给向旅游目的地供给转变； ② 构建以旅游领域为核心的社会管理体系，实现城市功能旅游化
公共服务	① 在环境卫生、交通系统、公用设施和服务设施等硬件建设中充分融入旅游与环境意识，充分考虑旅游发展的需要； ② 社会服务体系，尤其商务、公务、会议、科技文化交流等方面要更加注重系统配套
生态环境	① 通过积极有效的开发性保护，减轻核心景区承载压力，美化、优化生态环境； ② 协调好景区、社区（城镇、乡村）、风景道、产业区、生态区、文化区等关系，形成特色景观，配套旅游服务功能
社会文化	① 挖掘和培育旅游目的地文脉，打造内在文化素质和精神理念，塑造鲜明的旅游文化形象； ② 全域旅游的旅游质量和旅游形象由整个社会环境共同构成

三、全域旅游目的地发展系统分析

（一）全域旅游目的地发展系统结构模型

根据旅游业发展现实来看，旅游发展不仅仅是旅游资源开发、旅游项目建设、旅游公共服务建设和旅游基础设施配套等具体问题，在旅游产业引导下，景区与城市融合发展是现代旅游业内生型成长的客观趋势。因此，旅游发展已经成为区域和城市经济社会发展的一个重要部分，是当前国民经济供给侧结构性改革的重要领域。因而从城市与景区融合的角度来构建全域旅游目的地发展系统，厘清全域旅游发展驱动要素和动力机制更具现实意义。全域旅游目的地发展系统是一个主要由旅游市场需求牵动和旅游市场供给推动所构成的，并由中介系统引导和相关发展条件所辅助的互动型系统（见图7-3）。

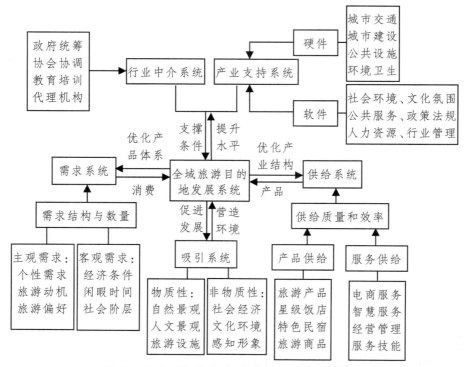

图 7-3　全域旅游目的地发展系统结构模型

（二）全域旅游目的地发展系统分析

该系统是以提高旅游供给体系的质量和效率为目标，以利益共享为主要驱动方式，以市场交易为基本的合作方式，以产业结构优化为改革的主要领域，以政府统筹与协会协作为主要的协调方式，以空间区域协同发展为主要竞争方式，最终推动由景区供给为核心向旅游目的地供给为核心而转变的一种综合性战略平台（见表7-4）。

表7-4　全域旅游目的地发展系统要素

子系统	代表性要素	内涵解读
旅游需求系统	主观（个性需求、旅游动机、旅游偏好）；客观（经济条件、闲暇时间、社会阶层）	① 旅游需求系统重点要研究需求结构和需求量及其未来趋势。其中需求结构重点是分析需求的空间结构、时间分配、需求类型和消费者结构等；需求量重点研究需求总量、不同区域和不同类型的需求量、需求的时间变化系列等； ② 未来趋势则是从主观和客观需求及宏观社会经济背景中分析未来旅游需求的发展变化
旅游供给系统	景区景点、宾馆饭店、交通设施、服务供给、经营管理、旅游资讯、智慧旅游等	① 满足游客在"吃、住、行、游、购、娱"方面的体验需求，同时还增加"文化、科教、资讯、环境、制度"等相关要素的供给； ② 适应移动互联网时代旅游消费的变化，强化旅游目的地智慧旅游建设，重点加强解说系统、游览引导、电商服务等方面的建设
旅游吸引系统	物质性（自然与人文景观、旅游设施）；非物质性（经济、文化、旅游形象）	① 物质性旅游吸引系统主要包括各种类型景观和各类型旅游服务设施等硬性因素； ② 非物质性旅游吸引系统主要包括经济环境、文化环境、旅游形象、公共服务、居民对游客的友好氛围、旅游发展法律法规等软性因素

子系统	代表性要素	内涵解读
行业中介系统	管理机构、行业协会、代理机构等	中介系统主要包括旅游目的地政策法规、各种类型的传媒、旅游推介会、行业协会、相关学术研究成果等
产业支持系统	旅游目的地城市建设、交通建设等硬件设施；社会环境、管理制度、政策法规、人力资源等软环境	① 全域旅游发展的硬环境：旅游目的地在建设风貌、环境和卫生、城市交通、公用设施和服务设施等方面融入旅游意识，加强建筑、装饰、园林、历史街区的旅游化改造；② 全域旅游发展的软环境：主要指在发展理念、社会环境、文化氛围、公共服务等方面贯彻全域旅游战略

四、武当山全域旅游发展创新对策

基于全域旅游目的地发展系统内涵分析，结合武当山旅游经济特区旅游业改革与发展实践，笔者提出以下武当山旅游经济特区全域旅游目的地建设发展对策。

（一）建立统筹化的协调机制，推进旅游相关政府机构多边协作

旅游供给侧结构性改革的总体要求是：区域旅游产业资源配置不断朝着整体化、系统化方向发展。通过供给侧改革实现突破性发展，客观上要求以旅游市场为导向，找准供需错位的关键要素和薄弱环节，遵循市场经济规律，破除隐性壁垒，实现旅游产业要素的自由流动。旅游业的综合性决定了旅游供给侧结构性改革需要顶层设计和统一协调，尤其需要行业联动、产业融合，要把旅游业供给侧结构改革置于经济改革的全局之中，统筹旅游业改革与发展问题。必须指出，在现行条块分割行政管理体制下，武当山经济特区旅游部门的统筹协调能

力相当有限。因此，要建立政府、企业、景区之间多元化的协调机制，统筹旅游业供给侧结构性改革。一是要建立政府间统筹机制，成立市级旅游发展委员会，由市政府主管领导担任主任委员，设立旅游工作联席会议制度，成员包括旅游、工商、农业、林业、宗教、税务、财政、公安等部门，完善政策法规体系，研究解决旅游供给侧改革中的配套政策和管理体制问题。其常设办公机构可设在武当山旅游经济特区管委会。二是要建立旅游企业层面的协调机制，建议市饭店业协会、市旅行社协会等承担协调职能。通过扫除观念方面的障碍，建立行业监管体系，通过市场化调节机制，确立共赢和协同思维，实行战略协同和联盟，构建合理的产业结构和体系，提升整体竞争力和经济效益。三是建立景区层面的协调机制，建议由武当山风景区牵头，以武当山为龙头，在宣传促销、市场推广等方面统一行动，打造鲜明的旅游形象。这种多元化的协调机制，是武当山旅游业供给侧结构性改革的关键，是武当山旅游业走向整体性发展和结构性优化的保证。

（二）完善智慧旅游服务系统，推进"互联网＋旅游"全域覆盖

随着信息技术的发展及移动终端设备的大量普及，近几年，智慧旅游和旅游物联网开始兴起，推进旅游业由"信息化"时代和"数字化"时代大步迈进"智慧化"时代。武当山旅游经济特区要围绕智慧化改造，统筹建设全域旅游目的地，通过提升城市公共服务、丰富景区旅游解说、完善旅游设施、优化旅游环境等措施，实现旅游要素和服务全域覆盖，构建随处可及的温馨便捷服务，以提高游客体验价值，整体优化旅游服务的全过程。

一是加强智慧旅游基础硬件建设，完善智慧旅游功能。进一步完善旅游信息查询触摸屏布点，进一步增加自助取票设备，完善智能门禁系统，方便游客利用电子门票或扫码自助验证便捷进入景区。试点

建设"无线景区"，为进入景区的游客和商务人士提供免费便捷的网络服务。现阶段的重点是提高 4G、5G 网络覆盖率和完善手机等移动智能设备 WIFI 热点布局。

二是完善智慧终端应用，加强智慧旅游服务平台建设。主要包括与携程、美团、途牛、淘宝旅行等旅游电子商务平台合作建设区域旅游信息资源库；开发完善手机 App、微商城，实现线上线下互动；完善手机接收视频、音频等移动互联网资源的功能，通过官方微博、微信公众号等新媒体对目标市场进行精准推送。

三是完善在线旅游声誉监测，有效挖掘在线评论数据。移动互联网时代，越来越多的游客通过网络分享自己的旅游体验，旅游目的地在线评论已经成为旅游者旅游决策的重要影响因素。因此，武当山要建立游客反馈管理机制，增加人员配备，负责及时收集、整理、挖掘游客在游前、游中、游后对武当山的评价反馈数据。通过大数据分析，预测旅游需求类型、结构和变化趋势，分析旅游发展瓶颈，同时把旅游形象宣传和产品推广有机结合起来，明确产品和服务改进方向。

（三）整合全域化的旅游资源，优化旅游产品供给系统结构

按照组织形式来看，旅游产品可以分为观光旅游、度假旅游以及特殊（专项）旅游产品。随着旅游业的发展，休闲度假旅游在整个旅游产品市场中的比例会逐步提高。武当山旅游业供给侧结构性改革就是要整合市域旅游资源，推动旅游业从以观光旅游为主向以度假旅游为主的跨越式转变。在产品组织上，要注重增加游客参与和体验的内容，提高游客的体验价值。从大尺度区域层面看，武当山要沿福银高速和武西高铁主动融入西安—洛阳—郑州—开封历史人文旅游带；沿呼北高速、麻安高速向南融入重庆—宜昌—武汉自然风景旅游带；沿汉江由十堰经襄阳、随州至武汉，连接武当山、襄阳古城、黄鹤楼等

著名历史景点；沿保神高速向南连接神农架、宜昌，构建湖北省"一江两山"黄金旅游区。从小尺度景区层面上看，武当山应依托丰富的生态资源和独特的道教文化资源，围绕"景城合一、山水一体"，大力加强度假、休闲、文化旅游产品开发。重点开发区域：一是太极湖国家级旅游度假区，注重开发度假、休闲、养生旅游产品；二是丹江口水库水上旅游项目和环库风景航线；三是环丹江口库区生态旅游公路，一线串珠，把散落于库区的村镇有机地融为一体，因地制宜地开发特色乡村旅游；四是大力修复五龙宫、南神道、西神道，突出道教文化主题，丰富武当山旅游产品体系。

（四）构建联动化的产业集群，实现旅游产业与上下游产业兼容延伸

产业集群是指特定产业众多具有分工合作关系的不同规模等级的企业高度集中在一定地域空间范围的一种产业成长现象，是产业结构的调整和优化升级。旅游产业集群可以充分发挥武当山区域旅游竞争优势，降低分散性企业制度性交易成本，增强集群化企业的创新能力，形成持续性的协同效应，提高集群内产业的市场竞争能力、规模经济效益和范围经济效益，提高产业和企业的市场竞争力。经过多年发展，武当山旅游经济特区已经基本实现了景区与城市空间的初步融合和城市功能旅游化，具备了推进旅游产业集群化发展的基本条件。

一是构建集群化的产业平台。十堰市要根据区域经济结构性调整的要求，对武当山旅游经济特区、南水北调中线水源区加强规划创新，在旅游景区、旅游交通、特色民宿、特色村镇、旅游商品、教育培训等领域以合资、合作的形式组建跨行业、跨区域的企业集团，实现产业集群化，提高生产要素的配置效率，推动旅游业集约化发展，为全域旅游区的创新发展提供动力引擎。

二是优化旅游产业结构。首先要提升旅游景区功能，实现旅游功

能换代升级。解决的思路有两种：一种是景区托管模式，通过引进成熟景区运营管理模式，提高产品开发和经营管理水平；另一种是通过引入外来资本进行股份化改造，太极湖度假区、滨湖旅游开发，武当武术、休闲养生开发项目等可以通过引入优质资源快速形成市场竞争力。其次，购物和娱乐是优化旅游产业链的重要环节。要加大地域文脉挖掘力度，围绕道教文化、武当古建筑、绿松石等地域资源加大旅游工艺品、农特产品的开发力度，对多年来着力很多却收效甚微的旅游购物环节，可以借鉴台湾地区旅游商品开发思路，授权委托专业化的公司开展旅游商品设计、制作、营销，通过推进旅游购物服务外包提升旅游经济效益。再次，开发参与性休闲娱乐项目，延长游客停留时间。在保留"梦幻武当"旅游演艺之外，以汉江、太极湖、沧浪海旅游码头为节点，开展环丹江口水库旅游观光和滨湖旅游项目。最后，适应自驾游、散客化、家庭化趋势，调整过去以星级饭店为主的发展方式，引导特色主题住宿建设，开发特色民宿和主题酒店。

三是优化旅游企业结构。可以借鉴目前北京、广东、陕西等省（市）成立旅游企业集团的成功经验，整合分散性企业，成立武当山旅游发展集团或旅游投资公司，提高旅游企业集中度。

四是促进封闭的旅游自循环向开放的"旅游+"融合发展方式转变。加大旅游与农业、林业、工业、商贸、金融、文化、体育、医药等产业的融合力度，形成综合新产能。

（五）制定协同化的发展战略，促进旅游成果全民共享

武当山旅游业供给侧结构性改革的关键举措是科学制定协同化的发展战略，准确把握旅游竞争态势，建设统筹化的区域旅游共同体。未来一段时期，武当山旅游经济特区应按照区域联动、资源共享、客源互动、互利互惠的原则，以交通干线为依托，形成梯次开发格局。具体建议是：省外向北主动融入西安、洛阳、开封人文旅游带，向南主动融入重庆、宜昌自然风光旅游带；省内构建武当山、神农架、宜

昌长江三峡"一江两山"黄金旅游区；市内大力建设以武当山、太极湖为中心，以汉江经济带、丹江口库区为重要节点的国际旅游目的地，以上庸镇、樱桃沟村等旅游名镇名村为支撑的城郊休闲旅游目的地，以房县双野、五龙河等为代表的高山林区原生态旅游目的地。通过推动各地区、各节点之间的差异化和特色化发展，最终实现武当山旅游可持续发展。

五、建设全域旅游目的地的关键因素

通过分析武当山旅游目的地建设的实践，结合国家旅游发展政策走向和其他地区的实践和研究成果，我们可以发现全域旅游目的地建设的关键因素。

（一）转换发展视角，推进景城融合

全域旅游目的地建设，关键在于转换经济发展视角，更加突出旅游发展统领区域发展的作用，从信息共享、资源整合、环境创设、氛围塑造、利益共生等方面着手，推进景区与城市深度融合。

（二）注重产业整合，加强城旅联动

全域旅游目的地建设要特别注重产业整合，结合当代旅游者追求绿色健康的生活方式以及散客化、自由行的出行方式的需求，大力开发文化、生态旅游产品和商品。同时通过开发特色民居、特色餐饮等吸纳社区居民创业就业，优化旅游配套服务，美化环境，实现游客和居民共建共享基础设施和公共服务。

（三）创新开发模式，重视公共参与

全域旅游目的地建设要充分发挥政府主导作用，同时鼓励引导和吸引社会资本和专业旅游开发商参与，通过 PPP（public private partnership）等创新模式，使得政府和企业利益共享、风险分担，保障政府、企业、游客、当地居民多方利益主体的利益。在开发中要切实维护当地居民利益，多方式、多途径、多层次引导当地居民参与旅游开发。

六、研究结论

全域旅游目的地建设涉及景城融合、产业布局、发展模式、智慧化建设、基础设施、环境创设、消费结构、城乡关系等多个方面。推进全域旅游目的地建设，要求各行业积极融入，居民共同参与，充分利用目的地全部的吸引物要素，为游客提供全过程、全时空的体验产品，从而全面满足游客的全方位体验需求。全域旅游发展的模式和驱动力是个动态的发展过程，必须一切从实际出发，因地制宜，切实结合各地产业条件、地域特色和资源，选择合适的发展模式。

第八章
武当文化研究现状与前景展望

第一节　武当文化研究现状

中华人民共和国成立后，尤其是 20 世纪 80 年代以来，学术界对武当文化的研究日益深入，形成了一波又一波的研究热潮，研究领域逐渐扩展到道教历史、道教信仰、道教仪式、道教人物、道教哲学、文物保护、宫观建筑、地理地质、武当武术、道教医药、山水文学、道教音乐、武当民俗、经济发展等方面。既有总体概况又有专题论述，大量的研究成果产生，促进了武当文化研究的繁荣。

为了便于广大研究者从事这方面的研究，了解近四十年来武当文化研究进展情况，笔者采用文献计量的方法，对 1980 年至 2019 年 40 年间发表的武当文化研究方面的专著和学术论文进行收集与整理，以期能较全面地反映武当文化研究现状、取得的成就和发展动态，为武当文化爱好者和研究者提供参考。

一、武当文化研究论文分析

笔者以中国知网数据库为统计源，对 1980 年至 2019 年 40 年间的武当文化专题文献进行调查统计，剔除科普类、新闻类、文学类等非学术研究文献，得到学术论文刊载情况统计结果如下。

从发表数量上看，各专业学术期刊刊载武当文化学术论文共 1084

篇，2009 年、2013 年、2017 年是武当文化相关学术论文发表的高峰，分别占 1980—2019 年武当文化学术论文文献总量的 9.83%、9.91%和 12.38%。从整体趋势来看，40 年间武当文化的研究逐渐引起了广大学者的重视，武当文化学术研究成果整体上呈现出数量上的增长态势。

从专业期刊分布来看，所统计的 1084 篇文献刊载于全国 145 种期刊上，说明武当文化专题文献的情报源分布很广，专业核心期刊、高校学报、地方期刊均有刊载。刊载武当文化专题文献 5 篇以上的期刊有 38 种，占期刊总数的 26.21%，文献量 190 篇，占总文献总量 17.53%。期刊中，CSSCI 来源期刊 8 种，分别为《宗教学研究》《世界宗教研究》《江汉论坛》《中国宗教》《中国道教》《湖北社会科学》《理论月刊》《陕西师范大学学报》，文献量 53 篇，占文献总量的 4.81%。高校学报 22 种，文献量 445 篇，占文献总量的 41.05%，主要的高校学报为《汉江师范学院学报》《武汉体育学院学报》《湖北文理学院学报》《湖北大学学报》《武汉音乐学院学报》。

从论文类别来看，武当文化研究领域内容专、范围广，主要集中在宗教、人物、历史、政治、文化、艺术、武术、经济等领域，而对武当道教音乐、考古、文物、民俗等领域的研究相对较少，统计结果如图 8-1 所示。

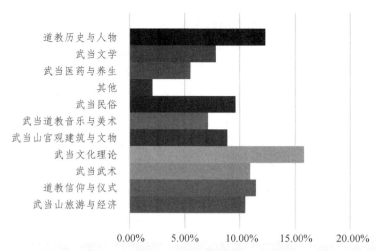

图 8-1　武当文化研究论文类别在武当文化相关学术论文中的比例（1980—2019）

从研究方法来看，武当文化研究论文以描述性的定性分析为主，因子分析、回归分析等定量分析方法相对较少，统计结果如图8-2所示。

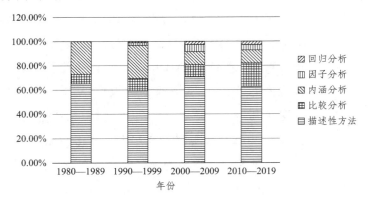

图 8-2　武当文化论文研究方法分析（1980—2019）

统计数据表明，武当文化研究逐渐受到学术界的重视，研究队伍比较稳定，研究成果的数量和质量稳步提高。但是武当文化研究要想进一步向纵深发展，扩大自身在国内国外的影响，从事该项工作的研究人员必须在更多的权威期刊上发表有关武当文化的科研成果。同时，要更多地开展田野调查，加强实证分析、定量分析，使研究结论建立在科学的数据分析基础之上，不断提高研究成果的质量。

二、武当文化研究专著分析

笔者选取 CALIS（中国高等教育文献保障系统）、e读（高等教育数字图书馆）、中国国家数字图书馆、超星数字图书馆等为检索工具，收集整理了 1980 年至 2019 年之间公开出版的武当文化相关研究专著396 本。数据分析如下：

从出版年代来看，武当文化研究专著呈现出前期少、后期多的特点。从 1980 年至 2019 年，350 位作者（含合著者）出版武当文化研究专著 396 本（含修订版）。20 世纪 80 年代初是武当文化研究的萌芽期，相关的论著较少，80 年代后期起，人们对武当文化的认识逐渐加深，随着武当文化研究室—研究中心—研究所—湖北省武当文化研究会的成立和发展，一批学者开始有意识地关注并研究武当文化，推动和促进了武当文化研究的繁荣发展。论著的数量反映了武当文化研究的进展，专著出版数量如下：1980 年至 1989 年为 32 本，1990 年至 1999 年为 81 本，2000 年至 2009 年为 156 本，2010 年至 2019 年为 127 本。其中，1990 年、2003 年、2008 年、2012 年、2013 年、2015 年为 6 个论著出版高峰期，数量上均超过了 20 本（见图 8-3）。

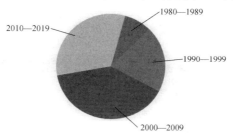

图 8-3　武当文化专著出版情况

从作者结构来看，武当文化研究者工作地域分布呈现出区域不平衡的特点（见图 8-4）。研究者中处于湖北省的有 183 人，占总研究人数的 52.3%，北京（26 人）、四川（23 人）与河南（19 人）是除湖北省外研究者分布较多的三个地区。在湖北省的研究者中，有 103 人来自十堰地区，占 56.3%，50 人来自武汉市，湖北省其他地区有 30 人。这说明地域因素与研究人员的数量呈正相关关系。十堰及周边地区的研究人员在地理区位上靠近武当山，在资料获取、田野调查和实证研究等方面拥有"近水楼台先得月"的便利条件，因此研究成果相对较多。

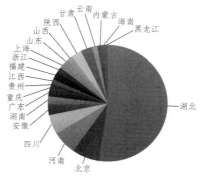

图 8-4　研究人员地域分布

从研究领域来看，武当文化研究领域较为广阔。其中传统领域研究较多，以理论研究（37本）、历史地理（46本）、武当武术（52本）、民间文学（74本）为主，道教与传统文化（17本）、医药养生（24本）是最近几年的研究热点，而神仙造像与艺术、旅游开发、文化产业发展等新兴领域研究有待加强。另外，统计发现，道教仪式与法事是武当道教文化的重要组成部分，但目前尚无对其进行系统论述的相关专著出版（见图8-5）。

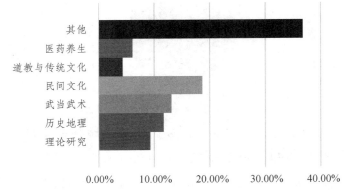

图 8-5　武当文化研究各主题在武当文化研究专著中的比例

第二节　武当文化研究价值与前景展望

武当文化研究是一项有特定研究对象、范畴、内容、结构，囊括宏观、微观、古代、近代、现代的系统而又复杂的文化工程。我们把"武当文化"表述为以特定文化价值观为指导，以道家思想为根基，以道教"太和"精神为内核，以武当山古建筑世界遗产为标志，包括武当山水、道教武术、音乐、美术、语言、哲学、宗教、机构、道德、信仰、文学、美学、生活器具、风俗习惯、社会心理及武当地区多元文化成分在内的意识形态，是一种人类精神和社会生活相统一的文化范式。

武当文化的价值表现为对特定的社会主体生存与发展的意义和作用。文化的价值是文化存在的一个基本维度，是文化生命力的标志。文化的价值取决于文化的内涵，既包括文化的要素与结构，又包括文化的类别与风格，还包括文化的质量与品位。

"武当文化"如同"荆楚文化""三秦文化""中原文化"一样，首先表现为一种地域文化，核心圈层是八百里武当，外围圈层是秦岭、大巴山、伏牛山地区。武当文化又是一种流域文化，它沿着汉水在川、渝、陕、豫、鄂延伸。

武当文化是一种时间文化，它跨越人类的自然文化、人文文化、科学文化三个阶段和农业文化、工业文化、生态文化三种文化形态。武当文化是一种层次文化，既有上层的精英高雅文化方面，又有浓郁的民间文化色彩。一般而言，文化的底蕴越深，品位越高，其所反映的社会生活信息越集中，把握时代脉搏越准确，其价值就越大。同时，文化价值还取决于文化所面对的空间维度和地域场景。武当文化的内涵和它的空间维度、地域场景决定了它的巨大价值。

一、促进优秀传统文化的保护、传承与弘扬

文化总是处于传统与现代的时间框架和全球化与民族化的空间框架中，这就决定了文化的两个属性，即传统性和民族性（地域性）。中国文化包罗万象，相互联系，源远流长，博大精深，是一个多元民族文化复合体。而武当文化即是中国文化中非常重要的一个部分。

首先，武当文化表现为历史传统文化。传统文化不是简单的过去的存在，而是经过长期的历史沿革与筛选并得到社会认同的观念、思想行为、心态、习惯方式与伦理道德规范等。武当文化是中国传统特色文化的重要组成部分，道教是中国文化的根基之一，武当道教是中国道教的集大成者。武当山在明代是国家意识形态即王权的体现者，

以道教总部、皇室家庙的方式体现着"君权神授"的思想，有着独特的文化内涵、文化价值。在武当传统文化的历史长河里，有远古的自然生态环境，也有人类文明史的演化与辉煌。

其次，武当文化是一种民族文化（或者地域文化）。在多民族、多元文化林立的世界上，一个民族要想存在和发展，必须有自己的文化根基和文化形象，如此才能自立于世界民族之林，"没有自己文化的民族，就不是一个民族"，"越是民族的，就越是世界的"，都揭示了文化基于民族生存发展才能有自身生存发展的内在逻辑。

文化的民族性直接表现为地域性。武汉大学教授冯天瑜在《中国古文化的奥秘》一书中也充分强调地理环境对文化生成的作用。他认为："文化的差异性，是那些民族所处的地理环境、所从事的物质生存方式、所建立的社会组织形态的多样性造成的。"

武当文化既是一种传统文化，也是一种地域文化，中华文化又是由千千万万个如武当文化一样的地域文化聚合而成的。要把武当文化培植成为与时俱进的"先进文化"。先进文化的一个重要标尺应该是对民族（地域）传统文化的继承和发展。与经济和社会的发展相比，文化演进的惯性更大，任何先进文化都是在既有传统文化的基础上产生和发展的。先进文化必须根植于民族传统文化的深厚土壤之中，从传统文化中汲取养分。中国传统文化中有许多合理和健康的积极因素，长期以来不断积累于整个民族的心理结构中，成为构建现代文化的基础和出发点。

武当文化的研究就是要运用文化的物化和人化的传承方式，整合物化和人化的文化资源，做大武当文化蛋糕，壮大武当文化体量，扩大武当文化影响。武当文化将以其独特的地域性、丰富的历史传统内涵，在中华文化的百花园中，散发出独特的色彩和芳香。

二、加强世界文化遗产的保护、利用与开发

1994 年，武当山古建筑群被联合国教科文组织作为"文化遗产"列入《世界遗产名录》。"世界遗产"是被联合国教科文组织和世界遗产委员会确认的，具有突出意义和普遍价值的自然景观与文物古迹，是人类罕见的目前无法替代的遗产。世界遗产是过去献给未来的丰厚礼物，自然遗产是大自然对人类的馈赠，文化遗产是全人类文明发展的轨迹，双遗产是现代人类形成后，人类社会进步的历史积淀和此消彼长的各种文明的纪念碑。因而，武当山古建筑群在人类的文明史上具有极为独特的地位。

武当山古建筑群在建筑设计和营造上集明、清建筑技术、艺术之大成，是研究古代建筑艺术和生态环境的典型样本，是皇家建筑群与宗教建筑群相结合的杰出典范，极具科学价值和艺术价值。武当山古建筑纵横八百里，规模宏伟，被誉为"峭壁上的故宫"。它依山就势，演绎了道家"玄而又玄"的思想，体现出中国的阴阳五行思想、风水理论、象数思维以及天人合一的理念，是皇权与神权的完美结合，显示了皇家气派和仙家气象。它把宗教的精神空间、建筑的形制空间、山体的自然空间结合得精妙、和谐，构筑了一个天、地、人、神共存的逻辑空间。

当前，我国的世界遗产的发展面临着商品经济和旅游经济错位开发的严重威胁，有时甚至面临存亡的抉择。20 世纪 90 年代以来，掠夺性开发、破坏性建设以及出让所有权等行为，已成为文化遗产遭受破坏的主要原因。当前遗产保护的问题突出表现在管理者的认识错位上：一是功能错位，世界遗产的功能主要是文化精神功能，而不是经济功能；二是性质错位，将世界遗产错误等同于一般旅游资源；三是空间开发错位，在保护区内搞经济开发、旅游开发。

保护武当山古建筑世界文化遗产的责任主体是谁？我国文物保护法和《世界遗产公约》都明确规定，政府是"遗产"的保护主体。政

府要加强规划，严格立法，变功能错位、性质错位、空间开发错位为三个到位，做到政府保护、专家保护、民间保护三管齐下。

专家保护的一条重要措施就是加强文化研究，挖掘文化内涵，增强文化影响。因此，武当文化研究具有世界遗产文化研究的意义。尤其要加强横向研究，借鉴世界各国开发利用世界文化遗产的经验，开发和利用武当山遗产资源。古埃及、古罗马、古希腊等文化在被保护的同时都得到了有效的开发利用。埃及的金字塔、狮身人面像，意大利的斗兽场等，已成为许多人向往的著名景观，它们不仅以历史遗迹的面貌呈现在人们面前，还经常出现在世界文学名著、电影、戏剧、传奇小说、科幻作品等各种不同的文化载体中，吸引着人们的眼球。武当文化研究要向它们学习，使武当文化走出国门，走向世界。

三、构建鄂西生态文化旅游圈发展战略格局

武当山是湖北省"鄂西生态文化旅游圈"的核心板块和重要支撑。武当文化的研究与提升可以直接服务于湖北省鄂西生态文化旅游圈建设，将从理论上为"鄂西生态文化旅游圈"旅游业的发展提供强有力的理论支撑。文化是旅游的核心，开发高品质的文化旅游产品，能够满足人们对文化体验的需求，实现武当山从观光旅游目的地向休闲度假养生旅游目的地的转变，促进武当山旅游业高质量发展。

武当文化是推动武当山旅游业大发展的关键性因素，要通过开发高品质的文化旅游产品，促进武当山旅游业转型升级。要注重旅游景点的文化内涵，充分挖掘武当文化的古老遗产资源的特质，寻找文化的外化、物化形式，增强武当文化的视觉、听觉效果。要深入浅出地研究武当文化，把道家、道教的深奥文化表层化、浅显化、形象化，让游客体验武当斋醮科仪，聆听道教音乐，吟诵道教经文，探寻武当宗教之谜、金殿建筑之谜等，展现武当文化的神秘韵味。在产品组织上，要注重增加游客参与和体验的内容，提高游客的体验价值。

四、提升城市文化资本的配置、运作与效益

世界文化遗产武当山古建筑群所在地十堰市是一座新兴的汽车工业城市，在城市文化建设中缺乏有特色的区域文化内涵，文化的城乡"二元结构"一直制约着十堰的文化建设乃至地区经济和社会的全面进步。从传统文化资源分布的地域空间上看，城市与乡村反差大，城区的特色文化未形成，周边的地域历史文化富集；从文化生成的时间上看，古代文化丰厚，现代文化贫乏，两者缺乏黏合力；从文化产业链上看，文化产业化还远远不够。

用武当文化来提升十堰城市的文化内涵是一个世纪性的课题。推动武当文化的生产和创造向商品化、产业化转变，使文化的生产和消费从公益事业向非公益产业转化，让武当文化进入市场，实现经济与文化融合发展是武当文化建设的一项重要工作。我们可以从以下几个方面进行探索。

一是建设武当文化风情一条街。包括武当道教文化、武当道教音乐、武当古建筑、汉水文化、移民流放文化、古地质生态文化、古人类起源文化等等，用武当文化风情一条街艺术地展现武当多元文化魅力，重点在文化的"物化"上下功夫，为城市与文化的结合找到一个新的载体。

二是建立秦巴风情园。武当山所在的秦巴地区位于巴蜀文化、三秦文化、荆楚文化的结合部，是三种文化向外辐射的交汇地，又是中国的几何中心和中央山地，是古文明遗存的庇护所，沉积、浓缩了秦巴边地的大量文化风情。在城区建立秦巴风情园，把秦巴地区的民间音乐、民间舞蹈、民间故事、民间工艺、民间礼仪、民间信仰、民间节日、民间戏剧、民间神话、民间美术、民间建筑全方位、多视角、立体式、艺术化地浓缩在风情园中，使秦巴风情园成为展示秦巴风情的重要载体，必将使十堰市的文化焕发出勃勃生机，产生巨大的文化冲击力和震撼力。

三是运营好武当山博物馆和武当大剧院。武当山博物馆要梳理、开发并艺术化地呈现武当山丰厚的文化历史。还要开发以武当武术为主题的大型演艺类文化节目，推进武当武术发展。

四是举办好武当国际旅游节和武当武术节。举办以武当文化为内涵的各种文化节，以"节"振兴武当文化，推动城市经济发展。

五、培育大学文化和创新特色优势学科专业

高校作为新思想、新学术、新文化的策源地以及培养人才的摇篮，聚集着一个地方最优秀的学者。大学在价值取向、思维方式和行为规范上具有不同于其他社会群体的团体意识和气质特征。

大学文化地域性使得地方大学具有挖掘地方文化的重任。大学必须注重其所处区域内的文化精神，挖掘、盘活区域优秀文化资源，并结合学校自身的历史传统、文化基质和精神状况，打造独特的文化风格和气质。武当文化的培养应该成为地方大学文化建设努力追求的目标。

地方高校应围绕"武当文化"这一重大课题，加强学科建设，走特色发展之路。重点建设一批文化研究基地或中心，在文化研究上加大资金投入。重点研究地方历史文化及文化与地方发展的互动关系，承接一些决策咨询项目。加强与国内外高校的联系，推行武当文化的横向比较研究与交流。

后 记（一）

汉江师范学院是一所位于武当山脚下的普通高校。从 20 个世纪 80 年代起，学校的一些教师自发地将目光投向武当山，开始关注武当文化，逐步走上了武当文化的研究之路。与此同时，教师们也将研究心得带入课堂，与学生一起分享交流新发现和新思考。随着越来越多不同学科背景的教师加入，武当文化研究的队伍规模不断壮大，研究主题持续扩展，大量有深度、有价值的学术成果集中涌现，武当文化研究开始受到学术界的关注，并引起湖北省、十堰市政府有关部门的重视。1994 年 12 月，武当山古建筑群向联合国申报"世界文化遗产"的申报材料大量引用了武当文化的研究成果；2000 年 12 月，武当文化研究进入《湖北省高等学校科学研究优势及特色领域》名录；2007 年 4 月，校本课程"武当文化"获批湖北省精品课程。同一时间，汉江师范学院开始全面面向历史文化与旅游学院、文学院、体育学院、艺术学院的历史学、旅游管理、汉语言文学、新闻学、体育教育、美术学、音乐学 7 个专业的学生开设专业选修课，并面向全校学生开设公共选修课，旨在帮助学生了解武当山和武当文化，增进他们对地域文化和传统文化的感情，增强他们的乡土意识和人文素养。

随着武当山旅游业的快速发展，武当山旅游经济特区的行政干部、景区工作人员和导游人员的专题培训和业务培训也日益增多，这对武当文化研究的成果转化提出了现实需求，对研究成果的质量也提出了更高的要求。鉴于此，将长期的科研成果、教学心得、培训报告、讲座资料进行系统梳理并整理出版，为当前蓬勃发展的旅游业尽一份绵薄之力，就成为一项急迫的任务提到工作日程上来。本书的构思始于2011年，由于汉江师范学院发展战略的调整以及本人工作岗位的变动，书稿的撰写工作一再推迟。2017年，随着学校重点工作的陆续完成，我也回归教学岗位，才终于有时间着手本书的撰写。从拟定提纲到完成初稿足足用了1年的时间，而真正动笔写作的时间不过短短3个月。大半年的时间我一直在思考一个问题：博大精深的武当文化的内涵和外延仍然在不断变化发展之中，仅学术界关注的热点就包括道教科仪、道教信仰、宫观建筑、碑刻铭文、道教音乐、造像艺术、武当武术、皇室崇道等，我们将如何取舍？这是我和本书的合作者崇慧面临的一大难题，经过反复讨论并征求相关专家、业界、学生的意见，结合多年的课程教学实践、学术讲座和旅游培训工作，我们最终确定了本书的写作提纲。

但凡著作后记都少不了感谢，本书的诞生，离不开许多人的无私帮助和真诚鼓励。

首先，我要感谢本书的合作者——汉江师范学院青年学者崇慧博士。近几年来，我因为忙于教务处和历史文化与旅游学院的行政管理工作，加之忙项目、忙论坛、忙评审，无暇顾及武当文化的教学工作。2012年以来，崇慧在繁重的博士学业和科研压力之下坚守心中的那份执念，一直坚持承担着武当文化课程的教学任务，她的博士论文也与武当文化有关，可以说她始终站在武当文化教学与科研的最前沿。《武当文化概观》一书的提纲、写作、出版各个环节，都凝结着她的智慧和心血。

其次，我要衷心感谢教育部旅游管理类专业教学指导委员会委员、中南财经政法大学博士生导师舒伯阳教授以及汉江师范学院副校长、湖北省高校人文社会科学研究基地汉水文化研究首席专家潘世东教授。他们是我学术成长路上的引路人。舒伯阳教授为我提供了继续学习深造的机会，并让我有幸参与多个县域旅游规划和旅游商业计划。

潘世东教授在汉水文化研究领域深耕多年，治学严谨，著述颇丰，对我多有提携。十余年的学术思考和积淀，让我由懵懂无知的门外汉蜕变为文化地理与旅游开发研究方面的青年学者。在本书的构思和写作过程中，舒伯阳教授提出了许多富有建议性的意见和建议，潘世东教授在学术著作出版基金立项评审中，给予了鼎力支持。他们的指导和帮助保证了本书的学术质量。

再次，我要特别感谢湖北汽车工业学院党委副书记、湖北省武当文化研究会会长杨立志教授。杨立志教授首倡"武当文化"，三十多年来一直致力于挖掘整理和发扬武当文化，是武当文化研究的集大成者。因为工作原因，时任汉江师范学院副校长的杨立志教授经常前往武当山，有时也会带上学校的青年教师，而我有幸成为其中一员。耳濡目染下，我也逐步走上了武当文化的研究之路，开始尝试从旅游开发的角度去关注武当文化。武当山是中国著名的风景名胜区，也是湖北省旅游业的重要支柱，武当山旅游业的发展在景区管理、旅游开发、导游服务、资源评价、文物保护等方面提供了许多现实的课题。我完成的第一个社会服务项目"武当山博物馆文物陈列与布展质量提升"和第一篇论文《加快发展武当山旅游业的思路和对策》都是在武当山相关部门的委托下，对武当山旅游发展面临的现实问题的思考和回应。近些年来，我还多次参与武当山对外宣传推广项目的评审工作以及武当山特区各级领导干部、选调生、导游人员的专题培训工作。

最后，我还要真诚感谢汉江师范学院历史文化与旅游学院、文学院、体育学院、艺术学院、图书馆的部分教师，他们无私地向我们提供了许多珍贵的研究资料。这些研究成果在本书的许多内容中都有所体现。

此外，衷心感谢西南交通大学出版社的编辑孟媛、何宝华两位女士。尽管素未谋面，但她们善于创新、严谨踏实的工作作风我早有耳闻。孟媛女士积极策划了本书，何宝华女士对本书进行了深度加工整理。在本书的写作和出版过程中，她们为本书的细节不辞辛苦，多次联系。正是由于她们的高效工作，才使得本书得以在短时间内和读者见面。在此，对她们的辛勤付出表示真诚的感谢！

我还要衷心感谢和祝福我们的家人，尤其是我的妻子、汉江师范学院外国语学院副教授肖鸾女士和崇慧的丈夫、湖北汽车工业学院理学院青年学者南楠先生。南楠曾参与了我们的讨论，帮助收集了大量的文献资料，拍摄并整理了部分图片；肖鸾收集并翻译了 2004 年以来武当山主办的各类国际学术会议和道教文化论坛中的英文资料，使我们得以了解国外同行的研究现状。感谢他们无微不至的关怀和默默无闻的奉献！

最后，我还要感谢本书的读者，你们的肯定是我们不断前进的动力！

廖兆光

2019 年 9 月 3 日

后　记（二）

　　"仙山、秀水、车城"是十堰的三张名片。武当山是一座历史悠久的道教名山，是湖北省两处世界文化遗产之一，被誉为"亘古无双胜境，天下第一仙山"。武当山古建筑群与北京故宫是"双胞胎"，是由同一个皇帝、同一批设计师、同一时间规划建造的道教宫观群，其规制之高，设计之巧，建筑之精，举世罕见。1994 年 12 月，武当山古建筑群被联合国教科文组织列入"世界文化遗产"名录。

　　武当山地处鄂西北山区，交通不便，"养在深闺人未识"。20 世纪70 年代以前，学术界对武当山的关注不够，直到 1994 年武当山古建筑群被联合国教科文组织列为世界文化遗产后，武当文化才慢慢得到全国以及世界的关注。汉江师范学院位于武当山脚下，得天独厚的地理优势和强烈的使命感使得很多学者投入到武当文化研究的队伍中来，学校涌现出一批武当文化专家，对武当文化进行着持续不断的挖掘和整理。

　　"武当文化"这一概念首先由杨立志教授提出。它的范畴非常之广，包括武当道教文化、武当建筑文化、武当武术文化、道教音乐文化、武当民俗文化等。在一大批学者的努力下，武当文化研究取得了大量的成果。当前，除需要在深度和广度方面进一步推进外，尤为重要的事情是提高武当文化的传播效应，做好武当文化研究成果的转化，更好地服务于武当山旅游业高质量发展。

　　我于 2012 年进入汉江师范学院，工作期间得到了很多教授和同仁的指点，也渐渐对武当文化产生了浓厚的兴趣，并积极投入到武当文化的研究中来，承担了校本课程"武当文化"的教学工作。2017年，历史文化与旅游学院廖兆光副院长着手开始《武当文化概观》的撰写工作，我也有幸参与其中。

在成书之际，我要衷心地感谢廖兆光副院长。廖院长主持了多项国家、省部级教学质量工程项目和横向、纵向课题，带领我院青年教师团队在教学科研中稳步成长。在我进入汉江师范学院以来，廖院长在教学和科研上给了我很多指导，使我快速成长为一名优秀的大学青年教师。本书由廖院长拟定提纲初稿，在结合多年教学反馈并征求相关专家意见和建议后，最终确定了大纲。在撰写本书的过程中，廖院长就章节内容、资料取舍、田野考察等方面多次给予具体的意见和建议。

我要感谢昆明理工大学国土资源学院博士生导师李波教授给了我继续深造的机会。攻读博士学位期间，李波教授亲力亲为、孜孜不倦、精益求精的精神和作风深深影响了我，使我受益良多。我的博士论文选题是"武当山地质遗迹与武当文化之间的关系"，为了指导我高质量地完成博士论文，李波教授亲自带领我们在武当山考察，采集样品10余件，这是能够真实反映武当山地质地理环境的珍贵的第一手资料。

我还要特别感谢武当文化研究专家宋晶教授对我们的鼓励和帮助。在本书的撰写过程中，宋晶教授不仅毫无保留地为我们答疑解惑，而且无私地向我们提供了大量珍贵的田野考察资料，宋晶教授的关爱和指导提高了本书的学术质量。

此外，我要感谢我的爱人南楠。他在读博期间，仍然挤出时间跟随我们一起去武当山采样，并在实验室磨片化验。同时，他也参与了文稿的讨论，提出了许多中肯的建议。

文化是旅游的灵魂，旅游是推动地方经济发展的绿色动力。在新形势下，武当山单一的观光游正在全面转型升级为深层次的文化体验游。我们希望在现有的基础上，继续整理挖掘并且创新武当文化，以扩大武当文化的影响力并对武当山旅游经济提供智力支持，促进武当山各项事业高质量发展。

崇　慧

2019 年 9 月 5 日

参考文献

[1] 泰勒．原始文化[M]．桂林：广西师范大学出版社，2005．

[2] 〔美〕克鲁克洪，等．文化与个人[M]．高佳，何红，何维凌，译．杭州：浙江人民出版社，1986．

[3] 中国社会科学院语言研究所词典编辑室．现代汉语词典[M]．北京：商务印书馆，2015．

[4] 辞海编辑委员会．辞海[M]．上海：上海辞海出版社，2009．

[5] 张岱年，方克立．中国文化概论[M]．北京：北京师范大学出版社，2004．

[6] 杨立志．武当文化概论[M]．北京：社会科学文献出版社，2008．

[7] 江百龙．武当拳之研究[M]．北京：北京体育大学出版社，1992．

[8] 天下太极出武当课题组．天下太极出武当——太极拳与武当山关系考察[J]．武当，2008（11）．

[9] 胡容娇．武当武术现状考察与发展对策[D]．武汉：武汉体育学院，2005．

[10] 肖嵘，等．武当道教武术养生观[J]．首都体育学院学报，2005（5）．

[11] 甘毅臻．武当武术创编来源之我见[J]．武当学刊，1996（4）．

[12] 甘毅臻，蔡仲林．武当道教武术形成及其影响因素的探析[J]．北京体育大学学报，2005（5）．

[13] 孙健，等．武当武术、武当武术文化的定义研究[J]．运动，2010（11）．

[14] 龙行年．武当武术文化研究[D]．武汉：华中师范大学，2011．

[15] 张岱年，方克立．中国文化概论[M]．北京：北京师范大学出版社，2004．

[16] 陈青山．论道家思想对武术战略理论的影响[J]．武汉体育学院学报，1997（1）．

[17] 龙行年．"史"学视野下的武当武术文化特点解读[J]．湖北社会科学，2012（6）．

[18] 杨群力．武当拳功养生技击原理与特点[J]．武当，2003（1）．

[19] 秦岩，等．武当山旅游经济特区的构建与发展模式研究[J]．特区经济，2011（8）．

[20] 廖兆光．加快发展武当山旅游业的思路及对策[J]．湖北社会科学，2002（12）．

[21] 厉新建，等．全域旅游：建设世界一流旅游目的地的理念创新[J]．人文地理，2013（3）．

[22] 廖兆光．供给侧改革视域下武当山旅游业突破性发展研究[J]．湖北文理学院学报，2018（2）．

[23] 郭磊，苏子波．武当山景区散客满意度提升策略[J]．山东工商学院学报，2016（2）．

[24] 陈丽华．政府主导下的武当山旅游产业可持续发展研究[J]．中州大学学报，2016（6）．

[25] 廖兆光．供给侧改革背景下推进全域旅游目的地建设研究[J]．汉江师范学院学报，2017（3）．

[26] 罗耀松，杨贤玉．略论武当文化内涵及特征[J]．郧阳师范高等专科学校学报，2001（5）．

[27] 朱艳梅，郭顺峰．武当名人文化的内涵及旅游资源价值探析[J]．郧阳师范高等专科学校学报，2009（6）．

[28] 胡遂生．武当文献服务武当文化旅游的深度思考[J]．郧阳师范高等专科学校学报，2014（1）．

[29] 杨立志，张全晓．略论武当文化对中国传统文化的贡献[J]．郧阳

师范高等专科学校学报，2009（2）.

[30] 蒋显福．对武当文化研究的价值认识[J]．郧阳师范高等专科学校
学报，2004（2）.

[31] 胡遂生．近十年武当文化专题文献研究[J]．郧阳师范高等专科学
校学报，2004（4）.

[32] 钱超．武当文化研究专著（1980—2015）计量分析[J]．内蒙古科
技与经济，2017（9）.

[33] 李林．世界文化遗产武当山特色旅游资源解析[J].科技创业，2004
（2）.

[34] 杨立志．明成祖与武当道教[J].江汉论坛，1990（12）.

[35] 伍成泉．试论武当道教的初期发展[J].华中师范大学学报，2011
（7）.

[36] 张全晓．明代武当山志考略[J].中国地方志，2011（5）.

[37] 李程．武当山的道教古建筑及其特征[J].宗教学研究，2004（2）.

[38] 李慧．武当山道教宫观环境空间研究[D].北京：北京林业大学，
2014.

[39] 湖北省建设厅．世界文化遗产——武当山古建筑群[M].北京：中
国建筑出版社，2005.

[40] 鲁萧．皇权、神话与空间的同构——明代武当山布局研究[D].武
汉：华中科技大学，2016.

[41] 杜雁，阴帅可．正神在山，三城三境——明成祖敕建武当山道教
建筑群规划意匠探析[J].风景，2013（9）.

[42] 孙珍．武当山古建筑群文化遗产保护与开发研究[D].贵阳：贵州
民族大学，2014.

[43] 宋晶．"治世玄岳"牌坊的文化解读[J].郧阳师范高等专科学校
学报，2012（4）.

[44] 宋晶．武当山天津桥的文化解读[J].中国道教，2007（4）.

[45] 张良皋．武当山古建筑（武当文化丛书精选）[M].北京：中

地图出版社，2006．

[46] 朱道琼．见证武当山"申遗"[J]．湖北文史，2016（1）．

[47] 熊金波．吕家河民歌初探[J]．商业文化，2014（12）．

[48] 熊金波．吕家河民歌现存状况探究[J]．商业文化，2014（7）．

[49] 武当山志编纂委员会．武当山志[M]．北京：新华出版社，1994．

[50] 田雨泽．古代武当山游记文学研究大有可为[J]．十堰职业技术学院学报，2007（4）．